宁高宁管理笔记

五步组合论

Ⅲ

发展战略

宁高宁 ◎ 著

企业管理出版社
ENTERPRISE MANAGEMENT PUBLISHING HOUSE

图书在版编目（CIP）数据

五步组合论．发展战略 / 宁高宁著．—北京：企业管理出版社，2023.3
（宁高宁管理笔记）
ISBN 978-7-5164-2770-5

Ⅰ．①五…　Ⅱ．①宁…　Ⅲ．①企业管理—文集　Ⅳ．① F272-53

中国版本图书馆 CIP 数据核字（2022）第 238536 号

书　　名：五步组合论：发展战略
书　　号：ISBN 978-7-5164-2770-5
作　　者：宁高宁
责任编辑：徐金凤　宋可力　田　天
出版发行：企业管理出版社
经　　销：新华书店
地　　址：北京市海淀区紫竹院南路 17 号　　邮　　编：100048
网　　址：http://www.emph.cn　　电子信箱：emph001 @163.com
电　　话：编辑部（010）68701638　　发行部（010）68701816
印　　刷：北京博海升彩色印刷有限公司
版　　次：2023 年 3 月第 1 版
印　　次：2023 年 3 月第 1 次印刷
开　　本：710mm × 1000mm　1/16
印　　张：24 印张
字　　数：334 千字
定　　价：88.00 元

自序

PREFACE

/

因为我领导过四家世界500强企业，中国华润（集团）有限公司、中粮集团有限公司、中国中化集团有限公司和中国化工集团有限公司及后来两家整合的中国中化控股有限责任公司，这样我也被善意地贴上了一个执掌过四家世界500强企业的标签。我粗略查了一下，全球企业界这样的人还真不多，所以我听了这称呼也很高兴。就好像比赛中的游泳运动员，本来只顾着低头划水，没想到抬起头来一看有人鼓掌，当然有点乐滋滋的。虽然我高兴，但我也不想以此事误导大家，因为这个世界500强本来就是个杂志的统计，不是个很严谨的评价，而且排名依据是销售额，并不能说明企业真正的水平，所以不应奉为成功的标准。另外，我任职的几家企业都是国有企业，我的职务也是组织上任命的，与国际上的500强企业不同，这一点我们应该很清楚。也就是说，中国人里如果组织任命的话能领导几家世界500强企业的人肯定不止我一个，还有很多。

但我也不能太谦虚，毕竟我参与过的几家企业都发展了，战略上有转型有升级，市场竞争力上有增强，营利能力也提高了，而且现在还在持续进步，我当时和团队尽心尽力工作也算是有成绩。热心的媒体不仅广泛报道这个现象，还分析其原因。有的说宁高宁善于搞并购整合，有的说宁高宁有企业家精神敢于冒险，也有的说宁高宁运气好，还有人说他们家三兄弟都挺好是因为家里教育好。这些说法可能都有些道理，但是都不会是最终答案。其实我也不知道答案是什么，如果再来一次我也不知道还能不能做好。因为这件事是一个雾里行走摸索前行的过程，没有包打天下的简单答案。现在常有人问我，如果让你用一句话来总结自己怎么说？我说就是好好干，其他总结不了。因为它是一个过程，所以想探究原因就要了解这个过程。如果说我经历过几家世界 500 强企业的发展是件有意思的事，如果说我在这几家企业的发展中起了些作用，如果今天回头看想找出点道理来，那么现在集合起来的这套“宁高宁管理笔记”之《五步组合论》就是记录当时过程的原始的文字。这些文字并没有修饰过，也很不完整，只是记录了一些片段，更不是经验介绍，它有很多初级的、幼稚的、粗糙的观点，但它是一个过程，加起来 30 多年的过程，从中可感受到当时的情景。我自己再回头翻看时还能感受到当时的气息、味道，特别是错误。我相信读者看的时候也会有类似的感觉。看一个人要看他的成长过程，看一家企业也要看他的成长过程，特别是当你看到在这个过程中他一会儿天真幼稚，一会儿跌跌撞撞，可他还是顽强地跑了很远，这个过程就能带来些启发。

在这个过程的背后，并不一定引人注意的特点有两个，我想单独说一下。

一是这些企业的团队学习能力。因为中国现在的企业大都成立在改革开放之后，他们产生的背景并不是成熟的市场，但他们出生后立刻要面对的就是市场化甚至国际化的竞争和规则。他们就像基础不好的插班生，必须努力学习赶上。所以对中国企业来讲，能不能有意识地、主动地、不断地学习进化，是让他们拉开距离的主要原因。从这本书里记录的这些事情看，我经历的这几家企业，都有一个特点，他们都有学习反思、自我完善的能力，他们像虔诚的小学生一样不断学习，是学习型的团队。我们讲过学习型组织，甚至学习型国家，这里的学习并不仅仅是指喜欢读书学习，其所代表的是不断认识新的变化、不断探索、不断思考并与实践相结合的能力。为什么他们的投资失误相对较少？为什么面临困难的企业可以转型成功？为什么小业务可以持续发展直到建立行业领导地位？为什么他们内部的思想相对比较统一？这些都与学习型团队有关。这也就是整个组织的认知、学习、思考、实践并不断完善及在此基础之上的创造的能力。华润和中粮多年前就有这么个说法——我们的企业就是一所大学，不同的是我们有个即时的实验场来检验。这里的实践者也是学习者、思考者。我现在还记得当时开那些几天几夜不停的团队学习会议，想起来都是令人无限怀念和感慨的时光。

二是不断反思总结规律。企业管理虽然没有统一不变的全能方法，但有一定的规律，规律就是我们在试验过多种方法后梳理出来的要遵循的原则。相对于其他学科，企业管理成为专门学科较晚，而且在不同的社会文化和经济环境下，企业管理原则应该有不同的变化。中国的企业管理学科借用西方较多，许多重要的理论框架无论是战略还是市场都是从西方引进过来的，虽然它们也是西方多年商业实践的结晶，但与中国企业的实际不完全吻合。其实，受了西方企业管理教育的中国企业管理者也在不断地与水土不服斗争。如企业中关于团队的组织发展，战略的多元化与专业化，中国企业的并购整合及国际化，市场营销中对消费者的认知，中国都有很强的独特性，其规律要在实践中摸索总结。在我任职的这几家企业中，在实践中不断寻求探索规律和方法并形成共识来指导企业的发展也是其重要特点。由此才有了你会在书中看到的五步组合论、6S 管理、价值管理四要素、战略十步法、经理人标准等基于企业实际提炼出来的工作方法，以及华润形成的对多元化企业管理的方法，中粮对全产业链的管理方法，中化集团基于科学至上理念的重组转型和协同管理的方法。

这本书的时间跨度可能有 30 年，其内容大都是与团队讨论总结出来的，是一个思考的过程，是原创。这也是一个实战的过程，这些理念方法都被广泛使用过，充满激情地实践过，并且在过程中不断修正完善。今天回头看，这些实践都被市场和时间检验过，也是相对成功的，这是其珍贵之处。

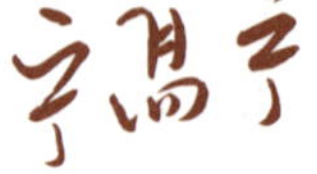

2023 年 1 月 26 日于上海

目
CONTENTS
录

第三步　发展战略

五步组合论

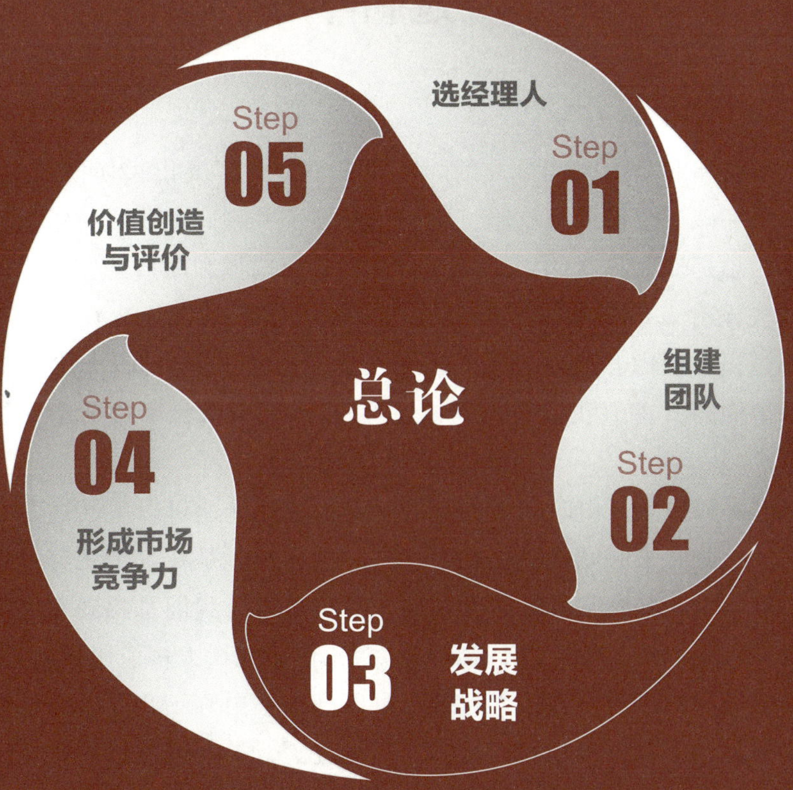
总论
选经理人
Step 01
组建团队
Step 02
Step 03
发展战略
Step 04
形成市场竞争力
Step 05
价值创造与评价

新的一年来了，去年的那些事你回味过吗？

过新年

新和旧是由时间分开的。在屋子里待久了要出去换换新空气，衣服穿破了要换换新衣服，这一年过烦了，刚好也要过新年了。新东西总是让人喜欢的，因为人们有了重新选择和塑造的自由。谁在过去没有点后悔的事？本来放不下，可过了新年，就有一万个放下过去的理由。如果过几天还有人说，你们华创（即华润创业）某某事做得太差，我们大可以说："是吗，真可惜，不过那是去年的事了。"

快和慢更是由时间来划定的。有人说超光速可以追回过去的世界，由此看来时间是一个无穷，人的世界不过是在这个无穷中的一小点。可人脑感觉到的时间不同，对于过去，我们总感到太快，一晃又一年，又一晃，四十二年了。过去的事想得太多说明我们老了，不想过去的事说明我们太迟钝。可以想未来更好一些，因为未来可以很远，可以很慢，我们过去啥都见过了，未来但愿是平静湖面上的一支帆船。如果说讨论如何改进华创目前回报率不好的几项投资，肯定又是各执一词，抽一屋烟。如果说华创的未来是什么，大家心里会痛快得多，因为未来一定是好的，我们从过去走过来，过去的错误我们不会再犯了。

过去的事没有人替我们操心，我们自己也跳不出来，有时夜深人静，我们会怀疑自己的能力，沉在一个地方久了，人会在挫折中失去自信，可新的一年来到，好像刚刚洗了澡、剪了发，在大街上一走，又吹起了少年时的口哨，从头收拾旧山河。自信心是个水浮标，有时降、有时升，可新的一年一定会让你自信大增。要不信，你看看华创明年的预算。

时间是一切成就和破坏的造就者，对时间的流逝，再伟大的哲人和学者也无可奈何，但人可以回顾，可以反省。当你从考场上出来，你会反省；当你从投标场上出来，你也会反省；当你从董事会上出来，你更会反省。我们去年值得反省的东西太多。有人说华创太年轻，我看华创也是年轻，可它还没有年轻到不知反省，知道反省的人就不怕年轻。新的一年来了，去年的那些事你回味过吗？

时间是世上最公平的东西，也是执行这种公平最严厉的手段。太短的时间让人浮躁，太长的时间让人沉闷。人生就是空气、食品加时间，每个人都想在这些条件下搞点新东西。华创也是一样，华创存在大约有六年了，我觉得它慢慢少了一些浮躁，多了些沉稳。每一个新的一年，对它都是又一个积累的起点。上次在天津开董事会，SAB（南非啤酒集团）的总裁说华创啤酒在未来 3 ～ 5 年应差不多是 SAB 在南非的规模。什么规模？好像是世界啤酒业排名第六的规模。这位总裁并不是一个爱开玩笑的人，我觉得新的一年是我们再向前走，一点点积累我们的生意、我们的日子的时候。

天又冷了，又要过年了。过去常说时光太快，到了新年还常误写旧年的年份，等习惯了新年，这一年已快过一半了。这一次的新年就更特别了，如果还误写旧年份，过去差一年，这次可能会差一千年。一千年，是件大事，所以这次新年要认真一些，明早天边还会有个红球冒出来，鲜鲜嫩嫩，是个大大的圆，是 2000 年的一个零字，是一个跳跃活动的开端，我们是得好好地过这新一年。

（1999 年 12 月）

有人说电脑会成多维空间，你会在电脑里找到真实世界的感觉，绕了一圈，还是回到真实，人需要真实。

互联网

中国人说迎接21世纪，在不同的时代说了很多次，今天21世纪来了，有人觉得很平淡，有人觉得很激动，无论怎样，与我们期望中的21世纪可能有很大不同。中国浙江有个可以看到全国21世纪第一缕晨光的小岛，小岛上挤满了吵吵嚷嚷的城里人，不论你是否睡醒，天都是要亮的。今天的互联网可能就是这样。

两年前说互联网可能挺时髦，今天再说可能就有点老土，就像你不断重复一个大家都知道的故事。所以我想现在的代沟可能只要隔两年就有了。可我还是想猜一猜这个数字化时代会给我们的生存带来什么变化。

我猜以后图书馆会很少，大学里图书馆专业的学生要快点改行。大家在互联网上可以轻易地找到任何资料。图书馆可以改为文物馆，让后人参观，让他们知道我们当年要一页页翻书。

我猜以后也不会有书店、报社，亚马逊今天在网上卖书很起劲。互联网的发展不需要再用纸把书报印出来，亚马逊改变了卖书的方法，但最终它会没有书卖，它现在已开始卖电器和玩具了。没有书，没有报，纸用少了，污染少了，树多了，多好！

我猜以后商店会减少，无论是超市还是百货店将来要有更吸引顾客的方法，商店要很个性化，每个顾客像来你家里做客的人一样，不但买东西，可能还要有感情的交流。否则，网上买东西一定会更方便，更便宜。

我猜不准广告行业会变成什么样。有些互联网站本来要靠广告赚钱，最近都觉得单靠广告收入有问题，所以几乎每个人都要搞E-commerce（电子商务），互联网的定位也常错，也常改，像其他生意一样。

我猜以后银行不再需要大楼，更不需要分行。银行可能就是一个数据库、信用库。现在银行要有人冲你笑，否则你说他态度不好，以后银行没有人，不需要有人填表，不需要有人点钱。你身上可能只有一张智能卡或什么东西，把你所有的社会联系，包括银行、税务、健康、收入、身份等全都代表了，它就是你。以后没有人打劫，因为没有人会带钱，也没有人会抢银行，因为银行也没钱。

我猜以后国际贸易也简单了，不需要飞来飞去，要飞就是放假旅游。要买什么，打开网页，应有尽有。商品、海关、检验、船运都在网上了，银行的信用证也有了，想代开证也不行了，想倒证也办不到了；贸易公司没有应收款了，也没有存货了。这样一来，会有些什么新麻烦，不到那天，我也猜不着。

我猜以后为了脸面的高级服装少了，因为人们见面少了。高级餐厅少了，因为人们应酬少了。人可能会变得口舌笨，而手指灵，因为说话少，ICQ（网上聊天软件）多。

我猜以后电脑都会变成无线，大小可以伸缩。电脑屏幕不会再损害眼睛，否则太多人要戴眼镜。有人说电脑会成多维空间，你会在电脑里找到真实世界的感觉，绕了一圈，还是回到真实，人需要真实。

最危险的事就是猜未来，对今天的互联网还一头雾水，就想猜未来就更危险。不过这次未来会来得很快，我们要小心。网上见！

（2000年1月）

没有了增长，也就没有了预期，没有了预期，也就没有了投资者的追随，也就没有了股价的支持……

增长性

原来香港的老牌英资，也曾是香港最大公司的怡和（怡和集团）过几天要在伦敦开股东大会，据说已有股东提出议案，要求解除大股东凯瑟克家族对公司的交叉控股架构，让公司有机会在市场上公开地被人收购。怡和在香港风光了很多年，到了今天的地步，公司股价远远低过资产值，是因为怡和几年前的业务组合出了问题，凯瑟克家族在香港回归前把注册地和上市地都迁离香港，停止对香港和内地的新业务投资。这一注看来是赌错了，他可能认为公司在资产上风险低了，可增长也没有了，没有了增长，也就没有了预期，没有了预期，也就没有了投资者的追随，也就没有了股价的支持，小股东不想再跟了，要求换大股东，要求被人收购。

香港有很多老家族，资产不可谓不丰，这些年下来，家也看住了，资产还在，资产的价值也在上升，可是增长率下来了，市盈率也下来了，市值随之也下来了，其所控制的财富和在经济中的影响地位也小多了，为什么？我看是因为经济结构变了，老资产在经济中的地位降低了，守是守不住的。过去可以有块地，有间小银行，有个酒店，现在不是说这些东西不需要了，可是它在经济中的重要性走下坡了。如果你不能把资产不断地放到增长性强的行业和地域，资本市场就会无情地抛弃你，不要说你把资产管理得不好，就是你管得好，行业和地域的限制也会让你事倍功半。这一点很残酷，过去这么多年，可能我们这一辈人看到这么多年经济结构没有发生大的变革，世界上最大的企业一直是汽车、石油、银行，可今天，这些企业的增长性已经大大降低了，代之而来的科技企业，不论有多大泡沫，它带来席卷全球的市场增长已让人们对资金的注意力完全集中于此。而这种变化正以所谓的 Internet 时代的时间计算法（大家公认目前每一季等于过去一年）的速度在进行着。

我不知道华创的前身永达利在 20 世纪 60 年代上市时股票有没有被哄炒过，它当时只是一间印染厂，现在香港已没有一间印染厂了。我知道永达利在宣布由华润控股并希望做中国概念的当天股票价格翻了一倍，后来的红筹股热浪大家记忆犹新，到今天还有基金经理给我说红筹股热潮没错，只不过是红筹公司自己没有把握好中国经济增长的步伐。华创的股票昨天跌破 9 元，可能是很长时间以来的新低了，华创去年盈利近 15 亿元，联想盈利 3 亿元左右，可是华创市盈率只有十几倍，而联想市盈率近 300 倍，因为联想代表了新的行业，联想的产品占据了中国巨大的市场空间，联想代表着从营业额到盈利的增长。而华创目前所经营的行业，去年除去啤酒和 ESPRIT 有可观的增长外，其余虽然大都保持了增长，但总体增长率只有 14% 左右，资本市场觉得还不够刺激，行业的调整和对增长性的看重成了我们必须面对的课题，否则我们就可能会像怡和一样被小股东质问。

增长性可以来自三个方面，一是行业，二是地域，三是管理。华创目前没有完全自由选择行业的条件，行业已形成了，但可以调整，调整的目标集中在主要行业，更专业化，下决心减掉一些增长性差的行业，开辟增长性强的新行业。同时在我们熟悉的行业中挖掘市场增长的潜力，扩大市场覆盖的地域，华创未来的增长单靠香港是不够的，只有内地才可提供这样的空间。过去讲要加大内地的资产比例，现在要加快速度，内地仍可以给一些传统行业提供增长。所有这些都要靠管理，管理不好不如老老实实待在传统行业看住家，看家也要靠管理，管理的事很多人说，都烦了。大家比我明白，不再说了。

（2000 年 5 月）

自知者才是智者。

自知者

自知是很难的一件事，完全自知是一件不可能的事，难怪古人讲“人贵有自知之明”。自知的程度如何，是一个悟性和阅历的结果，自知可能就是今天所说的情商，有自知才有自信，才有自律，才有自我解嘲的幽默。一个人，可能只有在他的自我感觉与大众感觉接近的时候才会不使人难过，自己也有乐趣。自知很重要，但很可惜，我看过来后，觉得人们自知的程度都不高，我们大家大多在不太自知、也不太他知、也不太知自然的情况下生活。人与人、人内心、人与外界的矛盾由此而生。婴儿的自知很强，是与生俱来的生存本能，很依靠大人；老人的自知也强，是历经困苦以后的彻悟，人进步的过程可能是一个逐步自知的过程。

自知者才是智者。一家企业也是如此，也要有自知，知道自身，知道环境，知道竞争对手。企业的自知相对人自身来讲应该是较客观的，不太受人自身的自我中心意识干扰，可有时也很难做到。在企业中、企业外，多少年来的经验和信息系统有时会失效。医生误诊或漏看了病情会受到批评，可人看不到自身的缺点、弱点我们会认为很普通；会计师、律师看不到企业财务或法律上的问题，我们会觉得很失职，可企业的管理者看不清企业所处的位置，大家觉得很平常——可恰恰是企业的自知是它的生命之本。

如果把企业自身的状况比作一把尺子，它的刻度会有无数多，我把它粗略分开，也有许多状态。从最差的企业状态说起。最差当然是破产的企业，像百富勤和广信，巨大的金融资产、复杂的信用链，一夜之间化为乌有，在此之前，我想管理者是很不自知的。比破产好一些，是重整的企业，在事情没有完全不可救之前，自知有了，开始整顿，像广东的粤海公司，还有这几天A股市场上的PT水仙。粤海公司失去了恒指地位，PT水仙退市了。比这些企业好一些的是在周转上出现一些困难但仍可继续运作的企业。这些企业对自身的问题可能认识更早一点，今天香港的百利保，还有一些窗口公司也是这样，虽然并没有与债权人公开地谈重组，但周转的困难也已使它们正在经历困难的时刻。比周转困难的企业要好一些的是那些开始收缩业务的企业，像第一太平、怡和、伟易达，因为战略和运营的不顺利而很早开始了自身的调整，主要做法是出售资产或停止新的扩张，这些企业因为认识自身较早，并没有在市场上使其信用受到很大影响。还有一些企业，遇到了发展的困难，但不需要收缩其现有业务，像电讯盈科，它不会再像过往人们憧憬的那样。也有一些处于相似地位的企业营业和盈利有负面的发展，问题可能是出在行业定位，也可能出在自身的管理水平，它们目前的业务政策也反映了其已有了很早的自知，开始加强自身的地位和竞争力。

以上这些企业的地位都是处在相对负面的位置，中间的企业业务基本稳定，与经济同步，像香港的太古地产、港龙航空和一些公用股的企业，处在相对平稳的地位上。由此向更好的方向发展，有些企业处在不同的上升期，有些企业在自我认识较清晰的情况下，自身的市场占有率在提高，像联想、海尔，市场占有率不单在同一市场上，也能在新市场上有突破，像香港的百佳超市，在与惠康的竞争中明显占优势，这样一些进步都带有较明显的自知和主动性。还有更好的企业，像恒生银行在本地市场上拥有更有影响的地位。也有更有发展能力和欲望的企业把业务向新市场、新产品、新科技方面推进，成了这个行业的领导者，像HSBC（汇丰银行），像和记黄埔的集装箱码头业务，都已有意识、有计划地成了世界的领导者之一。还有一些更有朝气的企业，因为自身的行业、自身的管理、过往的业绩，使大家对企业有很高的增长预期。它们的盈利、对股东的回报已不单在自身企业的营运利润上，而是更多地反映在资本市场的企业价值上，这些企业的未来价值带给它们的投资者更多的利益，它们当然是更有自知、有战略的企业。

在前面讲的这么多的企业状态中，从有自知的角度来看，我们要想一想华创处在什么位置上。

（2001 年 5 月）

自然之静美、之久恒，是我们要适应的，也是要学的。

下雪了

到北京，北京下雪了，下了飞机，没见到往常的接机人，从候机楼出来，才见到乔良向我招手，一问才知道，北京大堵车，城里到机场可能走七个小时。来接我的郭昱他们三小时前出发，不过还在三元桥呢。乔良是下午三点出发，到机场时已晚上九点多了，只好把客人送进机场酒店再接我，我的航班夜里十一点降落算是运气很好，没受寒冷之苦，否则要站在雪地里等三四个小时的出租车，王群他们下午五点多到北京，等到出租车时已是晚上九点多了。

坐进车里，车里很暖和，其实周围的环境越不好，就越觉得一个温暖的角落难得，就像夏日里你站在落地窗前看狂风雷暴，冬日里你在温暖的屋里听外面的寒风呼啸，都有一种超出安逸的幸福感。我看着窗外的一片白雪，心里想，四季的更替是大自然一种完整的表达，不能缺少四季，因为大自然用每一季的不同来考验人们。

这次来北京真受到了考验，其实雪并不大，只是来得急，谁也没想到会使整个城市交通瘫痪。前几天大家还都在称赞北京的城市建设，还在说四环路、五环路多好，北京又取得奥运会主办权，可这次一下雪，城市就忙不过来了。北京汽车数量增长很快，城市发展了，现代化了，问题也多了，平常不明显，下雪了，问题也会出来。

我们爱与世界比，个个要建国际化大都会，公司一说远景就是世界 500 强，我也相信中国人的这种国际观念在加入 WTO 后逐步能实现，可是这里还要求有许多细致、周密的考虑，这些好像我们并没有花太多功夫。其实一个城市对交通的应变能力代表了这个城市的管理水平，就好像一个公司对业务环境的应变能力一样，在正常环境下有了一些成绩，而后就感觉良好，一旦环境变化就不能对付，说明了它的不健全、不成熟。经过一次下雪的考验后，只要肯反思，就会有进步了。王群说今年夏季，我们有几个地方的啤酒做得不好，就是因为做了个大计划，但没有周密地跟进，对变化的反应又慢，市场就不会欢迎我们了，我觉得这样的反思很可贵，也相信明年不会再有同样的错了，就像北京的交通，明年希望不再怕下雪了。

其实以前我对北京印象最深的就是雪后冷空气中带的煤烟味和每个人嘴里哈出的白气，这时你会觉得路边的小吃店很好。午夜过了，还与王群、洪基、小程一起走出来遛达到路边的小店吃面，外面很冷，雪很白，因为穿得少，风有些刺骨，开了一天会，这时好像真正感觉到了北京，感觉到了世界的真实。路上谈到企业和产品的媒体炒作，我想，不论短期的炒作会带来什么表面即时好处，但我们心里必须清楚，搞企业是件长久的事，要沉稳，有真功夫，就像北京这雪，今年有，明年还有，自然之静美，之久恒，是我们要适应的，也是要学的。

（2001 年 12 月）

我们能让一群猫变成大老虎吗？这不是游戏，是生存的残酷现实。

猫和虎

大山很美，山里来了一只狼，狼饿了，见到一群猫，数了数，有 26 只。这么多猫，把狼吓了一跳，可狼实在饿了，就壮着胆子向一只猫下了手，结果猫被吃了。猫虽然挣扎，也没有用，其他猫也没有给予帮助。狼很得意，于是每天吃一只猫，26 天，一连吃了 26 只猫。狼长得又肥又大，很骄傲。

狼吃完了猫，又四处觅食，走了很远，正当饿极时，又看到一只大猫，这下狼高兴了，心想虽然这次只有一只，可是看起来很大，可以吃饱，冲上去就咬，结果这只猫不但气力大，也凶猛，反过来就把狼吃了。狼到死也不知道，这只貌似猫的东西原来不是猫，大猫非猫，猫大了，变了老虎，一只大老虎的力量大过 26 只猫。

这个故事不是童话，是真事，发生过。在华润集团也有一个类似的故事，正在发生，很相似。这 26 只猫就是我们今天的 26 家啤酒厂，那只大老虎则是我们未来的啤酒集团。狼，可能有很多狼，是我们的竞争对手，如果我们不变成老虎，就会被狼吃掉。

如何把 26 只（可能还更多）小猫变成 1 只大老虎呢？可以用研究动物生理的方法分析和比较，如表 1 所示。

表 1　猫与虎的生理分析

	26 只猫	1 只虎
中枢	26 个分散的小脑	统一指挥的大脑（CRB 总部）
五官	眼、鼻、耳等	总部及地区的各职能部门（灵敏度高）
血液	小循环	大循环、资金的统一、有计划地调动
觅食	分散觅食（采购、市场）	统一采购、营销渠道、物流服务
外表	形象弱小	大猫非猫、人人都知、品牌统一
肌体	肌肉小块、分散	人力统一调配、培养
能力	力量小、速度慢	技术、质量统一，力量大
组织	内耗	文化统一、协调一致

还有很多可以分析。这些方法可能不完全与现实吻合，但它们提供的启示和思考是有用的。实际上，动物界的竞争和人类间的竞争是一样的，要不怎么有社会达尔文主义呢？

通过寻求科学的管理方法实现统一运作的规模效应，我们能让一群猫变成大老虎吗？这不是游戏，是生存的残酷现实。

（2002 年 2 月）

啤酒商开始征服世界（Brewer sets out to conquer the world）。

SAB+miller

因为时差，醒得很早，打开酒店房门，报纸已来了，今天伦敦《泰晤士报》头版的标题是“啤酒商开始征服世界”（Brewer sets out to conquer the world），说的是SAB（南非酿酒）昨天公布的交易：SAB用56亿美元收购美国的miller啤酒，成为世界上第二大，也是分布区域最广的国际啤酒商。新公司的名字叫SAB miller。

看着报纸上的文章，又听着电视里所有财经新闻都在报道这件事，想起昨天下午在SAB伦敦总部董事会上的情景，十几位董事听了一整天的交易详情报告、通过了决议后，在争论两个题目，一是在明天的新闻稿上应如何描述新的SAB miller公司，大家在国际（International）、多国或跨国（Multinational）、环球（Global）等形容词前举棋不定。其实对新的SAB miller来说，这些词中哪一个词都不算过分，可最后大家还是选择用world leading brewer（世界领导地位的啤酒商）来形容。二是大家在猜测明天报纸的大标题会是什么，因为大标题最能让人记住，而大部分人可能不看内容，大家为了避免大标题有写负面的可能，又想了很多主意，可谁也没想到，《泰晤士报》的大标题会写得这么大——“征服世界”。这对SAB来说，不要说久了，五年前，谁也没敢想过。

华创与SAB在啤酒上的合作开始于7年前。那时候，SAB是间南非的公司，因为大家对非洲的一般印象是落后，当时很多人误认为华创准备向南非投资。那时我们逢人便解释SAB是一家如何好的公司，但大部分人并没有听说过它。这几年，华创作为SAB在啤酒上的合作者在中国啤酒市场上做得不错，同时华创也看着SAB的发展，算是给我们上了一课。

SAB是南非的主要公司。南非前几年因为各种问题发展很慢，SAB自身当然也受到南非环境的限制，当时的SAB，业务也很多元化，有百货、酒店、赌场，还有玻璃生产，当然主要是啤酒。SAB当时是排在南非前两名的大公司，盈利也很高，在南非地位很高。SAB的财务董事曾是南非的财政部部长，可见SAB在南非日子很好过。如果SAB保持原来的业务，仅在南非做生意，今天可能还是一家不错的南非公司，但绝不会成为国际性的公司，而它的规模用世界标准来看一定会小很多，因为南非的货币兰特，过去与美元几乎是1∶1，今天1美元已接近10兰特了。

SAB在过去几年做好两件事：一是把百货、玻璃业务都卖掉了，基本退出了酒店和赌场业务，公司坚决地走上专业化的路；二是公司的总部从约翰内斯堡搬到了伦敦，还在伦敦上了市。这样做的目的，用SAB CEO的话来说就是要把SAB这家南非的公司变成世界性的公司。SAB这条路走得很坚决，它在东欧、捷克、波兰等国家有很大的啤酒投资，到南美买了几个啤酒厂，又到印度、俄罗斯买厂，当然，还有中国，与华创合作一口气买了二十几间厂。SAB这种全球的新兴市场扩张战略，与它在南非的基础合在一起，在两年前已使它成了全球最大的新兴市场的啤酒商，得到了投资界的认可。今天，SAB终于可以再向前走一步，买下了美国第二大的啤酒公司miller，这可能也让美国人吃一惊。据说SAB的名字今后会用这三个字母，而一般不会再写成South Africa Brewery（南非酿酒），以显示它是一家国际化公司，而不仅仅是南非的公司，就好像今天的汇丰银行，它在国际上也只用HSBC，而不会再写成香港上海汇丰银行了。

董事会接近尾声，私人飞机送来了美国miller公司的代表，准备一起与投资者（也就是基金经理和分析员）见面。投资者关心什么？问题很简单，也很老土：SAB miller的管理层能把规模大了的新公司管好吗？傍晚，我到伦敦希斯罗机场准备回香港，看到SAB在伦敦的股价下跌2.5%，SAB的股价这一段因为收购消息传闻已上升了超过20%，现在交易终于公布了，可投资者很现实，也很冷静，不会被一般的“征服世界”的故事说服，他们要看到结果。不过我相信，SAB能做到，因为我们看着这家公司一路走来。

（2002年5月）

战略方向当然是很重要的，特别是在行业、地域、规模、时机的选择上。战略的正确不能保证公司的成功，成功的公司一定是在战略方向和战术执行力上都到位。

执行力

香港有两家公司，十几年前差别不大，公司的规模和盈利相仿。两家公司十几年来所做的事也差别不大，你做地产，我也做地产，你做基建，我也做基建，你做电信，我也做电信，你做酒店，我也做酒店，你做零售，我也做零售。可十几年下来，两家公司差别很大了，一家成了世界级的企业，另一家不仅规模小多了，而且要被迫做债务重组。我不想说这两家公司的名字，因为说了不太礼貌。但这两家公司在几乎是同样的战略方向下经营出很不一样的结果却让我们思考，战略方向与战术执行如何配合，两者谁先谁后。

战略方向当然是很重要的，特别是在行业、地域、规模、时机的选择上，决策往往是短暂的，但影响是深远的。如果公司在前几年大量投资了到今天还在探索生意模型的互联网，或者投资了后来被证明是不必要的梦想的全球卫星电话（美国的 Iridium 公司），又或者在 1997 年香港地产高峰期增加了大量的土地储备，这时公司要面对的麻烦是很战略性的，战术执行层面难以解决。

战略的错误可以导致公司的失败，但战略的正确不能保证公司的成功，成功的公司一定是在战略方向和战术执行力上都到位。何况在战略上完全踏空而失败的公司并不多，更多的公司是在几乎同样的战略方向下，在竞争中拉开了距离，战术的执行力在公司的发展中起到了更持久的作用，它不仅可以执行战略，而且可以在过程中巩固、优化战略的方向。像 TOM.COM，它原本是一家纯互联网的公司，可它的战略在执行中优化了，它才有今天的生命力。相反，因为战略与战术在不同层面上是有交叉的，其相互的作用难以绝对分开，特别是公司在战略转型的时候，往往忽视对战术的执行力。因为执行的结果不满意，又引起对战略的怀疑，甚至轻易地改变战略，这时公司不仅没有了战术，也没有了战略，没有了信心，问题就来了。

公司的经营决策就是一个处理矛盾和做选择的过程，战略与战术、长期与短期、发展与稳健、集权与放权，这些矛盾永远存在，选择永远是困难的。但在这些矛盾中，矛盾的主要方面是因随公司发展的不同阶段而变化的，当公司的战略方向逐步清晰的时候，战术的执行力就变得更重要，这里有一个很重要的转折点。

我前几天去了海南，看了我们在那里的一项资产——石梅湾。那里有全世界最好的海水、沙滩、温泉、热带雨林，也有海鲜、高尔夫。石梅湾还是一块处女地，我也相信未来海南一定是中国人最好的度假地方。可如何把石梅湾做好呢？从长远战略来说，这里是没有错的，从战术执行来说，我们要面对很多考验，它不仅要考验我们的热情投入，还要考验我们的智慧和创造力。石梅湾只是一个例子，我们所有的工作都会长久地受到同样的考验。

前几天与几位同事聊天时他们给我推荐一本书——《致加西亚的信》。书很短，我看了，也听说公司里许多同事都看过这本书，书里的故事当然让人震撼，但更让我受到鼓舞的是公司的同事不但在读这本书、讨论这本书，而且把书中的主人公罗文看成是我们团队中应有的人物，可以激励我们提高战术的执行力。有了这一点，我想战略目标的达成就有了保障。

（2002 年 12 月）

我们能够在一个传统行业中做出不"传统"的业绩吗？这就像我们预测未来一样，因为未来作为一个相对长远的环境来说，对我们大家都是一样的，不一样的就只有我们自身。

五彩布

我前几天去华润轻纺在内地的几家纺织企业，觉得很多事回过头来看都很有意义，既有实践意义，也有理论意义。我以前不知道为什么很多哲学的书，不论什么学派，都用很大篇幅来讲认识论，讲人是如何理解周围事情的，现在来看我们自己做过、思考过的事，才知道这个认识过程、反思过程，因为它来自自身，是很有意义的。它带给我们的益处很大，也很有说服力。

我听到不同层面的人说这些企业，每人都有不同的视角，但反映了企业对这些与企业有很直接关系的人的做法和态度，其实企业的存在和发展也是这些人努力的总和，理论上的说法在这里都有很直白的表述。有女工给我讲加入华润后她的工作更紧张了，但收入提高了大约 30%；有车间主任给我讲他的车间进了新设备，产品质量好了，工作环境也改善了，但考核的压力大了；有生产技术部门的人给我讲他开发了客户喜欢的新品种，附加值提高了，但客户的要求又提高了；有企业的总经理给我讲公司改制，引入华润的理念和文化，公司有了活力，但竞争对手的进步和发展也很快，我们要不断努力才行；也有政府的领导讲华润来了以后工人就业稳定了，政府税收也增加了，对当地经济起了很好的作用。我自己也知道，华润轻纺这几年在内地建立的11家纺织企业，对华润轻纺是很有战略意义的，这些企业都是老的纺织企业，后来都遇到了很大困难，这几年的改制、重组、严格管理，使企业都有不错的经营成果，股东也取得了不错的回报，也让我们有了更大的信心来进一步提升这些企业在行业中的地位。我也见到了十几位纺织企业的总经理，在他们身上看到了活力和坚韧。最后一天的会，大家主要讲企业存在的问题，我一直觉得愿意找自身问题的企业是好企业，是信心和务实的做法。看完这些企业，我感到华润轻纺这个企业真的在转变了，而这种转变是我几年前想不到的。

华润的纺织品业务曾经是集团中最大的业务，那时有代理权，国际市场也好，可后来情况变了，纺织品的代理权没有了，营业额和利润都大幅减少了。用今天的话说就是生意模式变了，大家突然不需要你了。如果按传统外贸企业的思路想下去，这个问题是没有解的，因为处在商品制造和流动的链条中，没有了附加值，这与华润当时许多企业是一样的环境。

由传统的外贸企业模式向生产与分销相结合的转变是华润轻纺很关键的一步，没有这个转变，这个企业的生存都受到威胁。但这只是第一步，而最重要的第二步，是把纺织行业作为一个产业的发展来看，没有第二步，也没有这个企业的发展。华润轻纺今天可以做5～7年的预算计划，可以树立自身的行业目标，可以着力培养自己的管理团队，可以在技术、产品上有更高的定位，都是根植于它把这个业务看成了一个产业，可以不断培育、发展、成长的产业，而不是过去外贸企业中的一单生意。我时常觉得一个企业没有这种产业培育的过程，它的根基就会有问题。产业培育的过程是艰苦的，但是必需的，也是最有价值的。华润是一家相对并不年轻的公司，但它在内地的业务都是相对“年轻”的业务，都要经历这样一个产业培育的阶段。这样才能逐步成为行业的领先者，这也是华润轻纺下一步在内地的目标。这与织布是一样的道理，布上的花纹是一经一纬一下一下织上去的，没有汗水和辛劳，就没有赏心悦目的五彩布。

其实纺织几乎是人类工业化以来最古老的工具，行业本身不会带给人太大的惊喜，过去我们总想预测未来，其实任何未来都是相对的，有限度的，过于倚重对未来的预测是管理和决策的一个误区。我们能够在一个传统行业中做出不“传统”的业绩吗？这就像我们预测未来一样，因为未来作为一个相对长远的环境来说，对我们大家都是一样的，不一样的就只有我们自身。

（2003 年 5 月）

太阳下面没有新鲜事了，主要看我们自己怎么去悟，怎么去行了。

变数美

看到一些不同时间的不同数字，觉得很有意思，可能大家都已看过了，不过还是想说出来，与大家回味一下。

我们今天常说，也常与人比较的人均国内生产总值，原来在200多年前没有人说，也没有人比，不是因为那时没有统计数字，而是因为那时国与国之间的人均收入几乎没有差别，没有比的需要。我们常说中国在历史上曾是世界强国，可那不是因为人均，因为那时人均都差不多，说强是因为经济总量。200多年前中国人口是世界的1/3，经济总量也是世界的1/3，是世界最大的经济体。因为那时世界都是农业社会，人能发挥的余地很小，人多就自然变成了强国了。

今天世界上最富有的国家和最贫穷的国家人均国内生产总值的差别是140∶1，可以看到人多的作用也不大了。中国与世界上的富国人均GDP差27～28倍。

1920年，美国城市人口第一次超过农村人口，今天从事农业的人口约占总人口的2%，美国农场的平均规模是12000亩。农作物的单位产量要比中国低15%，但单位成本要比中国产的粮食低20%，中国东北玉米的政府收购价大约是1000元人民币一吨，美国对玉米的保护价是70美元，在这一点上，中国农业政策远比美国慷慨。即便这样，中国农民这几年收入增长仍很慢。成本高是因为人太多，地太少，看来什么时候中国的城市人口能超过农村人口了，中国种的粮食比美国种的粮食便宜了，中国就会变成一个真正的强国了。

1900—1930 年，美国一共建立了 2000 多个汽车生产企业，今天只有 3 家了。经验证明，大工业化的过程就是一个产业不断整合、集中的过程。中国的汽车行业今天还处于由少变多的阶段，中国的啤酒厂家已进入由多变少的阶段了。福特汽车 1917 年在海兰公园（Highland park）一家工厂的年产量达到 70 万辆，这在今天也大过中国多数汽车企业，可以看到产业整合的力量。不过也不是什么都能整合，德国的啤酒业到今天不能整合，仍很分散，还有超过 1000 家小企业。有人说是消费文化的原因，有人说是德国税务政策的原因，无论如何，看来什么事也不能只用一个模子去套。

今天的企业管理理论不断有新名词出来，我们在觉得眼花缭乱之余总觉得很新鲜，其实不过是换了个角度把同一件事再说一遍。100 多年前（1888 年），法国有位矿业工程师法约尔，已经写了 14 条企业管理原则，今天我们还认为时髦的提法，像创新意识、团队精神等他早都讲过了。看来管理学这么多年在理念上进步很小，最多是尝试新的方法。太阳下面没有新鲜事了，主要看我们自己怎么去悟，怎么去行了。不过企业的事永远不会是容易的事，遇到波折是必然的，像 GE，它也曾在 1898 年和 1901 年两次从道琼斯指数中被除去，到 1907 年才重新返回。IBM 在 1939 年被除去道琼斯成分股的资格，40 年后才重新进入成分股。看来什么事都是说起来容易做起来难。

说了一些零碎的数字、零碎的事，看起来没有什么联系，可是不知哪一天，它们自己就会连在一起了。

（2003 年 10 月）

摘星阁不是了不起的大项目，但它的改造是一个很好的提高公司价值的方式。方式很重要。

摘星阁

这几年中国经济高速增长，大家说的最多的词是 GDP；最近经济宏观调控，大家说的最多的词是固定资产投资。过去说 GDP 是比谁的 GDP 增长得快，今天说固定资产投资是比谁的固定资产控制得好、下降得多。什么事都是一样，有个循环，有个度。特别是不能为了眼前表面的目的过度追求一样而牺牲了另一样。像现在许多整容手术出了毛病，是典型的为了外在牺牲了内在，为了今天牺牲了长远，道理很平常，可这样的错误人们还在一代一代地犯，几乎谁也逃脱不了。更可怕的是人们在全情投入地追求一样东西时不知道隐藏着的风险，自己也被假象骗了。能身处其中，又能看透这一点，把远近表里平衡为一体，需要很多的修炼。

这几年印度的经济增长也很快，许多人开始把中国与印度比，也有人说印度会慢慢超过中国，理由不是说印度的增长率比中国高，而是说经济增长方式不同。中国和印度都是最古老的文明古国，可惜因为历史的不巧合，都没有真正经历过一个工业化的阶段，欧洲的工业化受从蒸汽机到纺织机等一连串的技术发明的逐步推动，而中国和印度正在进行的工业化则主要是由制度的变革而引起的，处在这个时期的国家要进行工业化有很多种选择方式，它可以选择由本国国民自己推动，也可以选择用优厚的待遇大量地引入外资；在产品出口上，它可以选择用自身的效率和创新开辟国际市场，也可以选择牺牲资源、环境甚至让自身货币贬值来推动出口。这在发展阶段上难以界定谁对谁错，关键要有一个切合自身定位的度，要看最终这个国家、这个民族在世界上有没有形成真正的竞争能力，能否在成长方式的选择和转换上把握好，这决定了这个国家的长远发展。

把握不同的增长方式对国家重要，对企业成长更是考验，因为对国家来讲选择增长方式一般只意味着快慢，而对企业，把握不好则意味着生死。我们不断重复地讲企业的现金流，不单是因为企业有健康的现金流才算真正赚了钱，其实企业的现金流如何代表了企业的增长方式。通过并购来成长是企业发展的一种方式，我们眼前的汇丰银行和与华润啤酒合作的 SAB miller，就是在过去几年通过不断并购迅速成长为它们所在行业的顶级企业的。但这只是表象，内在力量则是因为被它们并购的企业在新的组织内都有了比以前更好的业绩表现，所以它们可以再做并购。并购是风险相对高的成长方式，它在进入一个新的市场时也是好的选择，但企业能否把并购成长做成自身成长是一个有机的过程，考验的是人的真功夫，不是钱。即使企业在日常业务的拓展中也有增长方式的选择，营业额上升了，利润上升了，可能只是表象，如果伴随而来的是应收款、库存的大量增加和资金的大量占用，这个增长方式就有些不太健康，并不意味着企业竞争力的增强。像一个国家的经济一样，企业不但要成长，还要用健康的方式来成长，否则难以长久。

华润在香港的山顶道有一处很好的物业，是十几幢别墅，取了个很有诗意的名字，叫摘星阁。摘星阁因为物业老了，布局也旧了，与市场也不吻合了。华润物业的同事们就把它改造了，用了新的定位、新的设计，迎合了新的市场需求，其中用了很多细致的心思，得到了客户和业界的很多好评。我算了一下，收益在改造后大约能提高 50%，虽然摘星阁不是了不起的大项目，但它的改造是一个很好的提高公司价值的方式。方式很重要。

（2004 年 5 月）

集团整体战略的实现应该是一个稳健的、协同的、有序的过程。

战略紧迫性

战略在新的竞争和发展环境下的紧迫性

最近有三件事对我触动比较大。第一，有一个外聘的培训师到白洋淀给财务经理做战略培训，他问我们的财务经理，华润的战略是什么？你所在利润中心的战略是什么？我们的经理人说不清楚。这个培训师讲话很不客气，说华润的战略能力不过如此，只知道做大做强这不叫战略。这件事对我刺激很大。第二，关于哈啤的收购问题，AB 公司（安海斯－布希）为了取得哈啤这个战略性资产，可以给出在外界看来是不理性的、很高的价钱，这里面一定有非常严谨的战略上的考虑。第三，蒙牛上市，市场反应很好。蒙牛在短短的几年时间内，从做品牌到营销、质量、产品的研发和延伸，发展非常迅速。华润还没有一家利润中心有这样快的发展速度。我认为，蒙牛真正的成功是战略的成功，当然其执行力也是很强的。

不论是资料分析还是实际经营，我们都体会到了战略在新的竞争和发展环境下的紧迫性。这种紧迫性表现如下。

竞争环境加剧，竞争程度提高

现在，大多数行业内都充满了非常有实力的竞争对手。不仅如此，各个行业都有很多新的进入者。尤其严峻的是，很多行业都遇到实力强大的国外的竞争对手。由此造成各个行业竞争格局的急速变化，我们从事的啤酒行业、零售行业、电力行业都是典型的例子。现在这些行业内，参与的竞争对手、竞争的程度、竞争的方式都同以往完全不同了。

过往华润的方法已不再有独特性

两三年前华润还有很多优势，但现在这些优势已经发生了很大变化。

（1）海外融资及资本市场。

以前我们可以海外融资，也可以利用资本市场，这在当时是非常大的优势。当时，一般企业上市是很难的，它们可能不懂上市规则和程序，也可能批不下来，现在几乎没有不会上市的。

（2）产业整合。

以前我们整合产业也有优势，我们先后整合了纺织业、啤酒业、零售业、水泥业。现在整合越来越难了，整合的成本非常高，哈啤就是典型的例子。过去我们在整合过程中采用的低成本扩张模式已经很难做到了。

（3）改造国企。

过去改造国企是我们的撒手锏，很有影响力，现在国企也在转制，也在提高，再谈改造国企已经没有那么大的冲击力了。

（4）规模扩张。

过去我们在规模扩张上推进比较快，今天所有的行业都遇到规模扩张的管理风险、成本风险。在这种环境下必须对规模扩张的速度进行有效控制，几乎不可能维持前几年的速度了。

要进入真正的“竞争”“战争”状态，在市场上产品、客户的竞争将成为更明显的主题

没有竞争战略就不可能进入一个真正的常规性竞争。以前那种机会推动、见谁买谁的日子已经难以维系了。我们最终面对的是市

场的竞争、客户的竞争，是常规式的竞争。谁能更快地进步、更快地掌握战略、更快地掌握平衡计分卡这些战略执行的工具，更快地通过行动学习、群策群力等方法建立学习型的组织，谁就掌握了战略的先机，就可能率先完成从外延式增长到内涵式增长的转变。

综合内外部发生的变化不难看出，华润集团迫切需要提升自身的战略管理能力，战略的细化与推进显得尤其重要。我们过往的做法及优势已经不能保证我们取得领导地位，必须学会以更有效的手段面对竞争对手，更主动地应对竞争环境的变化。

集团战略、利润中心战略、服务中心战略之间的关系

华润集团的战略思路是“集团多元化、利润中心专业化”，这其实只是一个核心理念，不是竞争战略，因为集团本身并没有直接面对客户、面对竞争者。前不久见到通用电气的前 CEO 杰克·韦尔奇先生，问及集团战略和利润中心战略的关系，他提到通用电气只有中心理念（Central Idea），没有中心战略（Central Strategy），所有的竞争战略都在利润中心，这同我们的思路是不谋而合的。其实集团发展战略与利润中心的竞争战略是相互依存的关系。

集团的发展战略统领全局

集团发展战略确定了利润中心的共同使命和愿景，并对业务组合、行业选择等做了比较明确的规定。利润中心战略必须服从于集团的整体战略。就华润当前的情况看，利润中心必须坚持专业化经营不动摇，这是集团战略对利润中心战略最基本要求。

面对消费者、市场竞争者的战略体现在利润中心

因为利润中心是直接面对消费者、面对竞争对手的，所以，竞争战略的细化和执行只能在利润中心层面进行。集团战略不能代替利润中心的竞争战略。

集团使命、战略目标是通过利润中心的成功经营来实现的

如果没有利润中心的成功经营，华润集团成为所在行业领先者、实现股东价值最大化和员工价值最大化的使命就是空的，是不可能实现的。

集团通过资源分配和管理正向支持利润中心竞争战略的实施

集团的资源分配和管理职能是通过服务中心实现的，这也决定了服务中心战略的定位：服从集团整体战略，在履行基本管理职能的基础上，为利润中心战略的实现提供正向支持。

特别强调的是，集团整体战略的实现应该是一个稳健的、协同的、有序的过程。这就要求集团战略、利润中心战略、服务中心战略具有内在的逻辑性，相互之间协同配合，这也是战略一致性问题。

对利润中心竞争战略的新要求

对于利润中心竞争战略，提出以下 10 条新要求。

战略应该更清晰

怎样才算清晰？就是让每个员工都清楚，所有客户都知道。

战略要有创新性

大部分利润中心的战略都是在描述现状。这不是战略，战略的主题是创新。战略一定是在市场分析的基础上，有一个新的定位。

战略需要坚持，需要更执着

战略的不成功，主要有两个因素，一个是执行力不够，另一个是上层动摇。

战略更要有取舍

取容易，舍弃难，这同人生哲学是一样的。光想取得，不怕多，就怕少。现在主营业务还不清晰的利润中心，要尽快对业务组合进行分析，确定主营业务，非主营业务要设计好退出机制。

要以客户市场为出发点

我们战略的制定、机构的设置、流程的设置，一定是以客户为导向的，必须树立以客户为中心、客户导向的思想。

制定战略要更符合自身实际

有些利润中心战略目标很远大，但不符合自己的实际，超出了自身的管理和现有基础。这样的目标也许可以起到激发人的干劲的作用，但最终是不可能成功执行的。

战略要追求专业化，专业化才有竞争力

我们有些利润中心因为历史原因，专业化程度不高，竞争力匮乏，我们必须有危机意识，尽快提高专业化水平。

要有更专业的战略形成过程

躲在办公室内一遍一遍写战略是没有用的。要到客户中去，去体验市场中还有什么空隙，你能为市场提供什么价值，然后才能制定战略。

战略思维需要商业嗅觉和灵敏

战略思维过程不是拿书本来照抄的过程，理论指导是需要的，但制定战略一定要有自身对商业的判断。方法中的每个环节都需要我们根据自己的经验、学识、能力进行判断。

战略定位要成为客户感受到，员工理解到，文化、行为能体现的思想

战略如果不能被客户感知，不能被员工理解并落实到每个员工的行动上，不能体现在文化上并得到文化的支持，这样的战略就是纸上的东西，是永远不可能实现的。

服务中心面临新的挑战

集团多元化、利润中心专业化的战略对集团的管理功能提出了新的要求，同时，集团整体业务的转型、专业化上市公司等也要求服务中心的战略定位和职能更加专业化。服务中心面临新的挑战。

发展速度与风险的控制

利润中心大都提出了通过投资实现规模扩张的思路，对于如何回报集团、回报股东想得比较少。从利润中心的角度看，这也许没有错。但就集团层面看，必须设定一个整体的发展速度，发展速度太快，可能会超出我们的管理能力，带来巨大的经营风险。最近几年，国内以火箭般的速度发展的公司有很多，但大多数以更快的速度消失了。我们必须牢记这些教训。

经营中的效率和规则的控制

市场经济的基础是根据效率配置资源。对华润这样的多元化企业来说，同样存在资源配置问题，这就需要我们研究经营效率，并制定相应的规则以决定资源的配置。

整体的价值观、使命、文化的统一及不断深入推广

集团的价值观、使命、文化还是相对清晰的，但就整体而言，还不够统一。服务中心要首先修订完善集团的价值观、使命、文化，然后通过多种渠道推广到利润中心中去。这种推广不能流于形式，不能搞一阵风式的运动，要持续地、深入地进行，要有组织、有制度作保障。

经理人的培养、选拔、使用

经理人的培养、选拔、使用是集团最重要的工作。这方面的工作最近几年有很大进步，但还不完善，如对经理人公正评价的问题、不同利润中心之间人才流动的问题、集团应该管多少人的问题等，都还需要深入探讨。

集团总部服务中心应该是一个理念、文化和职能定位统一的协同整体

我们的很多工作都是跨越几个部门的，我们需要给利润中心和外界一个统一的形象，这就需要服务中心之间主动打破边界，形成一个理念、文化和职能定位统一的协同整体。

（2004 年 6 月）

我们每个人谁不是在历史的时间廊之中走过的小小一段呢?

时间廊

普通香港人一生中最大的事就是买楼。说是买楼，其实是买一个在半空中的五六十平方米的住宅单位，这是许多人一生奋斗的目标。因为这是件大事，所以几乎所有的香港人都是楼市的专家，也就是在这么一个人人研究楼市的地方，香港人总结了一句话，叫买楼只会买错，不会买贵。意思是说买楼主要看时机，而不在于楼的价格。如果买在楼价的上升期，就是当时感觉贵一点也没问题；可买错了时机，当时便宜也没用。可能是香港楼市几次大的起落，让香港人在买楼这件事上很有历史的、发展的眼界。四五十年前当霍英东开始分层出售、分期付款卖楼的时候，每平方英尺的价格是20港币，几十年以后，同样的楼价格升到每平方英尺10000港币，不管当时的人有多聪明，还是有多愚钝，时间把所有的问题都解决了。

用时间的、历史的观点评价一家企业的好坏，现在不是衡量企业的主流方法，因为短期盈利的压力太大，也因为有哲人讲从长远来看，我们都会死去。我们看当期的、静态的企业的角度太多、太复杂，陷入其中，容易忘了时间和历史对企业的影响。我们在羡慕世界级的百年企业的时候，可能也需要在一个很长的时间坐标上领会它是怎样发展过来的。

时间和历史的每一个阶段都会偏向某一类的企业，企业的战略定位在研究市场和客户需要的时候，说的是某一个时段的要求。有位同事在谈到战略时给我讲，如果早走一步可能是先进，早走两步可能就是先烈了。看看别人走过的路，也回头看看我们自己走过的路，原来时间、历史与企业战略定位之间是有一些规律的。

一个农业国家在走向工业化的时候，最初得到时间和历史偏爱的是一些由简单的、粗糙的小工厂生产的生活必需品，二三十年前中国的一些乡镇企业就是在这个时段上受益的。当一个国家开始开放，与世界通商，外贸行业就会发展。一百多年前的纽约，最早发财的也是贸易商，只不过随着时间的流逝，他们中间只有百分之几的少数能够生存下来。中国也是这样，传统的对外贸易在经过一段好时光后都遇到了很大的困难。当一个国家的财富开始积累，人口开始流向城市，地产业就成了宠儿，曼哈顿的地产制造了美国第一批百万富翁。有意思的是，他们中间有许多是由贸易商转为地产商。如果没有这个随着时间变化的转变，在贸易行业赚到的第一桶金可能会消失在贸易行业中。与此同时，金融业开始发展，香港在六十年前出现过近百家本地银号、几十家银行，它们支持了香港的贸易和地产，可后来都被大银行代替了。基础设施和自然资源行业在一个国家开始工业化后也成了被追逐的领域，是这些行业发展最快的时期，中国现在的煤、电、运等瓶颈问题美国也发生过，纽约当时有三百多家铁路公司上市，可以看出这个行业的需求和蓬勃。再接下来，通信业、出版业、证券业、大型工业、零售业、科技行业等在时间和历史的推动下依次登场成为当时的新宠。谁在正确的时间抓住了正确的行业，谁就成为这段时间的商业英雄。大家都知道卡内基是钢铁大王，可他在做钢铁之前做过六七种生意，最终才在正确的时间选了钢铁，这也才有了著名的“把所有的鸡蛋放入一个篮子，然后守着这个篮子”这句话。

香港有一家卖表的商店叫时间廊，我那天路过，看到这三个字，才想起了上面说的这些事，才觉得时间廊的名字取得很好，其实我们每个人谁不是在历史的时间廊之中走过的小小一段呢？

（2004 年 10 月）

以使命为基础，我们才可能有经营目标。

战略主导使命之旅

老外的公司非常喜欢讲“New Chairman”。如果公司很好，他们说“We got a new chairman”；公司搞坏了，还是说“We got a new chairman”。

新同事来了以后，对公司会有很大的影响，我也感受到了这一点。实际上在我过去的经历中，每次“New Chairman”来了以后，我都有很大的变化。

新领导来了以后，给大家带来了很多的不确定性，带来对公司以后做法的一个猜测。这个领导不管是讲什么话也好，甚至一个什么眼神也好，都可能被认为是他要怎么怎么样，这就是期望值。

我到这里可以做什么？我来回答这个问题。我来了以后，会从理念、精神、文化开始和大家沟通。我这个人相信精神的因素高过物质的因素，这不是说虚话，我就是这么认为的。

任何一个组织都是由精神主导的，物质因素只是精神以后的东西。当然，没有物质也是不行的。从团队第一、集体力量、凝聚人心开始，营造一个环境，营造一个文化，来推动管理体制、机制进一步改革和优化，是我的主要责任。我希望推动企业改革，使企业更人性化、更市场化、更进步。我会推动战略的制定和执行，通过调整战略布局和公司的组织架构（包括人员）来培养一支充满战斗力的队伍。对这支队伍会有评价、考核、审计，以便最终达成目标。

下一步我们会对企业使命进行描述，我们的企业使命应该是企业化、市场化、人性化的。然后是对战略目标的研讨、制定和实施，组织架构的优化，资产组合的调整，人员的职务分工变化。最终是一个大企业的目标，要实现这个目标，我们要有做大事业的心态和文化来推动公司进步。

未来的中粮应该是一个市场化的、人性化的，有使命感的，有业绩、团队、学习、创新文化的公司。未来的中粮归根到底是我们的，未来的中粮在我们手上。这是我们的使命之旅。

（2005 年 2 月）

中土畜和中粮合并，实际上给我们带来了很大的发展机会。

1+1>2

中土畜（中国土产畜产进出口总公司）的事到底怎么做，我也没有想好。可以发动大家一起来思考：到底中土畜的工作应该怎么做？不是别人教给我们，而是我们自己对于业务的反思，对于历史的反思，对于未来行业的分析得出的一种结论，那是非常有力量的结论。

中土畜和中粮这两个公司不管是并入式也好，合并式也好，这两个公司能否成功重组，将会影响很多企业下一步的改革和调整，这样说是不为过的。

在全世界任何地方，任何企业里面，这样一个合并都会给企业带来极大的风险，因为两家公司合并必然带来新的矛盾。像最近惠普公司的总裁辞职了，主要原因就是惠普买了康柏电脑，但是没有合并好这两个公司。我们两家公司小一点，但是两个公司合在一起同样有难度，在整个协调中会带来一些不顺畅，这是难免的。只要我们理念一致，就可以逐步解决这个问题。

十几年来大部分外贸企业变得比较低调，日子不是特别好过，特别是省市公司。外贸企业能不能找到一个转型的方法？我们两个公司合并起来，就是要探索外贸企业还能不能继续往前走，我们是在做一件很有意义的事情。我们可以坐下来，平心静气、实事求是地讨论细节问题。我有充分的信心和大家一起，一步一步把这个事情处理好。

中土畜和中粮合并，实际上给我们带来了很大的发展机会。我相信这一点将来一定会反映出来。

中土畜有 60 亿元的总资产，在中国是中型偏上的公司，还有一些稳定的业务。虽然最近业务下滑得比较厉害，但是这些业务有完善的业务网络和比较成熟的管理团队，都会给合并带来好处；而且两个公司的业务还有不少的关联性，将来不管我们的管理架构怎么调整，一定能够做到业务之间的相互协同和配合。

重组后将会给两家公司带来一个更大的平台，有很好的资源互补性，更容易做到行业领先。

中粮对中土畜的管理方式，我认为可以有三种。

第一种方式是不打散中土畜的管理架构、资本架构，两家公司保持相对的独立，中粮以投资者的身份管理中土畜。

第二种方式是将两家公司打散，取消中土畜总公司的管理职能，保持中土畜业务相对独立，中粮管理介入中土畜的日常工作。

第三种方式是将两家公司全部打散，分业务进行整合。这种做法风险大，但好处也多。

中土畜目前商品太少、太散，这种业务分散状态显然不行。中土畜必须在现有的业务中找到一到两个真正有市场潜力和竞争潜力的战略业务，最多不能超过三个，集中全力去发展。我们一定要把不好的业务、资产处理掉。十年、八年后，我们就会在某一个业务领域发展起来。

（2005 年 3 月）

6S 不是说公司管理一定要达到什么水平才能用，它是相对柔性的结构和方法，应该能够适合不同层面、不同管理基础的公司。

头脑比钱更重要

“中茶”大旗能否插遍中国大地？系统的战略研讨要先行

问：中粮老董事长周总曾经说“要把中茶的旗帜插遍祖国大地”。请问宁董事长对于茶叶公司的经营有什么期望？

宁高宁：大家有一个远大的目标非常好，因为一项业务想有一个好的发展，如果一开始没有用比较远的目标来看待这个事，没有想把“大旗”插到全国这样一个思考的话，很可能在某一个局部就会做错，就会不坚定，就会放弃。

而究竟通过什么可以进入这个行业、做好这个行业？我觉得，我们必须很扎实地转型。不光是茶叶，我们每一项业务在转型过程中都应该有一个系统的战略研讨的过程，真正能够扎实地分析这个行业的流程、模式、对手、趋势，分析我们的能力、财务资源、团队资源，包括目前的渠道资源、品牌资源到底有什么，我们凭什么比别人做得好？只要这些工作做到位，最终我们就一定能把这个“大旗”插遍全中国。

业务购并谁买单？发展业务靠团队

问：通过我们对羊绒行业的了解和分析，羊绒业可能会迎来一轮新的整合和洗牌机会，我们有机会做大做强。这是一个非常大的动作，可能会涉及超强的资金和其他方面的配置，在中粮整合中土畜的情况下，我们可不可以设想去整合别人？这是第一个问题。第二个问题，如果真能挣很多的钱，我们又提出很多的资源配置要求，但这个业务超离了中粮的主营业务范畴，这种业务是不是值得我们研究或者往下走？

宁高宁：这很简单，一定值得，否则我们公司就没有希望了。应该鼓励大家去往专业化、市场份额相对较大、树立领导地位的行业整合的道路上想。

关于资金配置，我来中粮不久就说过，像中粮、中土畜这类公司在中国的环境下是不缺钱的，因为我们能相对容易地从金融系统里面获得资金，而真正不容易就是这个团队是不是做一个事情成一个事情。我觉得，团队战略的准备度、专业性、管理能力、在行业里面的竞争性，远远比我们对资金的需求更重要。

目前中粮集团的想法就是紧紧依靠中土畜现在的团队发展业务，必须依靠我们这伙人自身的知识积累、管理能力，依靠我们的进步、组织的成熟取得成功，只有这样中土畜才算成功了。

能否共享“长城”品牌？喝酒喝出饲料味就麻烦了

问：要想使中土畜很快进入角色，是不是有可能让中土畜的某些产品如饲料，利用中粮现有的品牌？做进出口贸易是我们的看家本领，请宁董事长给我们讲一讲转型怎么转。我们也可以进行资本运作，去建饲料厂或者油厂，但这是不是最终目的？我个人理解转型一定是一个新的利润增长点，如果不是，转型就是形式上的。

宁高宁：关于品牌问题。如果饲料用长城品牌，我觉得不行，为什么？因为品牌延伸是很危险的，饲料品牌用长城就麻烦了，消费者喝酒时就会想到饲料，消费者这种心态的变化是我们估计不到的，所以，对于品牌的延伸特别是食品的品牌延伸是要很小心的。

关于资本市场问题。资本市场不会雪中送炭，资本市场是锦上添花。要利用资本市场，我们必须要有管理业绩，必须要有能强有力说服资本市场的道理才行。

关于转型的问题。我觉得你应该研究饲料业来龙去脉的整个流程，了解、把握饲料交易的每一环节，如研发、生产、销售、运输等，看一看你能做哪一环节、哪一部分？能不能在这一环节里面找到更好的布局？是前后延伸，还是左右延伸？如果你找到最好的一个环节，是饲料行业里面最稳固、增长最快、竞争力最强、别人很难取代的，那你就成功了，你可以继续往下做。不是每一环节都要转型，好的业务为什么要转呢？做好就可以了。

能否踏上资本高速路？头脑比钱更重要

问：十年前华润、中粮、中土畜都在一条起跑线上，十年后它们的距离拉得很大。华润和中粮借助资本运营走向实业运营，而中土畜仍在商品运营上徘徊。我想请问董事长，像中土畜这样的公司能不能迈入资本运营这个台阶？我们很多的商品能不能往这方面发展？

宁高宁：我不想特别强调资本运营，也根本不承认“资本运营”这个词。英文里面根本就没有这个词，是中国人创造了这个词。因为这个词，很多公司就变成专业搞资本运营的，由此带来一种圈钱的文化、浮躁的文化。

华润很多次利用资本市场，但是华润为什么可以利用资本市场？是因为华润用资本市场的思维进行业务的整合，而不是靠什么资本运营。利用资本市场不能靠骗，高盛、摩根士丹利这些顶尖投资银行，在里面工作的大部分都是剑桥的学士、哈佛的硕士，这些人非常精明，你是骗不了他们的。但是，我们可以借用他们的思维来利用资本市场为企业服务。怎么借他们的思维来做？做行业、做产业、做增长性、做团队、做品牌就是他们的要求，那么，我们就按照这个要求经营企业。如果我们手里什么都没有，业绩一直下滑，发展模式也不对，资本市场是不会接受的。

中土畜能不能走这一步？我想，一定能！这是肯定的，这不是特别难的事，只要我们把思路调过来。还举茶叶这个例子。我们调整一下思路，把中国的茶叶分析分析，到底哪个市场在增长？谁是竞争对手？我们该怎么做？中土畜和中粮都有相当大的财力，我们并购也好，整合也好，发展起来了，就可以上市了。那个时候投资银行就会主动找上门来。

我觉得第一步一定要用他们的思维来做。如果要想快的话，我们肯定用并购的方式。要是觉得对并购方式还把握不住，就用自己内延式的方式来做。如果我们有一个上市公司业务开始增长了，这边成长、那边发股票，就形成了一个良性循环。这一步我们一定可以做到，但是得一步一步走。我们老想资本市场是没有用的，我们一定要想资本市场要什么东西，我们必须选好行业、选好战略、配好队伍、做好品牌、做好营销、做大市场份额，品牌、技术我们慢慢去做，我们先把 MBA 课堂上讲的东西做好了，资本市场就会找上门来，就会形成良性循环。

CEO 首先会“炒人”？年轻化、专业化、与人为善

问：有两个问题向您请教。我们都知道今天华润的核心业务和十年前完全不一样，有进入，也有退出的，我想知道您在判断一项业务能不能成为核心业务的时候，最看重的因素到底是什么？是行业的成长性，还是市场的份额，或是当时的效益？这是第一个问题。第二个问题是，我们知道转型必然带来人员分流的问题，这是不可避免的。我记得在北京大学的时候，您过去的一位老部下给我们讲过课。他说一个企业 CEO 首先学会不是怎么用人，而是怎么“炒人”。我知道您带领华润转型时建立了一支经理人团队，也淘汰了

和企业战略目标不符合的一批人。我在香港工作过，就在华润大厦办公，但我并没有感觉到大的波澜，我想知道您是怎么处理这个事情的？

宁高宁：转型怎么取舍？取舍不在于这个企业目前是不是有盈利，在于这个企业的商业模式对不对，是不是一个适应现代经济、有竞争力、可以成长的模式。

关于人员分流。华润的转型不是一个收缩性的转型，而是扩张性的转型，人员相对容易安排，因为总的人数是增加的，不是减少的。我们在转型过程中可能根据某一个人的特点，某一个业务的特点，相对变得年轻化一点、专业化一点，这是必需的。相对年轻化一点，冲劲和学习能力就比较强，这是在比较大的转型过程中的一个要求，是非常必要的。转型是一件很难、风险很大的事，不是平稳的工作，心态一定要转变。对人员不管怎么安置，我们都强调与人为善。但是这个事还得办，把道理说清楚，把人安排好，否则企业不能进步。

6S 是否会水土不服？最好的方法是创新的方法

问：您在华润的时候，结合华润的实际创造性地提出 6S（整理、整顿、清扫、清洁、素养、安全）管理体系。6S 管理体系现在通过发展也经过了几个阶段，在第二个阶段的时候，就引进了国际上现在比较先进的管理理念，如平衡计分卡。华润集团实施这个体系的时候，从现阶段效果来看评价都挺高。宁董事长从华润到中粮集团，有一些理念也会带进来。那么，我想问董事长，管理水平相对较低的国有企业引入先进的管理理念，应该有哪几个方面需要提高？

宁高宁：6S 不是说公司管理一定要达到什么水平才能用，它是相对柔性的结构和方法，应该能够适合不同层面、不同管理基础的公司。六年前华润推行 6S 的时候，当时的基础管理水平也不高，我觉得当时华润的财务管理水平和今天的中粮差很远。中粮目前财务系统做得很严格，但是我认为中粮的财务系统只是一个内部运营的操作系统，这个系统很细，但不是战略推动系统，这是最大的差别。为此，我才希望引入 6S。

关于引入什么方法，比如你刚才讲的平衡计分卡，有一次，我在遇见韦尔奇的时候，我讲华润怎么实践平衡计分卡，平衡计分卡怎么样、怎么样，但是，他不知道什么叫平衡计分卡。可见，方法我们都可以创造出来，道理都是一样的，实际上万变不离其宗，最好的方法就是根据自己的实际情况来创造的方法。

我觉得目前根据现在中粮和中土畜的管理水平，引入这个系统是非常容易的，一点都没有距离，而且我觉得会有新的创造出来。

（2005 年 3 月）

发达国家富有，是因为它们的企业都转到了产业价值链的高端。

贫与富

我觉得企业经营中词汇的含糊和混淆已到了很严重的程度。因为词汇定义得不清晰，使思维和行动不能进步，同时也使大家的沟通出现误解，像企业界常说的加强管理、做大做强等，对企业的进步几乎没有任何帮助。即使像再进一步的词，如战略、竞争力，甚至团队、文化等，也在不断地重复使用和争论中各有各的理解。一般的提及和要求并不能使企业真的形成这方面的能力，而只会让员工和管理层在大词汇的憧憬之中摸不着边际。我记得几年前互联网热的时候，有一位很优秀的生产型企业的CEO被基金经理追着问什么是他的互联网战略，因为他的回答总是让提问者不满意，有些急。他说互联网最多是我使用的工具，怎么一定要有战略呢？为什么你不问我的茶水房战略呢？（Why don’t you ask my pantry strategy？）可见，把企业管理中大的概念清晰地定义、细分，在企业界，特别是自己企业内部，说的人和听的人有共同的理解和具体工作的方法是很重要的。

最近有一个较流行的词叫转型，其实是换了种说法来讲战略，也就是讲企业要做什么和用什么样的商业模式来做。这个词在海外的大企业中并没有广泛使用，可能因为中国的企业面临的经济环境变化很快，不断地修正战略变成了生存的手段，求变、求进步心切，所以这个词大家能接受。这确实也代表了中国大部分企业生存的现状。最近，美国一位很有名的国际新闻记者写了一本书，名字是

《世界是平的》（*The world is flat*），说的是全球经济一体化，企业竞争加剧，发展中国家的企业在竞争中处于不利地位。过去哥伦布发现新大陆时认为世界是圆的，可今天世界变成平的了，这对发展中国家的企业，特别是国际资本投资热点的中国企业带来了全新的竞争环境。麦当劳在美国并没有遇到更大的竞争，可它来到中国，中国快餐业的格局就全变了。宝洁在美国并没有遇到更大的竞争，可当它来到中国，中国日用化工业的竞争格局就全变了。这种例子几乎在中国开放的所有行业都出现了。中国企业面对不断变化的环境和强大的竞争者进入，不断修正自身的战略定位，或者说不断转型是很必要的，可转型这个词意味着什么，必须要搞清楚。

转型有很多层面，它绝不仅代表着进入一个新的行业和进行一项新的投资，它是在新的不断变化的产业和产品价值链中寻找自己位置的过程。转型先要从经营的基本思想开始，从产出思维、规模思维转向需求思维和效率思维。这种转变，发达国家的企业在1929—1933年经济大萧条以后就逐步形成了。转型还要从多元化的经营方式转为专业化的经营方式。可能是因为文化传统的原因，中国甚至亚洲的企业都有多元化的倾向，可多元化的管理难度和资源的限制使多元化企业在竞争中处于不利的地位。把多元化控制在限度之内并探索逐步的专业化，以战略定位导向推动企业发展，而不是让时常出现的诱人的投资机会来引导，是转型中很重要、很难的一步。这一步大部分发达国家的企业在50年前完成了，即使还有少数有多元化特征的企业，要么在资产组合中有很强的相关性，要么找到了资产组合的管理方法，每一项业务都有很重要的专业化地位了。

企业面对的挑战在于即使完成了上述的转型，企业真正的竞争还没有开始，企业价值创造的过程还没有开始，因为即使具有效率很高的专业化，企业也会因为行业格局的变化，受到不可抗拒的排挤和淘汰，也会因为自身处在产业价值链的低端，而在低利润、低回报的区间里苦苦挣扎。我在日本参观过为丰田汽车配套的一家小企业，据说是生产一种密封圈最好的企业。墙上挂了一排历任社长的照片，看来历史已不短，可企业因为完全附属在丰田的需求之下，几十年如一日，没有任何发展，在汽车产业的这个位置上，谋生可以，但企业的真正价值创造就难以达到。不知哪一天，丰田把这个零件的生产移到中国，这家企业就没有了。最近中美在纺织品问题上又有争论，因为中国人卖给美国的纺织品太多、太便宜了。说来可笑，中国人这么辛苦，老美还不领情。其实这个产业中国企业还处在赚点饭钱的价值链的低端，因为这个产业中有些技术含量和创造性的工作，如高端的面料、服装的设计，中国企业大都没有。价值链的另一端，如营销的渠道和品牌，中国企业也大都没有。Ralph Lauren 每卖一件衣服，它的品牌都在升值。中国企业每生产一件衣服，它的设备都在折旧。这就是为什么一般生产企业的市盈率都在 10 倍左右，而品牌企业的市盈率都在 20 倍左右。这样下去，企业价值不一样，人的贫富也就不一样。

企业真正的转型、真正战略调整的目的，就是要把自己在产业价值链中的地位提升到高端的利润区中。这个利润区在任何产业中都有三个典型的特征，一是技术，二是品牌，三是整个行业的领导地位。有了其中一项，企业就可以发展；有了其中两项，企业就使进入者难以竞争；有了全部三项，就是世界级的企业。这个转型，发达国家的优秀企业在 30 年前已逐步完成。美国企业则是在其钢铁、汽车行业遇到亚洲，特别是日本产品的激烈竞争后，开始快速调整定位。像芯片生产商英特尔，它本来有技术和行业领导地位，但因为是产品的部件，难有品牌，可现在所有卖电脑的厂家都替英特尔做宣传：Intel Inside。我不知道这是如何安排的，我相信一定是英特尔要求的，它不想漏掉这三项中任何一项。发达国家富有，是因为它们的企业都转到了产业价值链的高端。发展中国家相对贫穷，是因为它们的企业大都在行业价值链的低端，都在为别人的战略目标服务。转型做一个专业化的，有技术、有品牌、有行业领导地位的企业需要一个很长的过程，可我看不出还有别的路可走。

（2005 年 6 月）

未来人口构成及变化会直接影响到公司的战略和商业模式。

人为本

听说郑州火车站因为下雪有几万旅客滞留，又听说春运期间全国每天客运人流有5000万之多，中国的人口大流动已成为春节的一大现象。

分析市场需求变化而确定企业经营战略有很多种方法，从整体人口的变化情况来分析在中国可能会变得越来越重要，不仅因为中国人口组成的变化快，也因为中国在经历了外资、出口、政府支出等驱动经济成长的因素之后，个人消费将会成为下一个经济成长周期的主要动力，而且会是很持久的动力。未来人口构成及变化会直接影响到公司的战略和商业模式。

农村人口进城在过去十几年来是中国人口构成变化中最显著的特征，这种由北向南、由西向东、由内陆到沿海的迁移根本改变了中国劳动力的供应格局，也大大改变了过往的城乡界限，由此而来的是中国成了世界低成本的生产区。在贸易谈判中，如果对方想让你减价，他们经常会说："给我一个中国价钱！"而且中国这种低成本的劳动力会在很长时间内持续，中国的出口加工企业会在很长时间内有竞争力。农民工进城也改变了城市的就业结构，现在城市里体力的、服务性的工作几乎都由农民工来做。这在加速了中国城市化进程的同时，也使原有的城市居民中的一部分人在没有特殊技能又不屑做低收入工作的情况下，变成了长期的低收入阶层。在大城市中，如果用居民的平均收入来计算，大部分人根本负担不起房地产的价格，可房地产的价格还是降不下来，因为需求强劲，因为买房子的人大部分不是原来的城市居民，而是各种各样的外来人。现在进城打工的农民工还没有在他们工作的城市消费，他们还要把钱带回家，如果有一天，他们真正地在城市里住下来，安家立业，买房子、生孩子，那就是中国城市化有实质变化的一天，会进一步促进各类消费市场的变化。其实这一天正在慢慢地向我们走来。

一个收入相对稳定且正在快速提高的中产阶级的形成是过去十几年来中国人口构成变化的另一显著特征。这个人群的出现促进了中国多样的消费产品的增长，这个阶层将是中国未来个人消费市场的主流，他们会是市场的引领者。企业的产品定位从增长角度来讲最好是面对这群人，因为他们的人数在迅速扩大，收入也不断提高。产品定位在他们身上，既容易形成营业规模，也容易找到利润空间。现在我们经常看到有增长潜力的行业，像房地产、通信服务、汽车、旅游、大型零售业等都是定位在中产家庭。一些新型、时尚的消费产品也往往从这个人群中导入。当然，这个人群还可以再细分，职业、年龄、地域、喜好等各有不同，消费需求也不同，但他们一定是未来消费的主流。大家熟悉的也很成功的新加坡淡马锡公司，在它们的中国投资的主题中，成长的中产阶级是主要考虑之一，从其投资组合中，也可以看出这样的痕迹。

对人口组成的划分还可以分很多种不同的角度，中国社会中出现的老龄化、独生子女，开放过程中形成的外商群体，都可以作为企业战略定位的人口因素来考虑。我们常说以人为本，这可能不仅表现为人文精神。在企业中，在技术、成本、竞争、市场推广等因素之上，分析迅速变化的中国人口构成，可能会给企业战略定位带来新的视角。

（2006 年 1 月）

战略需要一种系统的思考，是一个不断提升的过程，需要动态管理。

战略、战略、战略，执行、执行、执行

2006年，零的起点

今天作为2006年的起点，我们的事业刚刚开始。

过去一年，我们探讨了中粮使命、管理理念、企业文化等，我相信不断重复会使我们体验深刻。这一年，我们先后提过“承先启后，创新中粮”“战略导向，使命之旅”“千里足下，识思悟行”；我们进行了6S体系的初步实施，用了几个月的时间进行了业务单元战略研讨，刚刚又进行了组织架构和人员的初步调整。这是企业逐步梳理管理、战略、人员的过程，再往下将进入资源分配、流程和真正管理的阶段。

我们现在处在一个比较关键的转变阶段上。这个阶段我们会焦灼、艰苦，最少要两三年时间。

2006年，是战略导向零的起点。

战略：坚持到底？不断调整？

我们有战略了吗？大家一定说有了，这个回答不完整。很多业务单元的战略还不够明晰，还处在一个初步阶段，我们要珍惜这个过程。战略是有两面性的：一个企业没有战略肯定行不通，有了战略呢？一方面可以往前走了；另一方面战略也可能会束缚我们，一定要按这个走，不能突破，不能偏离。两者都是错误的。

战略本身是活的，需要不断调整，而且我们在执行过程中可能会发现战略是错的。战略是有两面性的。战略是一个工作方法，是一个工作态度，不是一个永远的结果。

战略需要一种系统的思考，是一个不断提升的过程，需要动态管理。

执行：一样的战略，不一样的命运

偶然之间想到这么一句话，"Vision without execution is a hallucination（没有行动就是海市蜃楼）。"这句话是爱迪生说的。如果爱迪生再活一百年，世界会变化更大。他的想法很多，但是如果没有Execution（行动），那就是海市蜃楼。集团也好，业务单元也好，如果我们不把战略和执行联系起来，那我们只是编了一个故事罢了。

2002年我写过一篇文章《执行力》，当时香港很多报纸引用了这篇文章，讲的就是战略和执行的关系。香港有两家公司，十几年前差别不大，公司的规模和盈利相仿。两家公司十几年来所做的事也差别不大，你做地产我也做地产，你做基建我也做基建，你做电信我也做电信，你做酒店我也做酒店，你做零售我也做零售。可十几年下来，两家公司差别大了，一家成了世界级的企业，另一家不仅规模小多了，而且被迫做债务重组。这两家公司在几乎是同样的战略方向下经营出不一样的结果，这让我们思考：战略方向与战术执行如何配合？两者谁先谁后？

预算：讨价还价？战略思考？

为什么要重新启动2006年的预算过程？我们希望把预算变成战略思考的过程，而不是"凑数"；希望把预算变成一个自身进步的工作计划，而不是往上交的“作业”。预算怎么做？应该有个预算的理论和方法。预算是管理团队共同的工作，不是某一个人的工作，更不是财务部门的工作。财务部门无非就是把大家提供的数据用财务方式写出来罢了。做预算最怕的就是没有引起我们对行业真正的思考，即使完成了目标，也是在一个无为之中，或者不是按我们指定的方向去完成的，不能主动建立我们的产业，建立我们的战略和行业地位。如果为了追求某一年的短期预算，把行业地位忽视了，我们很可能错失了发展的机遇，再也发展不起来了。

从 2006 年开始，我们会大大降低在评价体系里预算占的比重。去年，我们的不少业务正是用产业发展的思路往前走。这样的公司一定会长期走下去。希望大家真正用战略的思维去看预算。

在 2006 年的起点，Are you ready？

（2006 年 1 月）

人把自己的位置放得实一点、低一点，实际上更能发挥自己的作用，但服务定位的度一定要掌握好。

低到尘埃里开出花来

大业务，小总部

评价体系

如果一个企业的评价体系有问题，就像一个国家没有法律，没有规矩，人们的行为就比较乱。现在大家要共同走过一个基础化管理的过程，讨论和完善原有的体系，希望再过一两年，大家对这些基础体系的争议逐渐统一，不再讨论，把精力更多地投入到工作中去。现在是组织系统和组织规则、组织文化进入拐点的时候。

流程

目前大部分企业做流程不是做管理系统中的基础流程，而是流程再造，是改变商业模式，改变整个业务线路的流程。戴尔就因为流程优化，一下子把别人打垮了。我们不能为做流程而做流程，而是把流程的关键点找出来，简化流程，提高效率，真正落实下去。

定位服务

强调协同，强调大业务、小总部。通用电气的总部有200多人，它的市值差不多4000亿美元，比我们大了200倍左右；与华润合作的SAB已经是世界第二大啤酒集团，有几十亿美元的盈利，属于世界级的大财团，总部在伦敦，只有40多人，却指挥着全球60多家公司，很健康。

我们讲大业务、小总部，并不是要降低总部的重要性。总部是比较综合的部门，人的水平应该是比较高的，不单单只考虑局部，只考虑小部门，或某个流程里的某一段，必须是流程性的、整体的思维。从定位到工作分析，再做流程、做评价，这种系统思维对总部非常关键。

落实

各个职能部门的划分、流程的基本设置、评价体系的基本框架，相关部门要彻底落实、推动、执行。希望到今年6月底，各个部门的流程、职能都比较清楚，并跟各个业务点衔接起来。

权力由专业带来

学习型组织

提高管理人员的专业水平，是公司长久进步的动力。无论是财务、贸易、资本市场，经理人必须在自己的专业上有进步。

职能部门的人，特别是经理人，对集团涉入的行业应有基本的了解，否则如何提供专业化服务？真正部门的权力是由专业水平带来的。搞财务不懂法律是不行的，做战略不懂财务是不行的。协同不光是业务上的，知识也可以互相分享，这种学习方式在我们团队里必须具备起来，经理人的学习与提高是提高整体组织能力的唯一方法。

总部必须是学习型的组织，因为它是组织的大脑。每天看书，每天做作业，那不是学习型组织。学习型组织是不断思考和不断地搜寻信息，对外界变化能做出迅速反应的组织。只有这样，我们才能影响、推动业务单元也成为学习型组织。

领导的艺术

经理人怎么带领团队？怎么协调矛盾？怎么发挥大家的积极性？让经理人学习领导的艺术，就是培养我们的队伍，让大家能够真正从思想上、工作水平上提高，最终达成我们的目标。

我们管理的方法就是一把手负责制，要真正地授权，还要扶持、培养，不断地监督、评价。每个一把手都要经过一段时间的锻炼，领导力的提升对我们很关键。

职能、流程这些都是框架。我们这些人是建筑材料，一个一个地添上去，材料不行，框架再好也要塌下来。希望大家有逻辑、有系统地去学习行业知识、专业知识，学习领导能力，最终提高组织的整体能力。

从尘埃里开出花来

职能部门的功能就是服务与支持的功能。过去总部自认为是领导，在做投资决策、评价决策和任何流程系统改变的时候，有多少是从考虑市场与客户角度出发的？当别人把你当成领导时，你再当自己是领导，那距离就很远了；当你把自己放低了，别人还把你当成领导，大家就比较容易沟通，只要我们把服务功能放在第一位，业务部门就容易接受，容易协同了。另外，身段放低了以后更容易成功。我想起张爱玲的一句话：“见到她，她变得很低很低，低到尘埃里。但她心里是喜欢的，从尘埃里开出花来。”张爱玲一直就非常高傲，当她遇上胡兰成以后就非常非常低了，但不是低得结束了，而是从尘埃里开出花来。所以人把自己的位置放得实一点、低一点，实际上更能发挥自己的作用，但服务定位的度一定要掌握好。

（2006 年 3 月）

战略在根本上应该是一种思维方式，是对商业过程的团队的思维方式。

战略的根本是思维方式

企业搞战略已成了一种时髦，“战略”这个词也成了企业中使用频率最高的词之一。记得几年前，一家很大的外国企业的战略规划中甚至包括了企业办公室的茶水房战略，可见“战略”这个词已经泛滥到了什么程度。虽然这样，讽刺的是，有统计说企业所制定的战略有 70% 没有被真正执行过。可见战略也像我们生活中的其他事情一样，自己正在做什么，下一步想做什么，实际应该做什么，最终真能做到什么？很容易一步步都变成一个不断打折扣的过程。

企业中制定战略往往需要很多会议，这些会议容易使人群情激昂。制定战略过程中也往往需要很多资料，这些资料也容易使人眼花缭乱，最终一定会形成一本很厚的书，一般装订都很精美。这本书往往有几种命运：一是束之高阁，自己原来习惯做什么还做什么，战略只是一份要上交的作业；二是在局部尝试去执行，可过程中必然遇到困难，这时战略就开始妥协，就变成了“四不像”，这时业务单元就抱怨说战略不清晰，总部就说业务单元执行力不够，要不然《执行力》这本书也不会再版了又再版，这样的企业战略会不了了之；第三种结果是最差的，战略制定过程中很多假设和结果在执行过程中由于外部环境已发生了很大变化，没有系统的检讨和反思，企业的美好战略反而使自己陷入困难。我还没有听说哪家企业在一次战略制定后就一成不变地去实施并取得成功的，要是那样，企业的事就太简单、容易了。

企业战略在学术上有很多流派，仅仅是企业战略应从什么角度出发，应包含什么内容就争论不休。但从企业战略对企业经营的全过程的作用来看，企业要想有成功的战略，战略在根本上应该是一种思维方式，是对商业过程的团队的思维方式。战略制定的过程，无论花多少钱请咨询公司来做，还是花多少时间自己研究，其实都是形式，战略过程是开启团队思考的过程。战略制定过程中写成的那本厚厚的书只是阶段思考的结果，更关键的是团队是否由此进入了不断系统地思考战略的状态。只有这样，战略才能与组织架构、执行形成有机的整体。

这次在都灵冬奥会上，看到几家赞助的企业，很有意思的是，也看出它们在积极地调整自己的战略。可口可乐，赞助冬奥会全部饮品，但很清楚地看出可口可乐在推广传统的碳酸饮料的同时，很积极地推广非碳酸饮料、运动饮料。可口可乐这家百年企业也在不断适应市场转变，调整自己的产品组合；麦当劳，在冬奥会上的产品不是我们经常看到的汉堡，而是新的Cafe，强调了健康和营养，这家公司的产品在全球范围内正逐步调整；柯达公司，可能是数码相机的最大受害者，本来运动会是大卖胶卷的好机会，可这次它们主要推的是数码相机、打印机、数码冲印和相纸，因为大部分人已不再用胶卷了。看来这些世界级的企业也都面临着很鲜活的战略问题。

战略思维作为团队的一种思维方式应该是全面的，而不是局部的，应该在思维上建立战略单元有机协同的观念；战略思维应该是行业的、产业的，是积累成长的过程，是建立在适应市场的商业模式上的，可增长、可复制，可以形成产业、行业地位和竞争能力的，而不是投机性的、一次性的随机生意；战略思维应该是前瞻性的，对行业、对趋势、对经济环境有深刻认识的，是主动调整的过程，而不是仅看到眼前的、被动的应付；战略思维应该是创新、创造的过程，是跳出老圈子，创造新的商业模式，创新产品，组织别人资源达成自身战略目标的过程，而不是只凭习惯和传统做法工作的态度；战略思维的过程应该是一切从需求、从客户出发的过程，满足需求，创造需求，市场、业绩是最后的裁判，而不是仅仅自己想做什么的供给方思维；战略思维也是要充分认识到风险和困难的过程，是艰苦卓绝的奋斗和不断调整、优化的过程，而不是盲目乐观和容易动摇的；战略思维更是审视自身能力、提升自身能力、发挥自身能力，特别是团队能力的过程，是团体集体共同进步的过程。建立了这样一些思维方式，才能使战略变成活的，溶入血液中，而不仅是写在纸上，摆在书架上的。

（2006 年 3 月）

有些事情是有明确答案的，有些事情的答案可能是在不断变化中的，要靠我们自身来思考和创造，这也是对管理者最具挑战性的地方。黄金周的现象能给我们一些启发吗？

黄金周

黄金周是中国很独特的经济现象，也可以说是中国人的一大创造。刚开始有七天大假时，人们都有怀疑，国外也有人讲是政府一厢情愿地刺激消费，长久不了。可今天这种特有的创造逐渐成了气候，现在人们抱怨交通太拥挤、旅游景点遭破坏的话少了。今年“五一”黄金周，大家反而说黄金周改变了中国人的生活方式，黄金周启动了几千亿元的旅游市场。在这里我们又一次领教了市场推动和平衡供需的力量，也又一次看到中国在消费市场上独特的创造。

中国人学习性很强，但学习别人有很大风险。像在旅游休假这件事上，发达国家的习惯是每年 8 月去海滩晒太阳，如果顺着这个路子想，中国人永远也甭想建起一个大的旅游产业。可黄金周一出现，市场和消费者的创造力就结合在一起了，经济生活和消费方式就又多了一个很活跃的层面。

因为国家与国家、企业与企业之间，在过往的几十年中，其发展成熟的程度拉开了很大距离，这样一味地、一般地、机械地去学习先进者，风险就更大了。比如说一般地跟在别人后面搞研发、为了国际化而国际化、为了规模而并购，这些都只会让对手抛离得更远。所以，无论是一个国家还是一家企业，面对五彩缤纷的、可是早已属于别人的成功，应该清楚地知道什么是可以学的、什么是不可以学的；

什么是可以变的，而且是必须变的，什么是不可以变的。其中的度在哪里？这是对管理智慧的考验。这与黄金周的道理是一样的。

最近大家谈印度较多。因为历史和语言的原因，印度在政治和经济上都与西方发达国家有天然的联系，在理论上几乎具备了经济应该高速发展的条件，可是一直没能摆脱贫穷，没能取得让人关注的经济增长。印度的人均 GDP 在 20 世纪 60 年代高过中国，相当于韩国，可今天它只有不到中国的一半，只有韩国的 1/13。今天印度成为新兴市场中大家关注的对象，不是因为它模仿了西方发达国家，是因为它在定位上走出了自己的一条路。它在混乱和无序中逐步成长起来的私营企业，承担发达国家的产品外包、服务外包甚至研发外包，个人消费占 GDP 的比例达到 67%。因为印度的路是自己走出来的，所以生命力是很强的。

前几天见到管理学家明茨伯格教授，本以为这样的大牌学者一定是看企业入木三分，是手到病除的高手。可原来他是一位很和蔼可亲的老头儿，不论你如何问他，他都不给你支招儿，他都不给你一个黑白分明的答案。他说企业领导可以有三种形式，一是艺术家，二是科学家，三是手艺人。他还说企业领导的方法可以是高高在上的做法，也可以是管理网络的做法，也可以是企业文化中心式的做法。你问他到底哪一种好，他说他没有观点，也没有答案，因为每个企业的发展阶段是不同的，现状是不同的，要自己找出方法。他说企业战略不是直线的，是多种弯曲的线条逐步在缠绕中形成的，是多方力量作用的结果，管理团队的责任是要理清这些曲线。他还说企业组织形式可以是集权的，也可以是放权的，但在两个极端上都有问题，具体应该在中间的什么位置要靠企业去摸索。

我想明茨伯格教授可能是高明的，他只给我们出了许多选择题，如何选要靠我们自己的悟性和智慧。有些事情是有明确答案的，有些事情的答案可能是在不断变化中的，要靠我们自身来思考和创造，这也是对管理者最具挑战性的地方。黄金周的现象能给我们一些启发吗？

（2006 年 5 月）

通用电气强势的多元化文化渗透能力、整合能力使它同化并购企业很容易。

借鉴国外跨国公司的经验

每次出去学习，我们都带着一个问题，就是能不能学得了。往往看着很热闹，感觉不错，回来可以当故事讲，但比较难学。通用电气是一家什么样的公司，能不能用它的方法解决我们的问题？这需要我们用心去剥开表象看本质，看里面是一种什么样的架构。

体制问题

通用电气没有大股东，股权分散，股权关系经常变化，没有一个真正能看得见的老板来做决策，来每天督促它。在这种情况下，通用电气的职业经理人找到了一种在股份制的环境下培养团队做好企业的方法。

通用电气以期权作为主要激励方法。每年年会公布整个公司的期权收入，这对于通用电气的经理人、员工是很骄傲的一件事情，因为他们在为股东创造价值的同时，自己的认股权全部升值了。其中的科学方法值得我们学习，指导国有企业正在进行尝试。

通用电气采用科学管理决策的架构。这种架构非常清晰地定义了股东大会和管理团队之间的关系。你可以看到股东大会、董事会和管理团队上下层互信的关系，特别是股东大会对董事会的信任，董事会对首席执行官的信任，首席执行官既是董事长，又是执行官，他连接了股东、董事会和员工最关键的几个方面。

借鉴这种科学架构，可以增强我们搞好国有企业的信心，帮助我们找到一些科学方法解决由于所有制原因带来的问题。国有企业首先是一个企业，必须进行企业化管理，而不是先去追究所有制的一些问题。

多元化管理模式

多元化企业在国内比较普遍，对其利与弊存在着很大争议。不少人认为国有企业一旦多元化，会形成各业务独立难管、难成整体的局面，搞得企业看似很大，实则管理松散，行业发展不均，整体竞争力不强，内部矛盾较多。

而在通用电气却不存在这样的问题。多元化是通用电气的主要增长方式和竞争优势，其多元化文化超出想象。通用电气的多元化不是无政府式的多元化，而是科学管理的方法，是战略驱动下有目的的多元化，是投资组合的调整，它很好地处理了总部和 BU（Business Onit，业务单元）之间的管理关系。从人到财到战略，通用电气有一套比较成型的管理方法和体系，使其多元化运作，基本上是做什么成什么，并根据战略眼光来调整业务，而不是凭一时的盈亏。

通用电气强势的多元化文化渗透能力、整合能力使它同化并购企业很容易。通用电气在并购之前，就开始和对方对接，使企业间融入很快。在通用电气，我们遇到一位新被收购企业的经理人，他表现出对通用电气的了解，对文化的认同，让我们很吃惊。

最近通用电气开始涉足水的业务，为什么要做水？在对全球进行水利供给分析后，通用电气预测 20 年以后，水会变成紧缺的资源，水处理、水供给的市场空间会很大。如何评价一个业务，要做什么，不做什么，通用电气会站在全球的最高端进行战略规划。

战略管理

韦尔奇曾经跟伊梅尔特讲过，我做的事你不能再做，你一定要做自己的事情。伊梅尔特上任后，根据市场、环境的变化，改变通用电气以国际化并购为主的增长方式，强调内部有机增长、研发和客户服务。这种转变不是在否定韦尔奇，而是真正在继承通用电气的“核”，恰恰是通用电气的核心文化在推动着这种战略转变。

从增长方式来讲，投资界一度把通用电气当成一个有技术的工业企业，实际上通用电气是一个风险比较大的财务企业，它的盈利主要是在财务企业上。去年，通用电气的工业企业第一次超过了财务企业，超过财务企业并不是财务企业不成长，而是工业企业成长比较快，这说明它的转型比较成功。近年来，国企也在不断调整企业管理架构及方法，但是真正能够比较理性、市场化、有战略眼光地去带动和转变一个企业，找到更符合社会发展、更强有力行业的企业，一是不多，二是很难。

通用电气通过一个又一个的大计划，不断推动战略以一种动态的、不断适应环境的方式有机进行。现在通用电气的战略驱动在单元层面，比如说飞机发动机应不应该去欧洲生产，应不应该并购，应不应该研发，决定权主要在BU，这样的战略自身比较贴近前线，战略、市场和执行者联系得很紧。到通用电气后，你会感到那里的每个人对所在行业都充满信心，讲起业务来神采飞扬，他们每个人都在盈利，都在做决策。

通用电气的环球研发中心（Global Research Center）有3000名研究人员，是推动通用电气进步的核心研发部门。那里的一名普通研究人员非常清晰地阐述了公司的战略和他的研究项目的发展，同时也抱怨研发中心就像一家快破产的公司一样。这说明通用电气的成功之处：一方面如此严格的控制研发成本在其他公司很难做到；另一方面从战略到执行是非常畅通的，畅通到每一个人都清楚公司的战略、自身的定位。

内部协同

通用电气是一个非常讲求无边界的公司，这使通用电气在创新上、组织上、文化上、财务上都变成一个整体的公司。从我们的企业来分析，不要说公司和公司之间，就是部门之间，特别是不同上下游之间也会形成边界。大家可能觉得有了边界以后，小范围权力会大一点，比较方便一点，这使突破这种边界比较难，运营中的矛盾也比较多。

通用电气很好地解决了这个问题，人员思想非常统一，像洗过脑子一样。我问在北京做通用电气医疗仪器业务的高管现在做什么，他说有两个工作，一个是销售医疗仪器，另一个是不断接待通用电气其他业务的客户。为什么呢？通用电气在中国的医疗仪器业务开展得比较早、比较深入，其他的业务比较晚，需要他们去帮带。我听了很吃惊，这说明通用电气是具有整体文化的公司，小集团意识不强。

通用电气推动内部协同有很多工具，并利用培训不断推广。韦尔奇本来是学化学的，但他的财务分析能力就是培训出来的。你能看到通用电气不断有活力在推动新工具的发明和使用。这期《哈佛商业评论》专访伊梅尔特的文章，就用了较多的篇幅写通用电气的工具。在韦尔奇时代的工具基础上，伊梅尔特的工具更加简化和实用，顺应其战略的转变，符合有机增长的科学发展观，这对我们也很有启发。

领导力的培养

通用电气领导力的培养是很传奇的，全球500强企业里有90多个CEO是通用电气培养出来的。在伊梅尔特的新成长模式里面，有一项Growth Manager（增长经理）培训项目，就是要把人当作生产要素来培养。通用电气非常重视人、重视人的发展，这使公司不断涌现新的领导人，不断有新的领导力体现出来。通用电气重视人，体现在重视处在公司核心的人，那些在业务单元推动业务进步的人才是公司真正的明星。

伊梅尔特现在的成功得益于韦尔奇对接班人的培养。这里面有一个层层培养的过程，首先是通过整体的培训培养人，其次是通过专项的制度塑造人。通用电气的制度里规定，经理人每年可以休息一个月，让下属去独立工作，如果你没有这样的下属，那么你这个领导者就是不合格的。从通用电气的历史来讲，它的经理人只有输出，没有输入，而且基本上每一次换人都带来了新的进步，没有选错的记录，说明通用电气对下属的培养真正立足于长远，立足于公心，立足于公司。

通用电气的培训中心是不亚于全球任何商学院的商学院，上过它的培训班在通用电气是一个资历，是很值得炫耀的事情。那里基本上只做管理能力和领导力的训练。领导力培训从班组长开始，授课的都是集团和各 BU 的高级经理人，使通用电气的每一名基层员工、每一块业务都建立了组织、战略、全局的意识。

通用电气的领导力培训课程完全是根据自身实际和专业积累专门设置的，通过这种课程的培训，通用电气每一层都有领导力很强的人，由此才产生这么多的 CEO。伊梅尔特经常鼓励他的经理人去"冲锋"，去试验新市场。他说，如果你在通用电气失败了，你出去也会找到很好的工作，如果你在通用电气成功了，那么通用电气给你开第二道门，你再往前走。从领导力来讲，这对我们企业大有启发，我们为一个 BU 配备一把手，配备管理团队，总是要磨合很长一段时间，内中的矛盾较多。问题的原因，最终还是所谓的一把手，他没把队伍带起来，没有把整个队伍的思想、方法、体系、思维逻辑贯通起来。但是通用电气恰恰训练了这一点，使通用电气成为竞争力非常强的一个公司。

资本市场和股东意识

通用电气最核心的东西在哪儿？最底层的东西来自哪里？我觉得来自资本市场。它通过股票市值的变化，每天都在评价、考核团队的业绩。一个健康的资本市场、健康的投资者、健康的监管机构，是产生好公司、好管理团队的必要条件。在这种资本市场条件下，只要企业做得好，就能得到资源，得到支持。

通用电气的年报和历年的资料很能体现强烈的资本市场意识和对资本市场的尊重。通用电气基于资本市场的思维，反映在它的投资、管理架构、战略设置等方方面面。比如某个赚钱的业务，如果不符合公司发展战略，肯定要砍掉；而像水处理业务，行业不大，通用电气已经做了两三年，还在亏损，但这个业务有明确的发展地位和方向，符合公司战略，即使现在不赚钱，公司也会作为长远的利益投资把它保留下来。

通过长期的积累，通用电气每一代的经理人都秉承着为股东、为出资人创造价值，并接受其管理和评价的忠诚。你会看到，伊梅尔特在给我们讲完课之后，马上飞往欧洲给当地的股东进行了汇报。花旗银行的老董事长在一个帐篷里面，向一个戴着大盖帽的“大股东”汇报工作，这名股东拥有它 2% 的股票。他们对于资本市场和股东的重视和尊重是推动他们进步的力量所在。

（2006 年 5 月）

要想在企业中成功地搞好研发和创新，其实是要系统地改变这个企业。

系统性

看到一个很有意思也有些令人吃惊的报道，说英国科学家的实验证明大猩猩对数字排列次序的记忆能力超过人类。这有些伤了人类的自尊心和物种的优越感。但这个发现并不能改变大猩猩在生物界的地位，因为即使大猩猩有无规则记忆方面的天分，可它在其他方面不行，如知识的积累能力、分析能力、应用能力等。所以，有一方面的特殊能力固然是好，但可有效应用的能力往往要求是综合的，可以形成一个系统的，否则，有些超常的单方面能力可能被掩盖甚至抹杀掉。

现在我们也面对同样的困局。我们说过，甚至重复地说过，我们要解决企业中大家都认为迫切需要解决的问题，大的方面，从战略转型到商业模式再造，到核心竞争力，到企业价值观和文化；小的方面，从品牌到渠道，到物流，到研发，到很多大家都觉得我们不如人的地方。可是很多时候我们不能达到预期的目标，有些事甚至无功而返，这里的困局，有点像大猩猩的故事，也有点像只看到树上诱人的果子却没有摘果子的工具和方法，果子就永远是个虚幻的理想。笼统的目标讲得时间长了，人心也就疲沓了，目标变成了口号，口号变成了形式，说的和做的就不自觉地分离了，企业的进步就停止了，一般的企业和优秀的企业在这里就有了分界。如果我们找出几年前我们开会的记录，会发现当时的想法是很好的，只不过我们没有系统的行动把它彻底实现。

拿企业的研发和创新来说，重要性不用再重复，号召也提到了不能再高的高度，创新已成了我们可以脱口而出不用思索的词汇，可企业中为什么发明一项新技术、推出一个新产品很难，企业在经营上的进步因为技术发明和产品创新而形成的比例不高？究其原因，可能单就研发说研发、单就创新说创新是不行的，因为这是个系统的、整体的问题。

一说研发和产品创新，我们会首先想到能力（特别是技术的能力），再想到成本，再想到风险，再想到时间，再想到责任，特别是把责任归到负责这项工作的人身上。这已循环了很多年，因为企业的整个系统不能支持创新的持续，所以结果也就不能令人满意。

研发和创新的原动力应该来自市场，其归结点也应在市场，这个从市场到市场的路径其实是对企业整体能力的考验，它几乎要调动企业的每一个环节。对市场需求的认识能力是起点，对自身行业的理解及与企业战略相连贯的定位是研发创新的基础，所以研发和创新从一开始就起源于企业中最关键也是最难的环节。从市场出发，研发和创新就进入了企业中全过程的管理环境，其中的投入产出、成本效益、人才组织、内部协同、评价方式、新产品推广、企业文化都有不可或缺的作用，最后所有这一切的努力都要受到市场竞争的无情检验。

不能说一个通过资产规模和成本领先发展的企业不好，但通过研发和创新提升企业竞争力的企业，特别是不断创新的文化根植在企业中后，企业发展会更持久，企业的价值也越高。记得有位管理学家说，企业在社会上真正的功能应该是创新和营销。但今天我们再来重复这句话的时候，才更深一层地意识到要真正实现这两点，简单强调其局部是无力的，它要求我们思维和行动的系统性。这时候我们才知道，要想在企业中成功地搞好研发和创新，其实是要系统地改变这个企业。

（2007 年 12 月）

粮食这种简单的农产品、口粮产品，其实在过去的十几年里已悄悄地但深刻地延展了它的属性，“小粮食”变成“大粮食”了。粮食的事变得更复杂了。

“大粮食”

粮食虽然能满足人类的基本需求，可在过去几十年间，粮食行业在产粮国并不是很受人欢迎的行业。因为一说到粮食，它总是与过剩、低价、亏损联系在一起的；一说到粮食的种植者，总是与低收入、要补贴、要休耕联系在一起的；一说到粮食的贸易和加工商，也总与他们要面对的粮食政策转变、商业模式不断修正联系在一起的；一说到产粮国的粮食政策，也总是与最低保护价、保护自身农业、千方百计出口联系在一起的。虽然世界粮食的生产和加工每年有过万亿美元的市场规模，可这个行业在过去几十年间并没有令人激动的价值创造产生，人们对这种格局也就习以为常了。

过去的一年多，世界粮食市场发生了巨大变化，因为粮价平均上升了一倍多，人们对粮食的看法也发生了巨大变化，粮食成了一个热门的话题，食品危机成了国际性的担忧。人们先是批评生物能源，特别是美国的玉米乙醇和欧洲的生物柴油；又说人口众多的发展中国家如中国、印度粮食消费上升太快，特别是蛋白类食物如肉类需求增长太快；还说世界粮食种植面积单产提升太慢，供应不够，使粮食的库存消费比下降到了 FAO（联合国粮食及农业组织）认定的 18% 安全线以下。同时，也有粮食生产成本上升的原因，因为化肥、农药、种子、能源等价格不断上升，导致农民无利可图；再加上大宗商品的投机者大量进入粮食期货市场，炒卖行为也推高了粮价。反正粮食从一个很沉闷的商品变成了国际间高度关注、很政治化，而且其价格可能会不断上升，从而带来通胀、危机及社会不安定的商品。

可是在最近几个月，国际粮食市场又一次让人们吃惊。在大家一致认为引起粮价大幅上升的因素基本没有改变的情况下，世界粮价各品种普遍下降了20%～30%。虽然这其中有小麦的恢复性增产，也有对其他品种下一收获季的乐观预期，但长远的产需格局并没有改变，引起人们担心的库存消费比也没有大的变化，但粮价下来了，紧张气氛也大大缓解了。这几个月，看错了方向的投机者和手中有大量存货而又没做保值的贸易商会有不小的损失，可三个月前几乎没有人敢说世界粮食市场会这么快调头向下。

像人们对金融产品的价格变动反应容易过度一样，这一次，人们对粮食的反应可能也有些过度，世界粮食和食品危机看来没有这么快就到来。但人们的反应也不是没有道理，因为不论有没有这一次价格的起落，粮食这种简单的农产品、口粮产品，其实在过去的十几年里已悄悄地但深刻地延展了它的属性，“小粮食”变成“大粮食”了。粮食的事变得更复杂了。

粮食已成为一种国际性更强的产品。虽然粮食供应一趋紧，不少国家短期限制了粮食贸易，但这改变不了粮食的国际性，只会改变粮食贸易的暂时走向。价格合适，有人就会供应粮食，除去传统的出口国，未来南美和黑海地区会有更多的粮食进入国际市场。

粮食已成为一种市场性更强的产品。过去许多产粮国的农民靠保护价维持市场价格，现在美国粮食的市场价已高过保护价几倍，保护价已名存实亡。市场价不仅提高了农民收入，更重要的是刺激了农业的增产。相信经过这次粮价波动后，市场和价格更会起到刺激生产、平衡供需的作用。

粮食已成为一种金融投资性更强的产品。因为国际贸易量的不断增加，因为粮食的产品用途不断扩展，因为参与粮食期货投资的资金规模不断扩大，粮食作为投资品的属性在不断增强。这加剧了粮价的波动，同时也给贸易及加工商提供了套期保值的可能，机会与风险都提高了。

粮食已成为一种与能源及其他资源性产品联系更密切的产品。粮食与生物能源的联系显而易见，但只要美国、欧洲不改变其政策，这种联系就会继续，但也会受到石油价和粮价对比关系的制约。同时，粮价也会与生产国的其他产品出口相联系，如巴西因矿产出口多，汇率在过去几年上升了一倍，也间接地推高了其大豆出口价，从而影响了世界大豆价格。

粮食在消费环节已更多地由直接的口粮演变为蛋白质食物（如肉、蛋、奶）的消费。这在发展中国家尤其明显，口粮的消费在下降，蛋白质的消费在提升。饲料会变成粮食需求中越来越重要、要与口粮平分秋色的部分，粮食会更多地由直接消费的产品变成间接消费的产品。

粮食在生产环节已由相对分散的农业生产的产品逐步进入工业化生产的产品。土地的集中、种植规模的扩大、科技的应用、效率的提高、物流设施的配套、与市场联系的密切，都会使农业更工业化，使产品更标准化。这个过程大多数发达国家已经走过了，在粮食的新格局下，发展中国家也不可避免地要走。与此相联系，粮食贸易会变得更加有服务性、分销性和物流效率性，而粮食加工会要求更加有技术性和品牌性。“大粮食”的格局需要我们对粮食的经营有新的思维。

（2008 年 8 月）

新国企在体制上较以往的国企有了很大的改变：更市场化、更人性化。

新中粮、新国企

中央台邀请我和刘永好先生做了一个节目，让我很受触动。节目主持人要我们给重庆的一位农民设计家庭未来发展方案，让这个种柑橘的农户在几年之内收入能够有较大增长。这位农民看到我设计的方案之后，一方面非常感慨，觉得十年前就应该这么干；而另一方面却显得有些犹豫，因为作为村里的致富带头人，他很难下决心丢下乡亲们不管，自己去单干。

一个农户，他所在的环境里并没有太多选择，却也会左右为难，那么优秀的大学生们如何择业，确实是一个值得思考的问题。

作为一名学生，选择一家公司，并不仅是择业这么简单，更是选择了一条个人发展的道路，选择了一种生活。

我来北京大学作宣讲，不想谈中粮有多大规模、多少盈利、多少人，是做什么的，我将介绍中粮的理念，谈谈中粮是什么样的公司，它怎样去运营，有着什么样的思想在指导它，内部是什么样的状态，并借此机会将我们国家最有思想、最有创造性、最有活力的年轻人吸引到我们公司工作，或者引起你们对中粮的关注。今天，你不来中粮，明天可能会来；今天，我们没打交道，可能明天你在其他公司工作还会和中粮打交道。

第一，制度建设方面。不管中粮做什么业务，做出了什么成绩，只要一提到中粮，“国企”这两个字一定是放在最前面的。“国企”

这个称谓，在某些年代给中粮带来过很多优势，在某些年代也带来了很多不足，但中粮作为中央直接管理的53家大型国企之一，其命运是注定了的。

近年来加入中粮的大学生们是很年轻、很有理想、很有追求的人。他们为什么来到中粮这个国企？而且，许多北京大学及其他著名高校的优秀毕业生来到中粮后，流失率是非常低的，低到我认为有些太低了。为什么会这样？就是因为中粮在国企这个概念上有了很大的进步，中粮人在行为上有了很大突破。这样的国企，只能叫“新国企”。这不是中粮自己取的名字，是别人叫出来的，是社会对中粮改革的认可。

新国企，在体制上较以往的国企有了很大改变。第一个改变是更加市场化。到目前为止，真正具有国家政策垄断性的业务在中粮全部业务中所占比重已经不到5%，中粮95%以上的业务都参与市场竞争。中粮制度上的革新是市场竞争条件的一种必然，在竞争的过程中，中粮形成了今天的理念、文化和经营思路。第二个改变是更加人性化。中粮变得对人更关注，对人更尊重，更想去发挥人的作用。前几个月我们一个资深经理被挖到香港迪士尼做总裁。让我比较感动的是，他到了新的工作岗位后还回到中粮参加了经理人年会。在会上，他多次提到，特别想念这个地方，也希望中粮的战友们以后不要忘了他。我觉得，一个人如果对国企很反感的话，应该很高兴地离开，他对公司的这种依恋，让我更坚信在中粮内部已经逐步形成了一个具有市场化和人性化特征的氛围。

第二，中粮集团的战略理念。中粮成立之初是一个贸易型公司，后来随着中国经济形势的变化，这种传统意义上买空卖空的贸易形势已经难以为继，中粮必须重新建立符合市场要求的商业模式，这是一个很大的战略转型。比如，中粮过去是中国最大的独家大麦进口商，拥有进口大麦的垄断权利，但是现在中粮要自己找买家卖大麦；自己将大麦做成高质量的麦芽送到酒厂去；自己将麦子出口，把它变成商业循环。这样的例子比比皆是，也形成了中粮今天的商业模式。这种模式的转变体现了价值创造的战略理念，也推动了中粮的业务创新。

第三，中粮集团的构架理念。中粮集团的自身定位是多元化的龙头企业，每个业务单元下面都是一个专业化公司，而且这个公司在其所在的行业里面通过竞争形成自身的竞争优势，形成市场地位和领导地位。中粮目前是把有限相关、多元协同成一个整体，包括财务上的协同、上下游的协同、产品自身基础的协同，还包括企业文化的协同。虽然这种多元化的构架模式在管理难度和管理理念上都存在争议，但是中粮在自身理念上仍会继续延续和发展这种构架。

第四，中粮集团的用人理念。对新进入中粮的年轻人来说，真正的未来是中粮集团对这些年轻人的态度。实际上，年轻人就是中粮的未来，关键问题是将两个未来结合在一起。从员工角度来讲，中粮希望给员工提供体面的生活，包括提供高质量的物质生活、愉悦的精神生活，满足自我提升与发展。中粮集团的人力资源管理一直秉持使每个员工能得到良好发展的理念，为员工提供专业化的、技能性的、领导力的培训，以及有助于自身能力发挥的岗位。中粮集团建立了一个名叫“忠良书院”的培训中心，并在摸索适合企业自身发展需要的课程。我们希望“忠良书院”变成中粮所有经理人自我成长和不断提高的地方，希望对员工整体发展卓有成效。从公司角度来讲，中粮涉及行业多，管理难度大，但是公司在发展过程中几乎没有很大的失败，包括这次金融危机、全球资产贬值，但是对中粮的影响很小。这除了公司自身对风险的控制外，主要在于员工素质的提升、企业文化的建设，尤其是自身专业精神的培养，使中粮能够稳健、快速地发展。中粮在公司内部推崇阳光、透明、自由发展的文化，希望每个员工都畅所欲言地给公司提建议。特别是在最近的人力资源管理建设方面，从过去注重招聘、使用、评价，到现在的关注员工自身进步、能力提高，系统贯穿起来关注对员工的培养与发展。

第五，中粮集团的目标理念。中粮集团从不给自己强加数字型目标，中粮的管理哲学是自然之源、重塑你我。自然之源代表了中粮本身的业务性质。中粮自身的业务跨度很宽，但还是希望返还做自然的一部分，做一个土地的、自然的、生命的、根基的业务，这是中粮在战略上的一个更深层思考，同时也代表了中粮对人的理念——顺应人性、顺应自然的成长轨道，希望能用自然的力量重塑大家，重塑中粮本身。中粮现在在许多行业中都拥有一席之地，比如食品、农产品、酒店、商业地产和住宅地产，甚至包括金融服务，我们的最终目标是非常稳健地不断向前去发展、去跨越。

（2008 年 11 月）

全产业链不是一件独立的事情，它是一个系统，一个过程，而且最终也会形成一种企业文化。

产业链

中粮的全产业链模式首先是一种经营思想和理念，是由企业自身的实际而来，也是一种战略，也是一种目标，也是一种选择。

全产业链模式把企业自身的立意提升了，把对现有资源和未来资源使用掌控的能力提升了，它让资源在相互作用和激发中集中能量并向共同的目标努力。

全产业链是一种很豪气的提法，因为没有长期历史的积累，没有资产规模和布局的基础，一般的企业难以建立全产业链的业务模式。

全产业链会使一个企业变得更整体，使企业资产在产业链不同环节的布置更有效率，使企业的价值实现在产业链的不同环节上，而且资源一定会自然地向价值高的环节上集中。

全产业链的企业在设计上应该能提升经营效率，减少交易成本和风险，使企业更有竞争力，而且这种核心能力是一般企业不能复制的。

全产业链中的链条也不是完全相同的，不同的行业有不同的重要环节，你不一定全部拥有这些环节，但要能掌控这些环节。

全产业链商业模式把企业内部原来上下游的买卖协同关系由合作和交易角度提升到了战略的高度、整体生存发展的高度。

全产业链不是一件独立的事情，它是一个系统，一个过程，而且最终也会形成一种企业文化。这里需要系统的思考，对系统作用的认识，靠系统来取胜。

全产业链要求链条的每一段都强，加在一起更强，而不是通过产业链来长期保护弱者。

全产业链是资产布局的链，是运营协同的链，更是组织架构和人的链，它要求人在组织中位置正确，要求人心相通，要求团队目标统一，齐心合力。

全产业链最终还要受到市场的检验，所有的链的组合最终都是为了更好地服务市场。从这一点上说，只有能更好地服务市场的产业链才是好的产业链。

产业链越长，管理难度越高，这就像一个有很多工序的车间，也像一个由很多不同个性的人组成的团体，其内涵丰富了，但想协调管理的难度也增大了，对管理团队的要求也提高了。

全产业链并不是一个封闭的循环，它是一个开放的系统。在产业链的循环，可以是大循环，也可以是小循环，而每个循环都会对整体有刺激进步的作用，所以全产业链模式是一个新的增长方式的模式，为企业提供了增长空间。

如何掌握产业链的衔接和边界是一个很关键的事，如果把内部关系不大的上下游强放在一起也不能提升效率。造飞机的不搞旅游，搞地产的不搞建材。但从现在的实践看，粮食、食品的上下游全产业链的组合是适合的，这有很多例子。

（2009 年 5 月）

有限相关多元化、业务单元专业化，这是一个资产管理的战略，而不是一个竞争战略。

科学发展，知远行健

《科学发展，知远行健》，这是一个很好的题目。我们应该知道得远一点，看得远一点。2009 年年初，集团管理班子开过一个务虚会，就全产业链问题讨论了两天。前一阶段，集团上下也针对这个问题进行了讨论和反思。我们是不是在一个适当的时机提出了一个适当的问题？我们又该做出怎样的行动？我希望在目前的基础之上再往下走，我们的思维能够进入一个新的维度，也能够明确下一步怎么才能使集团发展得更好。

回顾与反思

四年前，我们提出了“新中粮计划”。2008 年，我们提前一年实现了这个目标，同时，取得了历史最好成绩；集团的行业地位和声誉显著提升；系统思考方法体系逐步形成；业务按内在逻辑逐步梳理，通过几次架构调整和一系列并购，粮油食品业务的产业链布局日趋完善；加强专业化团队建设，打造学习型组织、号召做行业专家、试行市场化的激励体系，提高了中粮经理人团队的领导力和专业化水平；通过中粮企业精神、企业文化、公司理念的传播与实践，营造了和谐自然的内外氛围，有力地促进了集团的转型与发展。

如果没有金融危机，是不是我们的发展速度还会和 2008 年一样快？我们自身发展中还会有哪些问题？如果我们想持续往前走，我们应该去反思自身在商业逻辑、产业链和定位方面的问题。在目前的发展情况下，只要按照思路往前走，中粮集团也会变成一个相对比较健康、盈利不错的公司，但是要想成为一个有强烈的社会责任感、强大的竞争力和长远发展潜力的伟大公司，我们离这个目标差得还比较远。

集团目前出现了以下问题。

第一，整体战略不够清晰。有限相关多元化、业务单元专业化，这是一个资产管理的战略，而不是一个竞争战略。

第二，战略协同尚未真正建立。我们谈到了协同，谈到了协同中间的问题，谈到了协同中如何去对接、怎么去匹配，这比五年前有了很大的进步。但是目前的协同，战略性和整体性不足，不是公司自身全面长远竞争性的一种协同，更多是大家互相帮忙性质的。

第三，管控关系要进一步理顺。按照中粮目前的资产规模，不需要有这么复杂的股权结构、管理关系。最终中粮会变成一个具有什么管控关系的公司，这是非常具体和实际的问题。

第四，盈利的持续性、稳定性不够。中粮最终会变成一家怎样的公司，这是我们提出全产业链的一个非常基本的出发点。从盈利结构来讲，我们希望中粮能够成为随着中国经济不断增长而长期稳定成长的公司。

第五，对政府、行业、社会的影响力不够。中粮集团名字很大，但影响力和名字不是很匹配，因为中粮的行业影响力不够。而这个影响力是凭我们的资产和地位逐渐建立起来的。

成长性与协同

为什么要提全产业链粮油食品企业和全服务链城市综合体？我觉得完全是根据中粮过去历史上的成绩，根据中粮目前团队的现状、资产的现状，根据社会需求的现状，希望把公司变成一个相对比较整体、有竞争力、资产效率高、回报率高、发展潜力和动力比较强的公司。

康师傅、茅台、伊利等资产加在一起有1000多亿元，而中粮的资产也有1000多亿元。这就变成了一个非常有趣的话题了。如果我们把这些资产用到上面的某一个行业里面，可能就会对食品和粮食整个产业链做革命性的改变。从目前情况看，印证了中粮的资产并没有很好地被使用。比如，方便面我们肯定做不过康师傅，酒做不过茅台，肉食做不过雨润。

跟历史比，我们进步了，也积累了很多经验。由这个角度出发，我们提出要打造全产业链的企业，让中粮最终能在出口上、在终端上不比其他企业弱。一个偶然的机会，我走进香港的NESPRESSO（雀巢公司旗下的一个子品牌）咖啡店，推销女孩的一句话一下子就打动了我，她说，“咖啡是我们自己种的”。我正琢磨着产业链的事，便再去问，后来知道他们不仅自己种咖啡、做加工，而且还有专利技术在里面。他们有几十个品种的咖啡，据说今年可以卖到30亿美元。雀巢过去是卖速溶咖啡的，现在他们不仅种咖啡，而且有非常好的产品，还有品牌、渠道，做起了产业链，一下子就把卖咖啡的规矩给改了，进入了竞争的蓝海。这对我们有很大的启发。

同样道理，目前中粮不能仅靠任何一个单独环节来继续扩展，我们要反思产业链内部的效率使用是不是合理，能用一种什么样的方式在社会上、行业里、整体产业里拉起一个高度，继续前行。

我们能做什么？2009年我们的成长性在哪里，未来10年的成长性在哪里？除了投资，我们模式自身有机的成长内涵在哪里？目前很难回答这些问题。2009年第一季度盈利下降，一个可能来自商业模式，可能这个模式自身增长性比较弱；另一个可能是企业在行业里面影响力比较弱带来的。从这两个角度，整体显示了我们自身业务的不稳定性。如何解决这个问题？大家有很多方法，有人说让“走出去”战略成为未来中粮成长的主要杠杆，但实际上，“走出去”从现在的基础来讲，对我们自身能力的挑战性更大一些。当然，也可以靠政策，比如搞储备、搞政策性的业务，可分析下来，可以依靠的不多。我们可不可以多投资一些加工的设施？如果这样，我们还是在大宗商品的行业里面，可持续性就会变成新的问题。我们可不可以做地产？但这样与国家给中粮的定位和公司的历史又不吻合，我们可以继续把地产作为一个投资性的业务来经营好。最终如果能把中粮集团整个资产理顺，把每个人的位置调整好，既尊重历史又积极探索未来；同时又是一个可持续的，而且是统筹兼顾、以人为本、有发展潜力，最终以出口、消费品、最终深加工的业务与市场连接，从而推动公司的成长，目前被认为是最能被接受、最有逻辑的方案。其实大家在潜意识中有意无意也在这样配置资产。从大豆、玉米，到稻谷、小麦，产业链一直在加长，种植、外贸、加工三位一体，能力和环节都有了，各环节还有一定的协同。

而实际上我们现在所设计的产业链间的协同也要高过一般的协同。如果我们今天不把协同放在战略里面来考虑，不能得到市场的认可、消费者的认可、客户的认可，就一定长久不了，不管我们内部怎样去讲，也只是昙花一现。

全产业链

我们说全产业链，是先把它内部的合理性作为战略的定位和设计固定下来。现在看起来，只要能管理得好，链走得越长，价值越高，这是基本的原理。当然，也可能会在某个时间段饲料赚钱，玉米不赚钱，某个时间段玉米贸易赚钱，加工不赚钱。我们必须每一端都有竞争力，放在一起才有更强的竞争力，我们不可能长期保护弱者。

全产业链的公司有几个特点。第一，公司是一个整体，每个人、每个单元在哪个位置上，最终会达成什么样的目标是一致的，而且很明确，消费者也会感受到。第二，会使产业链相对靠近市场，市场反应会更快一些，资源配置会向产业链价值最高的一段倾斜。第三，会有更多创新和科技含量，不断涌现新产品，产业链很活跃，很有竞争力。第四，要对产业链有相当的控制力。

在我看来，产业链最大的好处就是它的成长性。产业链会让中粮进入一个新的成长阶段，使企业的利益被拉升，最终把中粮放在一个新的市场化平台上接受检验。我们有非常强的信心，一旦我们把它组织起来，就拉开了和其他企业的距离，而且这个距离不是一天两天就追上来的。

目前我们具备这个条件，我们的产业基础和企业文化符合整个市场的需要、国家的需要和企业自身发展的需要，中国市场未来对食品市场的成长空间会更大。食品安全、国企正面形象、产业升级、三农政策、亟待整合的行业都是我们打造全产业链企业的内外部有利条件。

对下一步的发展，大部分同事都带有很急迫的发展欲望，我觉得很好，但是反过来讲，我非常不希望带来不必要的组织架构、业务调整的重大风险。

第一，在理念、思维、战略上的统一认识非常重要。大家只有通过充分研讨，论证我们做全产业链好与不好，组织架构如何调整，明确了大目标，才不会因为近期的小利益分歧而出现很多争执，才会齐心协力去搞。全产业链是一个明确了发展方向的模型，我们有很大的空间来做这个事情。目前，资产中一定会有一些是和我们的价值链不完全匹配的，最终用什么样的体系去评价，是长期持有，还是卖掉或进行调整，集团一定会以一种对待资产、对人非常负责任的方法来处理。将来不管是上游还是下游的业务，区别业务重要性的标准就在于企业经营得好与不好。

第二，在资源配置上，下一步要做好投资方向、投资规模和投资价值链的匹配工作。如果我们按照模式把产业链做出来，在资产布局上的犹豫性就会大大减少。

第三，要打通产业链。目前每个环节上都有需要打通的地方，从管理权来讲，调整可能会快一些，而股权的调整涉及很多法律问题，需要时间。我想中粮集团最终还是要成为有两项大业务的控股型公司。集团要管战略，包括投资；管预算评价；管人员团队建设；管现金政策；管品牌整体形象。这个设置形成集团的活力，符合专业化企业管理模式。

打造全产业链也面临一定挑战：管理难度有所增加；上下游匹配效率不高，成本领先和差异化的业务及团队不易兼容；国有企业体制能否适应品牌消费品快速变化的要求；短期目标与长期目标的平衡……难度还是很大的。

全产业链本身是一个理念，不可能一夜之间完成，是长期的过程，需要分步实施，逐步建立。这个过程是大家一起推动的。

认识、信心与目标

结合学习实践科学发展观，集团上下进行了四个月深入细致的广泛研讨，是一个广泛参与、深入调研、系统思考的过程。大家正面的反映比较多，积极为打造全产业链献计献策。当然，也有一些疑惑需要我们共同解答，比如全产业链有多全？哪些粮油食品业务会纳入全产业链？如何协同？如何平衡内外部客户？从客户（消费者）的角度看，全产业链价值在哪里？等等。全产业链是不是可以解决很多问题，我想可能解决不了。最终我们讨论后，经过党组的通过，大家提出的问题，我们一定把它解决掉，而且一定会有一个满意的答案。

未来产业链自身不必对资源依赖性很大，或者对机会依赖很大。我们的资产经营理念是既能把握成长中的风险，又能有一个稳定的收益。未来的中粮要成为具有协同有机的组织系统、更加满意的客户、持续稳定的盈利能力、优异的股东回报、较强的社会影响力、广阔的员工发展空间、体现社会责任的公司，这一切最终还要表现在产品上。

打造全服务链的城市综合体是在中国都市化进程中城市生活方式不断转变的过程。全服务链的城市综合体，就是一个包含休闲、娱乐、购物、办公酒店的城市生活的基本代表，能满足城市生活基本需求。它相对适合中粮的特点，适合中粮能够长期持有和单一性比较高的特点，自身也会形成竞争的独特性。

全服务链的城市综合体不是中粮的核心主业，对此，团队可能有些失落感，我可以负责地说，完全没有必要。我认为我们把一定比例的投资放在有升值潜力的市场上是非常对的。它会给中粮集团带来一个长期、稳定的有升值潜力的资产，这个资产可以大大平衡我们的资产结构，降低中粮集团整体风险。全服务链城市综合体虽然和全产业链粮油食品企业看起来是风马牛不相及的业务，但实际上它们在对人的生活方式改变的过程中，有同样根本的联系在里面。

我们的新愿景是：在消费者层面，成为中国最大、最好的食品公司，大面积覆盖中国消费者，提供多品种营养健康的食品，“中粮”会变成一个家喻户晓的名字，引领新的生活方式和新的生活态度，是一个很有活力、很年轻的公司；在食品加工商和贸易商层面，成为最好的粮食贸易及原料提供商；在农民层面，成为一个很好的农产品收购企业，可以为农民种植提供很多资金、技术上的支持；在国家层面，成为一个“大国企”，有很强的社会责任感，保障国家的粮食安全和食品安全；在股东层面，成为具有持续盈利能力、持续竞争力的“新国企”；在员工层面，有一个更加广阔的实现价值的平台。

下一步还有需要我们进一步明确的事情：集团总部如何定位？业务架构如何调整？在产业链上，最有价值的环节究竟在哪里？资源配置的原则和方向是什么？科学、合理的评价体系如何建立？如何整合与协同？我相信这些问题提出来并不是很难解决。

全产业链也是学习实践科学发展观的具体体现，是一个非常有意义的学习过程。中粮自身在全产业链粮油食品企业的宏观定位下，逐步去提供真正安全、健康、营养的粮油食品，又回到了我们的使命，这是一个大的循环。希望几年之后，中粮成为一个很有品牌，很有活力，很有创新，上下游产业链很协调，不断地创新，不断有新的产品的公司。

（2009 年 5 月）

“全产业链”涵盖“从田间到餐桌”。

打造“从田间到餐桌”全产业链企业的思考

近几年，我国在粮食增产、农民增收问题上取得了举世瞩目的成就。在食品安全和营养健康的提升上也取得了前所未有的成就。应该说，关于粮食数量安全和食品品质安全方面，国家在政策层面上所做的努力已经很大、力度很到位了，可是为什么我们还经常觉得有些隐忧，特别是在食品安全上还时常有问题出现？主要问题是，整体的农业、食品产业链的稳定性、协调性还不够。我认为，解决问题的关键办法是，以企业为主体，把食品所涵盖的全产业链打通，形成有规模、有信誉、有技术、有品牌的全产业链集团，做到上下游协调参与、相互促进。只有这样，才能提升产业的水平，才能更好地执行、落实国家的政策，保障食品安全。

“全产业链的粮油食品企业”的内涵

“全产业链”涵盖“从田间到餐桌”。它是以消费者为导向，从产业链源头做起，经过种植与采购、贸易及物流、食品原料和饲料原料的加工、养殖屠宰、食品加工、分销及物流、品牌推广、食品销售等每一个环节，实现食品安全可追溯，形成安全、营养、健康的食品全产业链。

农业、食品行业的特点，一是涉及中国最广大的消费者、最广大的农民，涉及行业中的众多经营者，各方利益需要统筹考虑。比如，粮价太低，影响种粮农民的积极性，影响粮食安全；粮价太高，又影响CPI（居民消费价格指数），影响城市低收入人群的生活水平，影响社会稳定。二是农业、粮食、食品上下游的联动错综复杂，有多方面的因素可能导致农产品供应与价格的大起大落，如何保持市场稳定需要统筹考虑。三是农产品、食品的品质受植物病虫害及治理、动物防疫、储藏条件、运输条件、加工工艺、包装、环境等多方面的影响，某一个环节出问题，就会造成食品安全出问题。从西方发达国家一百多年来的经验看，打通农业、食品产业链也是农业产业最终实现工业化、现代化的方向。从商业模式的内在逻辑看，“全产业链”模式是一个可持续发展的模式，具有很强的竞争力。“全产业链”的下游在销售、信息方面为上游提供支持，上游在供应的成本、效率、品质方面为下游提供保障。这种上下游贯通的优势是单个环节上的企业难以具备的。同时，相关产业链的采购、物流、销售等环节相互协同、发挥协同优势，这种协同优势也是单个链条、单个环节上的企业难以具备的。“全产业链”的大型企业集团凭借这种纵向打通、横向协同的整体优势，可以控制“从田间到餐桌”各产业链的关键环节和终端出口，统领农业、食品产业链上的其他环节或其他企业，从而形成对多条产业链的全程控制；进而通过收购兼并推动行业整合，实现优胜劣汰，进一步强化控制力，提高整个行业的效率和资源利用率。

“全产业链”模式刺激生产，促进农民增收，促使价格趋于稳定和理性化

“全产业链”的大型企业集团将把最末端的消费者的需求，通过市场机制和企业计划反馈到处于最前端的种植与养殖环节，进而通过对农业的有机组织和对流通与加工的规模化运作，实现生产与消费的真正连接，提高农民种植与养殖的经济效益，促进农产品的生

产，促进品种的优化，从根本上解决农产品总量不平衡、适销不对路的矛盾，使农产品价格趋于稳定和理性化。

以中粮为例。中粮在新疆、内蒙古、宁夏的番茄种植和加工，从种植环节就引入了良种、机械、土壤处理、收割方式的改进等，使单产、产量和质量都有很大提高，目前中粮已成为世界第一的番茄加工企业。

“全产业链”模式有利于农产品流通、加工及养殖环节的效率和效益

“全产业链”的大型企业集团，通过规模化的收购、储运，规模化的养殖、加工；通过推动农产品由初加工向精深加工转变，特别是对资金需求大、耗时长、技术水平要求高的大型研发与技改项目，进行大规模投入，使农产品的使用更有效率、更科学，减少浪费。

以养殖业为例。由于我国粮食增产幅度和潜力跟不上消费增长，我国粮食供求将长期处于紧平衡。但这并非口粮所致，而是饲料引起的。因为随着人民生活水平的提高，肉、蛋、奶等蛋白类的食物在饮食中的比例将大大增加，近五年来，肉、蛋、奶的年均增长分别达到10.7%、4.6%和23.9%。目前我国约有1亿吨玉米用作饲料，进口的3700多万吨大豆除去20%变成食用油，其余80%变成豆粕也作为饲料。由于我国规模化养殖程度低，生产同样一公斤肉需要较多的饲料。以猪肉为例，我国料肉比平均在3.5左右，而美国约为3，这样，我们在养殖环节就高出17%左右的饲料。

“全产业链”模式提高食品的可追溯性

目前食品安全问题可存在于整个食品链条中每一个环节，一个环节出问题，整个行业都受重创。因为产业链分割严重、小企业多，食品质量可追溯性很难做到。这些问题，短期靠监管，长期应该有可信度高的大型企业集团在全产业链上带头执行和提升标准。

第一，全产业链将整个产业链上的企业内部化，上下游是一个利益共同体，“一荣俱荣，一损俱损”。共同的利益促使企业必须以消费者为导向，产业链上的所有环节都必须关注终端的食品安全，并对各个环节进行有效的、自觉的管理和协调，实施全程品质控制，实现食品安全可追溯性。

第二，“全产业链”模式将一个企业的产业链从单个环节或者少数几个环节扩展到“从田间到餐桌”的所有环节，可以做到产销衔接，扩大盈利空间、提高效率，成本和风险能在多个环节分摊，有助于减少企业在激烈竞争中为降低成本而在某个环节上弄虚作假的动机。

第三，面对两亿多农户分散生产初级农产品、数十万企业参与流通与加工的现状，政府对食品安全的监管成本很高；“全产业链”集团将质量管理内部化、规模化、标准化，促进行业的整合，可以大大降低政府监管的成本。

中粮集团的初步实践

对于“全产业链的粮油食品企业”，中粮集团进行了初步尝试，取得了一些经验。

中粮从现有的业务基础出发，在完成国家下达的粮食贸易任务的同时，打造小麦、玉米、油脂油料、稻米、大麦、糖、番茄、饮料、饲料及肉食等多条产业链，并将这些产业链有机组织起来。如小麦从小麦的种植（订单农业）开始，进入面粉、面包、面条等品牌产品，玉米也进入玉米加工中的玉米淀粉、糖浆、酒精、饲料，其中饲料又与油脂行业大豆加工中的豆粕一起进入饲料、养殖、肉食加工产业等。在此基础上，做到上下游有很好的链接，在加工过程中提高效率和质量，最终通过中粮集团这个大型国有企业的品牌信誉，形成一批广大消费者欢迎和信任的产品品牌，既提高了中粮作为一个粮食、食品企业的贸易量、加工量，也最大限度地保障了产品质量和食品安全。

以猪肉及制品为例。打造规模化、标准化、集约化的猪肉全产业链是中粮“全产业链的粮油食品企业”的重要组成部分。从2002年开始，中粮集团在湖北省武汉市投资建设了一条完整的猪肉产业链，包括饲料、种猪繁育、商品猪养殖、屠宰、加工和配送等环节。从饲料原料到肉制品，中粮建立了全程品质控制的质量保证体系，最终向消费者提供优质、安全的猪肉食品。

其中，在源头的饲料环节，中粮严格把好饲料原料采购关，对玉米等饲料原料入库前进行农药、重金属含量检测，防止不符合要求的饲料原料入库。在养殖环节，中粮的养殖基地选择周围10千米内没有有害工业的农村，避免重金属、化学有害物质等残留；通过引进全球最好的种猪，保障猪肉的高产和瘦肉率，严禁使用促生长素及违禁药品。中粮武汉基地还与37家万头以上的规模养猪企业建立“公司+基地”的合作社模式，实行订单养殖，公司为农户提供猪苗、饲料、疫苗及技术服务，农户按标准养殖，增加农户收入，提高农民就业率，带动湖北省规模化、标准化养猪业的发展。在屠宰加工环节，中粮采用出口食品卫生标准加工鲜冻肉及肉制品，并在国内率先推出工厂化小包装，避免猪肉在售卖过程中二次污染。中粮所生产的猪肉实现了零药残，获得国家绿色食品认证，赢得了消费者的认可和信赖。沿着“全产业链的粮油食品企业”这条发展道路，中粮希望逐步成为一家服务于最广大消费者、最广大农民，贯彻落实国家政策的，有研发、有创新、有信誉的，“全产业链”的粮油食品企业集团；成为一家有很强社会责任感，同时自身也有好的经营效益与长远发展的大型企业集团。

（2009年6月）

我们需要思考，屯河最终是不是要成为一个需要做电视广告的公司，是不是有产品需要去推广。

成为一家需要做广告的公司

中粮集团在对老屯河（屯河股份有限公司，简称中粮屯河或屯河）的并购、审核、债务重组中比较平稳地接管了公司，前期的重组过程“近乎完美”，这是屯河团队自己创造出来的。

我每次到新疆来都感到屯河的团队融合比较自然。当然，不能说团队没有矛盾，因为在初期都会有一个磨合的过程。这个融合的过程实际上是非常不容易的，因为在一个新公司里面，大家都会面临新的矛盾，各自都会有不同的看法，角度不同，资历和职务差别很大，但是，大家都磨合好了，融入一个工作状态去了，可以看出大家的心胸和修养是非常好的。而且，我高兴地看到了本地的老屯河人在其中发挥了很大的作用，大家相互之间都很服气。

屯河模式是自身发展的动力使然

谈谈屯河的发展。第一点，屯河跨区域、跨行业的发展不是集团要求的，是屯河自己摸索出来的，是屯河自身发展的动力使然。这是由企业内部具有的发展动力和欲望造成的，与大部分中粮企业相比，屯河发展的自身推动力是比较大的。

屯河今天的成绩和格局与四五年前已经不一样了，屯河在今天和未来的发展中能够坚持在科学发展基础上继续保持动力是非常可贵的。屯河的经验是在中粮集团作为控股公司这种管理架构之下，行业战略到底怎么形成的一个很好的模式探索。在这种管理架构之下，谁来启动战略，这是中粮集团的一个问题，很多战略中粮集团是启动不了的，因为集团不在第一线，也没有一个直接评价的方法，这样可能会使中粮集团越来越保守，反应变得比较慢，而就屯河来说，这是一个很好的经验。

第二点，屯河客户的发展。我听说亨氏、联合利华目前在中国只向屯河采购，这表明，在中国，屯河已经把自身提升到了行业第一的角色，成了行业标杆。如果世界上最高端、最大品牌的采购商只采购屯河的产品，而不采购其他公司的产品，这就是屯河的核心竞争力，他人无法复制。但是我想这背后肯定需要做大量工作，是非常不容易的。

第三点，屯河在扩大规模的同时，进入农业也是自身探索的结果。几年前我们在讨论战略的时候说过，集团不搞种植，担心种植会引来麻烦。一是我们自己不太会种，二是农业的政策我们也搞不清楚，三是这个行业很难做到大规模。而现在，屯河立足自身的产业基础，通过试验已经走出来了，用种植的方式，把土地的资源定位到一个产业上去，然后进行加工，并在下游做市场。我想这个模式由于排他性的区域特点会在未来使我们的竞争环境稳定下来，别人再想进来成本就很高了，也很难打破这种格局。为什么我对宁夏项目到底成不成这么关心，虽然是个小试验，如果最后不成就是结构性问题了。比如农民必须要这么高的收入，比如我们做了之后没有大的产量提高，或者说是其他结构性的东西，那么这种模式就是错的，是做不下来的。刚听到宁夏今年产量不是很好，如果是因为今年下霜了，那么问题不大，如果是结构性的问题，我们真就是遇到麻烦了，这些都需要我们继续探索。

屯河种植模式里面真正的价值创造是在种植环境里面有产量和质量的提高，是有价值的。但我在思考能不能把它作为竞争模式，在总结的基础上如何不断增加附加值，开辟新的经营方法，这对中粮集团有非常大的借鉴意义，是内部具有的一种对产业、对公司不断探索和发展的动力和精神。

屯河的定位在产业链高端

说说屯河的未来。从整体来说，屯河未来应该研究自身最终的定位问题，是变成亨氏，还是MORNINGSTAR（晨星公司），屯河必须回答这个问题。当然，做好目前的大桶番茄酱是件很好的事，因为屯河的存在推动了中国番茄产业的成长，使全球番茄产业格局有了大变化。但是再往前走，可能会遇到问题。

未来，世界的需求量、中国的消费量，下游毛利及下游在产业链中创造的价值可能会更高一些，这可能需要很长的时间。我们研究一下亨氏，就会发现亨氏是个典型的一步步摸索，不断发展起来的企业。就目前屯河成长的模式来说，我觉得整个往大宗商品走的思路还是很强的，这样做也会做得很好。但这次集团做的广告，导演选了很多番茄的镜头，画面很好看，但是大家最后提了一个意见：没有产品老做这个广告干吗？所以我们需要思考，屯河最终是不是要成为一个需要做电视广告的公司，是不是有产品需要去推广。

实际上，在产业链里面，你应该知道自身做哪个环节，知道成长是从哪个环节来，知道每个环节的价值在哪儿，知道我们着重做什么。经过大家这些年的努力，大客户培养起来了，客户对屯河的依赖增强了，市场地位也大大提高了。最终屯河怎么往前走，我觉得需要静下来仔细研究亨氏阶段性的发展历史。亨氏从开始做酱，到种植，再到如何定位，我估计亨氏可能也曾经面临屯河现在的问题，但它们最终把一个小品牌做到登峰造极，全球品牌占有率很高，基本上成为番茄酱的代名词。目前，中国人心目中番茄制品的品牌可以说是个空白。所以，就中国人对番茄酱的消费来讲，不管是番茄酱还是番茄汁等番茄制品，应该有一个品牌建设的概念，有一个先入为主的品牌意识，我们必须要有一个比较长远的定位，并一步步按照逻辑开始进行，否则，到时候别人做了，我们才跟着做，结果竞争对手太多了，格局就变成了结构性的被欺负，老是在低端市场去竞争。我们的定位要更清晰一些。

（2009 年 9 月）

从产业链出发，提升整体食品消费的水准，是粮油食品企业的商业机会，也是社会责任。

食为天

最近有几件事我觉得很有意思。一是联合国开发计划署发布人类发展指数，把每个国家的人口预期寿命放在很重要的位置上，人均 GDP 高了，人类发展指数排名不一定高。二是美国有家公司叫 Whole Foods Market，是专卖有机食品的，自称为使命驱动型企业，宗旨就是提升食品质量，提高生活质量。这家公司大受欢迎，业务成长快，股价也高，市盈率近 50 倍。三是听到一位基因和胚胎学的专家说，从人类基因来看，理想条件下人类的寿命应该是 150 岁，现在人类平均寿命只有七八十岁是因为细胞组织在中间夭折了，夭折的主要原因是受环境和食物的影响。把这几件事放在一起，如果把食品与人类寿命及人类发展指数联系在一起，那么食品就不仅能用来充饥了，它就与生命的本质意义联系到了一起，有许多哲学意味了。

可是农产品和食品在人类追求生活多姿多彩、多元化的时候并没有得到足够的重视。其实从 20 世纪以来，人们就有点忽视了高品质的农产品和食品在人类生活中的重要性。同样，人们在走向工业化、现代化的时候也忽视了环境和资源的重要性。大量工业科技的进步使人们的生活更丰富，也更复杂了，但在农产品及食品的生产上，虽然技术的力量把产量也提升了，但在整体的食品生产消费过程中，降低成本，在某种程度上牺牲品质，把食物的消费支出摆在比例较低的位置上是总趋势。这样的做法与前面讲的人类生活质量和人类发展指数就有些矛盾了，食品在人们的生活中应该占多重要的地位和比例则有必要反思了。

要说食品在人们消费中的重要性和应占的比例，就不能不说150多年前德国统计学家恩格尔和他发明的恩格尔系数，这个系数把人们用于食品的消费比例不断降低看成是社会进步和富裕的必然趋势，联合国粮农组织又在此基础上细化，用食品支出的比例定义了贫穷国家和富裕国家，使人们把减低食品支出在消费中的比例当成发展的目标之一。这样恩格尔系数带来的思维方法或多或少地阻碍了人们积极地提升食品品质，这又有些像GDP的诱惑使人们付出了环境和资源可持续性的代价。这些统计学的概念不仅代表着数字，对它的平衡其实是人们生活方式和目标的选择。

人类社会走到今天，人们开始反思过去，又把过去为之奋斗的许多目标重新排列一下，这样也就又产生了人类发展指数、国民幸福指数等人们越来越认可的新目标系统，优质食品的地位显然在这个新的目标系统中提高了，否则也不会有Whole Foods Market（全食超市）的快速发展。说食品的重要性及在消费中的比例，并不是说同样的食品价格应该提高，而是说食品在生产过程和消费中的品质意识应该提高，应该与社会发展及人类的生活质量有更紧密的联系，应该有更多的投入，应该有更安全、健康、营养和提升人体素质的优质食品。在食品的消费意识上，也不能习惯于要节省了就先省吃，就像一个爱美的人，把本来应该用于吃饭的钱省下来，去买了好的衣服和化妆品，结果搞得体质和面色很差，这样就有些本末倒置了。

中国人一直在说民以食为天，过去这样说是说人要吃饱，现在再这样说是说人要吃好，层次和追求不一样了，也是社会进步和发展趋势的必然要求。从产业链出发，提升整体食品消费的水准，是粮油食品企业的商业机会，也是社会责任。

（2009年10月）

好的管理者会清醒地使企业保持不断的成长，企业的产品甚至行业会进入成熟期，但企业自身不会进入衰退，因为企业内部的创新和战略的修正会使企业保持持久的活力。

新阶段

中粮包装在香港上市，从招股路演到这几个星期的股价表现，都受到了很多赞誉。中粮包装从几年前一家发展方向并不很明确的小公司，到今天成为中国金属包装行业的领先者，带给我们的启发很多。我们过去说过，大企业里也应该有创业者，传统行业里也要有不断创新者，好的经理人不能仅仅是守摊儿的经理人，他应该能把小企业做大，把基础差的企业做好，应该能通过改变行业的竞争格局而创造新的股东价值。中粮包装过去几年努力的成绩向我们展示了这个团队的创造力。

中粮包装今天带给我们的启发不应仅仅是它过去几年的成长方式，它还应带给我们一个看企业发展的新视角，这就是企业发展的阶段性。任何事物在它的生命过程中都具有明显而强烈的阶段性，用阶段性来看问题也是历史唯物主义的方法论。它可以让我们在遇到困难的时候看到前路的光明，也可以让我们在发展顺利的时候知道任务的艰巨，更能让我们可以用实事求是的方法对不同阶段的问题采取不同的对策。

可能任何一个企业的经营者都应问一下自己所管理的企业目前处在发展过程中的什么阶段，就好像我们问一个人在什么年龄应该做什么一样。我觉得大部分的企业都可能会经历四个阶段，一是初创时期，二是成长期，三是成熟期，四是成长缓慢且可能进入衰退期了。

企业管理者的责任就是要通过不断改善的管理和创新使企业长时间健康成长。这个道理说起来容易，做起来不容易，因为真正的百年、几百年的老店是少数。而且企业的发展成长轨迹也不是简单线性划分的，这几个阶段可以交错在一起，又受到大量不可预见的内外部因素的影响，这也增加了企业驾驭的难度。

企业的初期很难，因为规模，因为市场，因为资金，因为盈亏，因为战略，也因为决心和毅力，企业初期承受不了大风浪，很多企业在这个阶段就夭折了。中粮包装在早期也经历过同样的困难，曾出现过股东退出，面临是否继续经营的抉择。今天中粮包装上市了，从企业发展阶段上看，它应该进入了快速成长期，在大家为了上市成功而高兴的同时，它也面临着新的更高一级的挑战。

因为上市，投资者和客户的期望值高了，评价的角度和标准不一样了，企业自身发展的愿望也更强烈了，不发展有风险，发展快了也有风险。因为上市，企业规模大了，管理变得复杂了，对团队的考验更大了，对团队的水平要求更高了。因为上市，企业要进入到塑胶包装、纸包装领域，会变成一家综合的、多业务的包装企业，这时候，资源分配的问题也来了，速度的问题也来了，协同的问题也来了，新阶段就一定会面临新的问题。因为上市，钱多了，没钱的问题变成了有钱的问题，资金充裕的企业最容易犯错，这是个规律。能把有钱的日子继续当没钱的日子来过吗？这也是考验。过去在中粮包装的理念中先有市场后有工厂的精神还能继续吗？过去二手设备自己改装成本低、效率高的精神还能保持吗？我以前就经历过一家企业，上市前很好，很刻苦，很严谨，上市后因为承受不了新阶段的诱惑，很快就出了问题。看来任何的进步都会带来新的考验。

好的管理者会清醒地使企业保持不断的成长，企业的产品甚至行业会进入成熟期，但企业自身不会进入衰退，因为企业内部的创新和战略的修正会使企业保持持久的活力。从企业发展阶段来说，中粮包装上市只是企业发展中一个新阶段的开始。

（2009 年 12 月）

只有单个业务强，合在一起才能更强，这才符合打造全服务链城市综合体的初衷。

大地产

就中粮地产来说，通过强化统一策划和整体运作，专业化水平不断提升，反映了团队积极进取的一致声音，工作上了一个新台阶，创造出很好的开端。海景1号较好地控制了整个销售过程，实现了较高的资产价值；成都御领湾及物流项目克服原有项目的“硬伤”，取得了满意的进展；沈阳大悦城虽开业仓促，当时开业率只有50%，但整体形象已较原来面貌有了实质性的提升，现在已变得比较正常，和市场经营真正地连在了一起；祥云项目受到很高关注，在北京市场上是做得很好的楼盘，操盘水平和产品质量获得业内一致的认可；澜山项目克服客观困难，超出预期，成为单元业绩的主要贡献者之一；天津项目在理清现状的基础上，做出长远清晰的产品规划；苏州、长沙等原定放弃的项目，现在都取得良好进展，从目前规划和设计来看都是非常不错的产品。

中粮置业继续发扬团队特点，强化执行力，团队不断优化，核心能力持续聚焦，商业开发能力在原有基础上有较大提升；团队在重点项目的经营管理和关键环节的把握上都体现出较强的专业能力。一年来，西单大悦城取得持续进步和提升；中粮广场能够实现无缝对接很不容易，基本实现了目标金融物业定位的客户招租；朝北大悦城已基本成为区域的地标性建筑和其他产品的借力平台；天津大悦城较好地把握了收购的时机，各个项目基本按预定计划走上了正常发展轨道。在集团大悦城体系内，主动加强协同和运营，夯实集团发展全服务链城市综合体的基础，带来集团对城市综合体的投资热情。

海南公司在现有团队领导下，资产实现了很多增值，2008年、2009年业绩都不错，包括法律问题处理、公主郡营销等，公主郡产品二期开发和销售都取得了不错的成绩，创造了很好的发展环境，后续产品开发应该保持更好的节奏和特色。

酒店事业部团队在三亚MGM、北京华尔道夫、北京长安街W酒店项目中，无论是在管理公司的选择，还是在项目设计、成本控制等方面都很用心，进步也很快。酒店事业部在短短一年时间做了大量工作，团队的几个项目从政府拿到了好的批准方案，增加了4万～5万平方米，很不容易。

单元的强化

目前集团地产酒店板块业务复杂，既有中高档销售型物业，也有购物中心、酒店、公寓、写字楼、工业地产等多种持有型物业，这就要求各单元必须针对每种业态形成系统规范的KPI（关键绩效指标）指标体系，真正从财务的角度，科学、合理地测算出各项指标，认清盈利能力和物业真实价值，提高回报水平，实现资产的真正增值。对于全服务链的城市综合体而言，各项业务最终要放到一个点上。

对于持有类业务，尤其是酒店及公寓类项目，我们需要认真测算租金回报率及租金增长问题，看这样做合不合适。出租可能有时间问题，虽然资产可以升值，但不能长期亏损，如果租出去长期亏损，就要考虑转变思路，最终希望把财务模型分析好，把各种持有型业态的商业模式梳理清楚。对于酒店业务，集团希望团队能真正成为中国比较好的酒店投资者，大家也都成长为更专业的酒店投资人才。

大悦城再往前走我们也要好好总结，最终还要看商业模式和回报水平。我们要做到持续发展及最终上市，就必须做好商业模式，财务模型可能也要不断进行修正，我们应该知道租金如何调整，慢慢提升回报率到基本接近中粮集团平均回报率的水平。对于租户自身，也会有租金的预期。我们应该去了解，如果西单大悦城定位是准确的，应该每平方米租金高于对手，且租户还有盈利，才是对的，因为我们的大环境做得好，建立起了模式。要总结全过程，选址、招商、租金、管理，全过程地提炼经验，这是团队共享智慧的过程，只有把经验和智慧变成团队的共同认识，才能转化为组织的力量。

对于销售开发类房地产业务预算具有一定难度，但在市场无较大波动情况下应该做出 3 ～ 5 年的预算，将拿地程序系统化，使定位、规划、设计、施工等控制模块逐步规范，通过计划土地储备、销售来提高周转效率，使公司步入良性发展轨道。

只有单个业务强，合在一起才能更强，这才符合打造全服务链城市综合体的初衷。

“大地产”有了一个好的基础

集团地产酒店板块 2009 年取得了不错的盈利，形成了一定规模并在业内产生了一定的影响力，到了一个真正发挥团队创造力的时候，只有地产酒店板块各单元的力量合在一起，才会促使集团的大地产业务更有实力。

集团地产酒店业务的发展目标是最终成为一个有机的、整体的专业化地产公司，这必须是资产和人力的大融合。关于这一点在技术层面上应该不存在问题，最主要的是大家要认清大目标，形成各自的专业定位，做好产品，提升专业性，一起推动这件事，以保障建设好一个更大、更有前景的地产平台。

（2009 年 12 月）

国家要经营，要转变经济发展方式；企业要经营，更要转变企业发展方式。

原以为

原以为只是一个企业需要经营，现在看来一个国家也需要经营。

原来意义上的国家是权力和治理的政治形式，现在看来一个国家也是经济和市场的经营组织。

原来的国家可以是相对独立自给自足的区域，现在看来国家的概念不仅几乎没有了距离的界限，甚至文化的、信息的、商品的还有更多的区分都变得很模糊。

原以为国家间应该搞好外交关系，最好不要有战争，现在看来国家间不论关系搞得多好，对生存条件和国家地位的竞争也不可避免，所谓战争只不过换了一种形式。

原以为国家的权力发行货币不会有人干扰，现在看货币发多少、怎么用要看看邻居。

原以为一个国家的财富是很难计量的，现在看来国家应该有自己的资产负债表。

原以为一个国家权力对财富的再分配可以仅由社会政治的需要来判定，现在看来国家也像家庭，也要好好过日子。

原以为一个国家可以靠资源，现在看来任何资源都是有限的，也是不能持续的。

原以为经济成长可以靠劳动力的低成本，现在看来低成本很快会消失，靠低成本的竞争会时常发生劳工荒。

原以为国家很大，有些环境污染问题不大，现在看来不仅一个国家污染有问题，甚至世界的环境也会在人类发展中受到威胁。

原以为出口创汇是很好的一件事，现在看来给别人制造多了，别人也有意见，还要自己消费。

原以为投资发展、扩大规模是经济成长的主要方式，现在看来仅仅规模大了不一定有竞争力。

原以为 GDP 在世界上的排名是我们的目标，现在看来 GDP 中有很多内容，我们还要细分，还要把它科学化。

原以为低端产品可以靠价格打开市场，现在看来打开市场后我们并没有多少利益，原来世界的财富是在创造力和高附加值的原则下分配的。

原以为品牌是很远的事，也是很难的事，现在看来不在产品上放入很强的文化、精神理念并把它融入消费者认可的品牌中，产品很难成功。

原以为靠外资发展是件很光彩的事，现在看来无论什么行业，民族的产业没有了我们都不放心。

原以为一个国家内不同区域、不同产业、不同人群在发展中可以有先有后拉开距离，现在看来距离拉大了又是问题，平衡协调才能保持平稳发展。

原以为市场经济越自由越好，原以为金融产品越创新越好，原以为经济成长率越快越好，也以为楼房越高越好，街上车越多越好，工厂越大越好，企业资本越大越好，还有很多很多的原以为，现在看来这些都要反过来，重新再想一想。国家的经营需要反过来想一想，企业的经营更要反过来想一想，想得不够，做得太短视，就来了金融危机。

原以为历史长河，过去的事都过去了，可现在看来，三皇五帝，尧舜禹汤，夏商两周，春秋战国，秦汉魏晋，南北两朝，隋唐五代，宋元明清，五千年文明史都是在原以为如何，后来又反思的岁月中不断进步走过来的。

实事求是、与时俱进、以人为本、科学发展是精髓。国家要经营，要转变经济发展方式；企业要经营，更要转变企业发展方式。原以为这些事都是现实的、近期的事，现在看来它们都会是很长远、很有历史意义的事。

（2010年3月）

未来必须要形成中粮的区域战略图，要和业务架构、管理架构结合起来，实现产业和区域的结合，使战略在区域上落地。

产业园

产业园的问题现在提出来应当说是一个很自然的事情了。记得我刚来中粮时间还不长的时候，和当时的总裁就研究过这个问题，当时研究的结果是觉得我们还不具备启动这个事情的能力。

后来我到东海去过一次。当时的东海粮油各个业务实施统一管理，除油脂业务以外，其他业务基本都亏损，规模也比较小，油脂业务也不是很好。我当时想，是不是因为我们的模式本身有问题？我就问当时的负责人，这个综合加工厂的模式ADM（阿彻丹尼尔斯米德兰公司，四大粮商之一）同意过没有，说是同意过的。以我对ADM的了解，它们具有较强的判断力，这个模式本身应该不会有问题。那是不是我们的管理模式有问题呢？经过深入研究，同时也随着集团当时的“集团有限相关多元化、业务单元专业化”战略的实施，我们对东海粮油各个专业工厂实施了专业化管理，由业务单元负责专业工厂的业务管理。这样一来，东海产业园的优势就逐步发挥出来了，各个业务的经营情况也逐步好起来了。

集团正式提出“综合产业园”建设的问题，是有关负责人赴成都考察投资项目回来之后写的一份考察报告，提出能不能在成都建一个综合产业园。我现在很高兴他们提出这个建议。为什么会提到这一点呢？因为我们的业务已经发展到这个程度了，自然而然地产生了对产业园模式的需要。

通过产业园模式，不仅可以实现生产环节系统性的低成本，还可以实现集团在各个区域统一的对外形象、统一的品牌、统一的政府关系。要逐步把综合产业园做成一个“品牌”，就像我们的“大悦城”，到各个地方与政府一谈，对方非常容易接受，非常支持。因为我们的项目确实可以提升当地的形象，还给地方政府带来实实在在的利益。这样我们就能够逐步形成自身独特的优势。

在综合产业园的基础上提出集团的区域战略

从集团的长远发展来看，如果把“综合产业园”建设的意义仅仅定位于加工环节的协同，我认为还是不够的。产业园应当开启中粮下一步发展的一个新思路——就是从产业链到产业园，再到集团的区域战略，解决中粮作为一个全国性的公司，怎么样真正覆盖到全国各个区域市场、在各个区域取得竞争优势的问题。这是一个关乎“全产业链”战略如何落地的重大问题。

进行外贸体制改革之前，我们是一个真正意义上的全国性公司，不仅有北京总部，还有各地的分公司，有一个覆盖全国的网络。但外贸体制改革之后，总公司与各地分公司脱钩，中粮突然之间就只剩一个总部了。那以后，中粮集团又进行实业化转型，又实施了“集团有限相关多元化、业务单元专业化”的战略，通过不断的业务扩张和市场开拓，才逐步有了今天这个局面。

那明天呢？中粮集团能不能变成全国人民的中粮？能不能成为一家与人民生活息息相关，可以引领中国人的生活方式，可以影响并带动产业发展的全国性公司？是不是我们在北京，在福临门大厦这个楼里面待着就可以实现？还是说我们可以采用一种什么方式去覆盖全国的各个区域市场，从而彻底地深入全国各地人民的生活中去？现在北京有个京粮集团，在北京它是我们一个很强的竞争对手，如果上海再有个上粮，天津再有个天粮……如果全国各个区域都有了强劲的竞争对手，那还有没有中粮的市场空间？这本身就是我们的一个思维问题：我们能不能既有一个全国性的中粮集团，又真正实现本地化经营。就像汇丰银行，一直定位于 The World's Local Bank，直译过来就是“世界的本地银行”——世界性银行，本地化经营。再来说中粮集团，能不能把一个全国性的中粮具体化为一个个本地化中粮，在立足各个区域市场的基础上实施全国化经营。

以成都产业园为例，我们能不能以拿下四川省这个区域市场的心态来看待我们的产业园？能不能在四川省建一个小中粮集团？四川这个地方比较封闭，因为交通的问题，与别的地方不太容易形成统一市场。由于它这种相对封闭性，我们一旦在这里建立了竞争优势，就比较容易保持。

如果我们从每个区域平台上看，“全产业链”就更有必要。在这个区域里面，我们的业务真正实现整体化，真正实现对市场、对客户、对消费者的覆盖，让这个区域里面的民众、政府都真正感受到中粮集团的存在。

经营思想上的统一高于物理上的统一

我希望我们的综合产业园建设能够带着一种思想、带着一种方式进行，而不是简单地把产业园当成一个硬件、一个综合加工厂。按我们的经营实践来看，经营思想上的统一应当高于物理上的统一。当然，要实现经营思想上的统一，总是需要有个形式和载体，没有载体是不行的。但反过来说，只有载体这种物理形式是不够的，我们必须在这个载体里面赋予一种思维。只有这样，我们在看问题的时候，才能够不是简单地从我们各业务自身的角度出发。

再深入一步思考，我们在建设一个产业园的同时，在制造供给的同时，能不能创造出有效需求？我们能不能为消费者、为客户提供更好的产品和服务？能不能在区域市场真正地占据一个领先的市场份额？所以，我们的产业园建设一定要有一个系统思考，要使各业务立足于综合产业园并形成经营思想上的统一。

关于内部运行机制的问题，比如出资主体的问题、怎么协调各业务之间及单元与产业园之间关系的问题、财务核算的问题、费用分摊的问题、考核的问题、管控模式的问题等，都是内部的问题，都是可以通过一定的方法解决的，我们绝不能因为这些问题的存在，就不搞产业园，就不搞区域战略，就放弃区域市场。还以四川为例，如果我们现在所有在四川的业务形成合力，五年以后，中粮在四川所有的客户和消费者都能感受到中粮是一个很好的供货商、一个很好的生产商、一个很好的品牌。四川有差不多九千万人口，每个人都要吃东西，这个市场大得很，如果我们能够占据一个比较大的份额，那将是一个很了不起的数字。

形成集团的区域战略地图

过去画集团的组织架构图总是用“职能部室—业务板块”这种形式，但是，这种图无法表示出中粮的市场和客户到底在哪里，所以未来必须要形成中粮的区域战略图。这个区域战略图要和业务架构、管理架构结合起来，从而实现产业和区域的结合，使战略在区域上落地。

通过规模化和专业化的结合，实现各业务在区域上的协同，进而实现集团业务的整体性

多元化企业存在一个固有的问题，就是规模化与专业化之间的矛盾问题。所以，我们一定要在规模化和专业化中间找到一个平衡点。现在，我们希望把业务放在一起，实现规模化、整体性所带来的系统低成本，同时也希望我们的每一个专业化的业务都能实现专业化的管理。这之间就会存在一个矛盾，很难解决的一对矛盾。这个必然是很难的，因为如果太容易的话也就不需要我们这些人了。

实际上，要解决这个问题，我们的组织架构就必须要落实到区域上。这个区域不仅是生产性区域，而更多的是一个市场份额区域，因为客户的认可和最终的市场份额才是我们追求的目标。所以，在

区域上能否成功就成为“全产业链”战略能否落地、能否最终成功的关键因素。我们可以逐步地把每条产业链覆盖到全国范围内的各个区域，在每一个区域里，我们的业务都实现有机协同。只有这样，我们的业务才能够实现一个全国性的协同。如果我们真正能够实现全国的销售、原料的种植和采购、品牌的运营、产品创新和科技研发等产业链关键环节的有机协同，那“全产业链”战略就可以落地了。在这个基础上，中粮集团每推出一个新产品，就可以迅速把它推到全国市场，每次做品牌推广，都可以在全国产生很大的影响力。这是我们的目标，正在逐步实现的过程中，可能需要 5 ～ 10 年的时间。这是一个不断演进、进化的过程，包括团队的思维、能力、投资；这个过程还可能会反复，但大方向不会错；这个过程自身最终能够把中粮集团变成一个真正的全国性的、在行业里有领导力的、真正服务全国消费者的粮油食品公司。在这个过程中，任何短期的、局部的、个体的、自私的小思维，如果妨碍这个大目标的实现，都是不对的。

关于产业园和区域公司的自主权问题，我认为，应当逐步给产业园或未来的区域公司相对大一点的经营权，使它能够逐步对这个区域有一定的把握和影响。这里边还是存在一对矛盾——“中央”和“地方”之间的矛盾。这对矛盾永远会存在，因为你不给区域上一定的权力，它就没有积极性；如果给的权力太大，又会有点乱。

我们可以试验一下，赋予各区域管理平台一定的经营权，使其对当地市场有相当的能动性。有一个例子能说明问题。十几年前，沃尔玛在深圳开了第一家山姆店，当时这家店采用全球性的采购系统，超市里轮胎、千斤顶、润滑油等都卖（美国的超市里面都卖这东西），而在中国，这些产品放了一年多没人买，这就是一个比较典型的僵化的教条主义。当然，老外也不简单，学得也挺快，从卖千斤顶到卖甲鱼，都转变过来了，这个转变是市场逼的。反过来说，我们也会发生这样的转变。我们调整所谓的产业园、区域公司、总部、单元的管理关系，大家可以用开放和实验性的心态来看，我们允许实验，允许在一定的范围内试错。从这个角度来说，产业园或区域公司的负责人的角色非常重要，这个人一定是一个有战略思维的商人，一个能带领和推动业务进步的人。一开始可能自己不去管业务或是经营业务，但他必须是这个区域的领导者，他知道什么地方可以建产业园，什么业务可以进产业园，这个区域什么东西可以销售，这个区域应该怎么做市场，管理平台的架构应该怎么设置。他应该有相当强的建议权，绝不能是一个仅仅听指挥的下级。我们必须站在中粮集团全国战略的高度来看这个事情。

我们还必须强调，在"全产业链"战略下，业务单元是主体，这是我们基本的管理骨架，不能变。

我们必须要逐步学会把握好这两个管理维度之间的关系。在这个架构之中的人就像骑自行车一样，一开始学的时候抓把抓得很紧，慢慢就放松了，因为他知道怎么把握了；打高尔夫球也一样，一开始手都磨出泡，就是杆儿握得太紧了，后来慢慢放开了，因为他知道如何把握这个松紧度了。管理也是一样，这对我们来讲是非常大的考验，这个过程就是逐渐进步的过程，逐步学会把握"度"的过程，逐步磨合的过程，最终会有活力，每个层面都会有活力。在这个过程中，我们始终需要保持的是思维的不断改进和优化。

近期内做好一个综合产业园项目

以上都是我们的远期目标，我们在谈远期目标的同时，要把近期的事情做好。近期内，要首先做好一个综合产业园项目的推进和建设，比如成都产业园，一步一步扎扎实实地，从选址、规划布局、投资建设、设计管控模式一直到项目运营，每一步都设计好、执行好。希望这个产业园建成以后，真正成为一个区域性的、内部有机协同的、具备核心竞争力的、占据相当市场份额的、对当地经济做出较大贡献的区域平台。

如果第一个产业园项目成功了，我们就可以往全国复制，就会成为比较强的全国公司，否则，京粮、上粮、天粮……就可能会把中粮架空了。产业园和我们的“全产业链”战略完全不矛盾，而且是“全产业链”战略的延续，是“全产业链”战略落地的重要载体，是我们这么多年经验积累、不断思考得出来的结论。

（2010 年 4 月）

不是每个产业都可以做产业链，粮油食品产业自身特点决定其可以做产业链。

推进“全产业链”战略落地

打造“全产业链”的必要性

回顾与反思

历史带给我们自豪感，也让我们对未来看得更清楚。回顾历史，使我们有了很多的自豪感，这种自豪感更多的时候来自经营业绩的快速增长，同时也来自业务的进步。近年来，中粮集团通过加大收购兼并和产业整合力度，不断丰富和强化粮油食品产业链。到 2009 年，在种植养殖、收储物流、贸易、加工、食品制造和营销等环节，集团初步具备了争夺市场领导地位的物质基础和关键能力。集团战略思维、经营理念、管理水平、运营效率和企业文化不断优化和提升，确立了战略决策体系和企业管理的系统思考方法；“五步组合论”“战略思考十步法”“行动学习法”等新的方法和理念不断引入，初步建立了科学的管理体制和机制，初步形成了较为合理、有效的激励评价体系，打造了一支高素质、富有激情的管理团队和员工队伍；6S 管理体系成为集团推动战略落地、强化运营管理的主要工具，进一步提高了业务运营效率和战略执行效果；阳光透明、“以客户为导向”、“业绩至上”、“大中粮，无边界”、“高境界”的企业文化正在形成。

在自豪的同时，我们必须更清醒、更深刻地认识中粮的业务。中粮的主要业绩指标一路在走高，指标的复合增长率非常高，是行业内的佼佼者。但是，如果我们再深入一步分析，就会看到2008年、2009年这两年，基础性的、真正的粮油食品业务的盈利还有比较大的波动，持续性和成长性还不够，在集团利润总额中的占比还不够高，这是我们必须要清醒面对的一个基本现实。我们目前的商业模式存在着导致业绩波动性较大的因素。中粮的核心主业是粮油食品行业，我们必须在这个行业里面踏踏实实地做，做到最好。

过去5年我们把资产规模做大了，盈利也随着资产规模上升了，整个公司财务状况非常健康，团队有了很大进步，可以说我们站在了一个很好的基础之上。但反过来讲，如果用分析员的眼光，把集团看成一家上市公司，把业务一项项剥开，一项项估值，把每一项业务未来发展的可能性分析一下，就会发现：我们需要一个比较大的战略上的整体发展思路的重新梳理。如果没有这个过程，我们可能会继续沿着资产规模扩张的路径走下去，不断投资，然后是负债比例不断提高，但这和国家要求的“转变经济发展方式、实现真正有内涵有质量的增长”差得比较远。

虽然我们近几年有一些转变，有一些进步，但是今天看起来，集团在扩张经营规模的同时，有内在商业逻辑的、有机的、以企业内部商业模式和团队创造力自然驱动的业绩成长所占比重还不够高；由真正的核心竞争力所带来的成本优势、品牌优势、技术优势还没有形成。中粮这个名字，在中国本应该有一个别人不太能够做到、不太能够追上的水平，但是我们还没有达到。所以，中粮现在与一个真正拥有行业领导地位、引领行业发展方向的企业还是有距离的。这是我们今天对自己的基本判断。

商业模式探讨

从粮食到食品的过程是一个从源头到终端的持续稳定的结构，从而形成中粮集团的稳定商业模式。中粮集团按照现有的商业模式和资产布局继续走下去也是可以的，但是，我们是否可以成为一个具有国际水准的粮油食品企业？

我们一直在强调核心竞争力，它要求企业首先要有核心资产。比如矿产类公司，一个储量丰富的矿井或矿山就是它的核心资产；地产公司的大量土地储备、银行的庞大网络、超市的众多门店，这些公司都是由一项核心资产形成了一个整体的骨架来支撑着公司基本业务的规模，并由此产生企业的核心竞争力、盈利性及盈利的成长性。中粮集团有没有可能按照这种方式形成自己的核心资产并构建自己的商业模式？经讨论，大家都认为不太可能，这是由粮食的特点所决定的，粮食是不可以像买矿山或者是油田一样去买来放着的。国际上的粮油企业也同样面临这个问题。那么，买地来种行不行？首先，土地本身受国家政策控制，不能随便买卖；其次，这些国际上大的粮商真正种地的也非常少，这是商业模式所决定的。

这样的话，我们怎么办？我们能够一直这样随着粮价每年的波动而不得不承受大幅度的业绩波动吗？能不能探索出一种能够同时保证集团业绩持续性和成长性的商业模式？由此，从分析各业务环节出发，我们认为中粮集团未来的商业模式，必须是以集团作为一个整体来构建价值链不同环节的链条关系，通过控制或可影响的资产实现链条的整体可控。它不是某一个产品的产业链，不是在每个产品上都从头到尾地由一个小的组织来完成，也不是链条的所有环节都完全由我们自己投资去做。

比如，我们有多少在原料产地的收储能力，通过这个能力我们能不能给战略合作伙伴——农民提供一个有附加值的服务，然后把这个能力与我们的物流能力、加工能力、研发创新能力、品牌渠道和销售能力连到一起。从源头上讲，粮食生生不息，因为每年太阳会送热能到地球来，每年都会收粮食，一定会有一个循环的过程；从终端来讲，永远都会有人来消费粮油食品，所以，这个从粮食到食品的过程是一个持续稳定的，关键在于用什么模式、什么方法来管理好这个过程。在这个过程里边，我们的一些核心环节的核心资产、核心能力、核心技术、核心品牌、核心客户、核心团队必须连在一起，就像石油公司买了某地的油田一样，只要把油从地下抽出来就可以。这样的话，我们的商业模式就可以变得比较稳定。这就是我们的“全产业链粮油食品企业”模式。

通过建立稳定的商业模式，使中粮集团进入一种不再需要“深化战略转型”的新阶段、新境界。在这种模式下，第一个环节是种植和养殖。五年前我们没有计划大规模地介入种植、养殖领域，但是行业的发展及其自身的特点决定了我们的很多业务都以不同的形式介入了种植领域，包括番茄、葡萄等的自种和订单农业，小麦、大米等的订单农业。另外，在中粮肉食的养殖业务上我们也下了很大功夫。第二个环节是我们在整个产业链上的收购、储藏、运输及农业服务的能力，放在产业链整体来看的话，这也是一个非常重要的部分。第三个环节是初加工，我们要逐步明确品种、布局、规模、对客户的服务模式等。第四个环节是深加工及食品制造，这个环节有一个关键，就是必须要形成非常强的科技研发和产品创新能力，必须要创造出“真正的好产品”。第五个环节是食品营销环节，需要我们具有真正的市场化的品牌运营、渠道掌控等营销方面的关键能力。

如果要使不同的业务环节有机整合在一起的商业模式真正地走向成熟，可能需要 5 ～ 10 年的时间。所以，从今天开始，我们就要保证做的每一项工作，未来 10 年还有用，今天做的每一个决策都是为未来 5 ～ 10 年奠定基础。到那时，中粮集团将不再需要更深入的战略转型，因为商业模式已经成熟了，不存在大的问题了，只要与时俱进地根据外部环境的变化不断优化和完善即可。

我们以前做国际贸易，是“坐飞机 + 喝洋酒”的模式，但这几年不行了，向内贸和加工转型，改成了“坐拖拉机 + 吃农家饭”的模式。因为政策变了，我们要生存、要发展，就必须转型，我们不想做战略转型的专家，但不转不行。所以，中粮希望找到一个稳定的商业模式，这里说稳定，并不代表它没有优化，没有创新，没有调整，而是说这些优化、创新、调整是在一个基本的战略和模式的大框架和大逻辑之下进行的。

通过“从田间到餐桌”模式，解决集团业务发展面临的几个重要问题。它使我们未来与整个世界的粮食、食品的供应和需求形势连在一起了。这源于我们对未来的预测。首先，我们预测未来中国事实上会变成一个农产品、食品进口国，因为我们的土地资源有限、人口增加、消费升级。其次，在粮油的主要品种里，大豆、玉米、小麦、稻谷等的国内流通量在逐步加大，这就逐步加大了我们的贸易、加工和品牌消费品业务的空间。

这个模式要求我们，同时也促使我们逐步解决以下几个重要问题，并形成自身整体的竞争优势。一是规模问题，这个模式能不能形成我们的规模优势。二是好产品的问题，这个模式能不能通过对整个产业链的掌控而带来真正安全、营养、健康的好产品，有效解决食品安全问题。三是成本问题，这个模式能不能通过对整个产业链的系统管理而带来系统性低成本，能不能掌控整个价值链的利润池。四是价值链前移的问题，这个模式能不能通过对整个产业链的掌控而逐步推动我们的价值链前移，向终端附加值较高的环节转移中粮的资产和能力，从而带动整个产业链的发展。五是"单一强，整体才更强"的问题。这个模式下，我们能不能做到在产业链的每一个关键环节上都具备市场化的专业能力，再通过各环节、各品种之间的有机协同形成整体性，形成链条的整体核心竞争力。六是成长性问题，这个模式最终能不能带来集团业绩的持续性和成长性。

外部环境及各利益相关方对我们的要求

从外部发展环境看，集团在面临历史性发展机遇的同时，也面临着挑战。党的十七大报告中指出，要实现人均国内生产总值 2020 年比 2000 年翻两番。也就是说，2020 年以前，我国人均 GDP 将保持年均 7% 以上的增长速度，这为集团改革发展提供了良好的宏观环境。2000—2009 年，我国粮油食品行业的发展速度超过 20%，预计到 2020 年，行业增速仍将显著高于 GDP 增速。在国民经济和粮油食品行业高速发展的历史机遇期，集团必须抓住机遇，实现又好又快发展。

集团在面临历史性发展机遇的同时，也面临着挑战。粮食紧平衡、托市收购和储备政策；国际粮商迅速建立起在我国粮油加工行业的规模优势并形成合理布局；跨国食品巨头加速进入国内市场，加剧行业竞争、加快行业整合；消费者对食品的安全、营养和健康日益重视。上述种种因素给集团粮油食品业务的发展带来了新的考验，对我们提出了更高的要求。

集团面临的发展机遇和挑战要求我们进一步强化集团使命的引领作用，打造具有国际水准的粮油食品企业。集团面临的发展机遇和挑战对我们提出了新的要求。那么，未来的中粮集团能不能变成一家有积累、有叠加、可持续发展、有核心竞争力的企业？它的业绩不单单是靠某一年的投资成功，或因为某一单业务的决策正确，或因为某个资产处理的时机对了而产生了盈利，而是有内在商业逻辑的、有机的、以企业内部商业模式和团队创造力自然驱动的具有持续性、稳定性和较高成长性的盈利。

希望中粮集团未来能够变成这样一个企业：在行业中，我们是中国最主要的粮油食品产品及生活服务提供者，能够引领粮油食品产业升级、引领消费趋势、引领新的生活方式和生活态度；在社会上，我们是具有社会责任感的国有重要骨干企业，能够保障食品安全和消费者的健康饮食，能够协助国家保障粮食安全和解决“三农”问题；在国际上，我们拥有世界知名的产品和品牌、世界同行业中排名前列的经营规模和盈利能力、世界同行业中排名前列的商业模式和管理水平，是具有国际水准的粮油食品企业。要实现这个目标，我们必须要进一步强化集团使命的引领作用。

不是每个产业都可以做产业链，粮油食品产业自身特点决定其可以做产业链。产业链并不适用于所有行业，不是每个产业都可以做产业链。粮油食品企业为什么就可以做产业链？因为粮油食品类产品本身并不是一个高科技产品，它本质上还是一个崇尚自然和原生态的产品，粮油食品类产品从源头到终端的变化，与其他产业的产品（比如汽车、飞机）相比还是比较小的，产业链的不同环节之间的衔接度比较高，这就决定了粮油食品产业可以做产业链。同时，由于存在食品安全和质量的问题、产业链的系统性低成本问题，决定了粮油食品产业需要做产业链，需要做纵向扩展。实践证明，在粮油食品产业内，因为这种对产业链整体的控制，就使它能创造出很高的、可持续的价值。

如何打造“全产业链”

深刻理解“全产业链”

“全产业链”的思维起点与核心目标：用我们最有效率、最具市场竞争力的资产利用方式，为客户和消费者提供最好的产品和服务。产业链真正的思维起点，是用一个好的产品来服务客户。要达到这个目的，我们还要有高的效率，它不是我们自己想玩的一个游戏，因为本质上是一个市场竞争的参与者，我们存在的价值是因为能够满足市场的需求。所以，我们的目标是“用我们最好的资产利用的方式给客户和消费者提供最好的产品和服务”，这也是“全产业链”的核心目标。

这样的话，我们在产业链上并不是所有的环节都做，并不是由某一个人负责的某一个小的组织把一条产业链从头做到尾。原因有两个方面：一是专业性问题，这是一个基本的管理理论，贸易、加工和食品营销等不同环节需要不同的专业能力；二是协同问题，如果我们现在就从架构上把我们的业务划分成一条一条互不相关的链条，则最终集团又从一个纵向的不协同，很可能变成了一个横向的不协同。

目前我们不能以牺牲专业化和协同为代价来调整组织架构，以后逐步调整。全产业链模式下的业务架构和管理架构问题，这个专业化的管理系统是不能失去的，产业链的每一个环节都必须要接受市场的考验。比如在加工完进行销售的时候，一定有对内、对外两个“出口”来销售，不是全部自己给自己供。现在看来，全产业链模式的组织架构不是一个刚性的架构，不是一个非此即彼的选择，它具有阶段性，与不同阶段的团队能力、组织内部的沟通能力和协同水平有很大关系。

目前阶段，从集团各业务团队的专业能力、内部的沟通能力和协同水平来看，我们首先需要打造各环节的核心竞争力，同时，大力提升内部沟通和协同水平，而不能以牺牲团队的专业能力和各业务之间横向协同为代价来调整组织架构。

下一阶段，在各环节核心竞争力增强、各业务之间有机协同水平提升的基础上，按照集团粮油食品业务整体上市的目标逐步调整组织架构。

全产业链的核心是布局和协同，是通过不同业务环节在战略布局及营运上的协同而形成的整体竞争优势。全产业链以消费为引领，在产业链的上游和中间环节均有“出口”，最终“出口”是终端消费品。产业链上下游有机组织、有效协同，不同品种之间在客户、品牌、渠道、研发、加工、物流、原料获取等环节实现战略协同，形成整体性。

打造全产业链的基本原则如下。

一是积极稳妥原则。打造“全产业链”，不是对原有业务架构和管理体系推倒重来，不能一蹴而就，而应当本着尊重历史、立足现实、积极稳妥的原则有序推进，必须是一个集团可控的改革过程。

二是整体协同原则。打造“全产业链”，不能简单地将上下游业务硬性地放在一个形式上的组织内进行整合，关键是在集团统一战略的指导下，推进各产业链、各环节的有机协同，提升业务的整体性，建立集团整体竞争优势。

三是“单一强、整体才更强”原则。在“全产业链”模式下，每个关键环节必须建立起超越对手的竞争力，各环节应协调发展，不允许任何一个关键环节存在明显短板，只有在实现“单一强”的基础上，“整体才更强”。

四是资源配置合理高效原则。在“全产业链”模式下，集团进行资源配置，要符合市场和消费者需求，特别是要重点配置于规模大、关系国计民生、具备较好产业基础、能受益于消费增长或升级、有良好盈利性、为上游提供更大“出口”的产业；要有利于关键能力培养和对产业链关键环节的控制，有利于提升产业链整体竞争力；要推动物流和加工设施的合理布局；要推动价值链前移，向下游发展，扩大附加值高的终端消费品比重。

五是管理系统和企业文化与“全产业链”相匹配的原则。集团要建立与“全产业链”模式相匹配的管理体系和制度流程，要强化协同相关职能，要塑造与之相适应的企业文化，保障并促进“全产业链”战略的落地。

打造全产业链的举措

强化集团使命的引领作用，基于团队对全产业链的深刻理解形成企业的经营理念和文化。集团要强化“全产业链”培训，通过培训，强化使命感，提高中粮人对全产业链内涵的认识，强化内部协同意识，打造符合全产业链需要的、高素质的专业团队。打造“全产业链”，尤其需要强调经理人的高境界。集团新的领导力模型中的第一个内涵就是高境界，包括三个方面的意思：业绩导向、学习成长、阳光诚信。我们所说的高境界，并不仅是一个道德范畴的概念，它比道德范畴要宽泛得多。它要求我们的经理人要目标高远，要能够通过不断提升自觉性来实现自我驱动，从而实现自身及所负责业务的可持续发展；要把组织的、集体的、大局的目标和需要放在更重要的位置；要有专业的原则性和做人的正义感；要有坦率、真诚、表里如一、做人比较快乐的生活方式；要相信科学的方法；要勇于承担风险与责任；要包容、要信任，以信任自己的态度来信任别人，以坦诚的态度来影响别人。

实施“全产业链”战略，需要各关键业务环节具备很强的专业能力，需要各环节、各业务品种之间实现有机协同，这就需要所有的中粮人，特别是各级经理人必须秉持高境界的理念，从集团整体利益出发，从打造“全产业链”的大局出发，在做好自身及本部门工作、提升自身专业能力的同时，做好与其他相关部门的协同配合工作，提升集团业务的整体性，构建集团整体商业模式，打造集团整体核心竞争力。

加快推进战略布局。全产业链的核心是布局和协同，是通过不同业务环节在战略布局及营运上的协同形成的整体竞争优势。市场是一个整体，但同时它又是由一个一个的局部组成，我们要在一个整体的市场中建立竞争优势，就必须在每一个重要的局部市场中取得竞争优势，这是我们进行战略布局的出发点。所以，这个布局必须既要站在全局高度，又要考虑局部的特点；既要有前瞻性，又要考虑业务现状。在此基础上，我们进行科学论证和合理规划，形成一个占据市场优势地位的核心资产的布局。

就全产业链来说，我们的布局一是要强化在原料主产区的战略布局，掌控优质粮源，为集团下游产业提供低成本、优质的原料；二是要加快产能布局，迅速建立相对于竞争对手的规模优势，通过建立综合产业园，实现加工、物流等环节的协同，降低成本，提高效率；三是要加快销售网络布局，建立集团粮油食品营销大通路；在销售网络布局和综合产业园布局的基础上，研究并实施区域战略，推动“全产业链”战略在区域上的落地，最终形成中粮集团核心资产的战略布局。

全球和国内的粮食流量流向是我们进行粮油食品产业布局的基础和起点，同时，我们还必须考虑未来产业发展的规律和特点。主要布局模式有三种：一是销区布局，以市场为导向；二是产区布局，获取资源优势；三是物流节点布局，降低成本费用。一旦我们形成了大的布局结构，则未来我们在哪里投资、在哪里配置资源就会有一个比较明确的标准，包括在哪里建码头、在哪里建仓库、在哪里建工厂就会很清楚。最终，我们会在主要的品种上形成核心资产布局。

推动价值链前移。我们希望中国食品能够带动集团整体价值链前移。比如说，我们希望自己不仅卖小麦，还可以卖面粉、卖面包，还希望能够卖一些更有科技含量、附加值更高、品牌性更强的产品，希望集团的整个价值链向下游延伸、向终端消费品延伸。为什么这么讲？因为终端消费品的品牌带来的溢价会比较高，跟消费者联系更密切，也符合中国消费市场快速成长的大趋势。这要求我们一个环节一个环节地去管好它，难度是很大的。因为我们每往下游走一步，就会发现整个的产品都不一样了，行业变了、渠道也变了，要求我们每一个环节都要做好，做不好，就会影响整个链条。所以，这个产业链的每个关键环节要么自身做强，要么就被拿掉，否则它会拖累整个链条，这是一个基本的逻辑。

这样的话，我们如果能坚持向下游走，向附加值更高的终端消费品环节走，就会逐步成为一个真正的食品企业——一个有着上游产业链强大支撑的食品企业。这肯定是一个很困难的过程，要求我们付出长期的艰苦努力。我们来看最典型的食品企业，如联合利华、雀巢、达能，它们对上游产业的控制力是很强的，其模式与我们的“全产业链”模式整体来讲是很有相似性的。

地产酒店业务整合并整体上市。地产酒店业务是集团主业之一，以全服务链城市综合体为基础稳步发展，今后在集团的资产占比应控制在 25% 左右。集团成立地产酒店事业部，形成地产酒店业务整体战略，打造统一的运营管理平台，推动业务整合，实现整体上市。这个整体上市的地产业务可能在未来相当长的时间内是中粮整个资产里边非常重要的一部分，而且是盈利能力很强的一部分，这也适合中国目前经济发展的大背景。地产业务团队这两年的进步非常大，我们的商业模式也得到了市场、客户、消费者和社会的认可，希望这个业务未来在集团资产占比 25% 左右的规模内继续做好，真正形成一个有核心竞争力的商业模式。

进口食品业务。从国内目前购买力的发展趋势来看，估计中国的食品进口会越来越多。中粮集团从传统上说除了是粮油进出口商之外，实际上也一直是食品进出口商，只不过后来逐步向实业转型以后，慢慢地进出口就少了。当然，也是因为后来的进出口放开了，大家都在做。未来我们可以导入更多不同品种的国外优质食品进入中国。

重新明确集团管理经理人的范围和标准，并完善绩效评价体系。在经理人的管理办法上，我们希望未来逐步地脱离以行政架构为基础、以级别排序的管理方法，希望以经理人所管理的业务在链条中的重要性、规模、盈利、回报率来排序。这样的话，可能我们某个综合产业园的总经理的排序就会比我们某一个单元的总经理要靠前。目前我们以架构为基础的方法是不对的，放在产业链里边就更不对了，必须要逐步把它扭转过来。真正有规模、有盈利的业务，是我们未来发展的重点，同时，我们也要建立“鼓励创新”的机制和文化，不能认为新业务有亏损就不重要。

最终，对经理人做出评价的还是市场竞争，这个来不得半点含糊，所以我们对经理人的管理和评价也必须以市场为标准。

加强集团职能管理。为有效落实“全产业链”战略，集团须提升职能管理的专业能力，形成上下贯通的职能管理体系，同时，要加强各职能之间的协同，服务业务发展。具体需要做好以下几个方面的工作：加强品牌统一管理；提升研发创新能力；加强食品安全和安全环保管理；加强资产负债和策略性股权投资的管理；加强党建工作等。

打造全产业链的过程是整个组织理念再造和经营模式再造的过程，完成了这两个再造，就会形成真正成熟、稳定的商业模式，5年、10年或者20年之后，中粮就会变成一家真正具有国际水准的、比较伟大的企业。

具有国际水准的粮油食品企业

我们用“国际水准”这个词，就是为了尽量避免让大家往纯规模的方向上想。希望未来我们真正的内涵，内部的结构、竞争力、商业模式的组成真正是有国际水准的。所谓的国际水准，也不一定要和某一个公司比，因为大家可能处在不同的国家、不同体制、不同商业环境下，但是具有国际水准的企业一定是具有某种核心的商业模式，这种商业模式使它能够从内部产生效率、协同和竞争力，从而体现在提供给客户和消费者的产品和服务上面。

国际竞争来到了家门口，要求我们必须以国际水准来应对国际竞争。现在，中粮的油脂业务和大米业务的主要对手已经是外资了，再过 5 ～ 10 年的时间，外资可能会成为我们最主要的竞争对手，这是我们不得不面对的一个局面。其实这就是我们曾经说过的，“国际竞争来到了家门口”。国际粮商和跨国食品巨头把他们在国际上的竞争带入了中国市场，从而使国内竞争逐步提升到了国际化水平。

另外，资源配置的全球化需要我们加快“走出去”的步伐；市场化粮食贸易主渠道地位的巩固和进口食品业务的发展，也需要我们进一步提升自身的国际化经营能力，所有这些都要求我们的商业模式、效率、核心竞争力必须达到国际水准。

标杆企业的启示。中粮与世界顶级粮油食品企业之间还存在较大差距，但我们拥有最大的发展潜力。整体来说，如果我们要比的话，还是要比较商业模式，因为所谓的国际水准主要还是看商业模式的合理性，这包含了内部管理程度的高低、人员素质的高低、研发创新能力的高低、品牌的水准、客户网络的稳定性，这些都是我们要建立起来的。

同时，我们至少有一个优势是这些国际标杆企业所不能比拟的，那就是中粮处在了一个高速成长的市场中，就是中国市场，它使中国所有的行业都会有一个很大的未来发展空间。在这个市场中，我们拥有优势，所以拥有最大的发展潜力。中粮在形成成熟商业模式之后，其“主场优势”就会逐步地发挥出来，最终也许会成为我们赶超国际标杆企业的重要成功因素。

形成派息的文化。标杆企业还有一点值得我们学习，就是持续稳定增长的分红派息。我认为，中粮的企业文化里必须要具备派息文化。现在中粮集团的上市公司越来越多，集团直接拥有的资产越来越少，逐步会变成一个控股公司，怎么办？那一定就是接受上市公司的分红派息。上市公司不分红不派息，集团的收入来源就有问题了。中粮的上市公司都还不错，每年都派息，从而使中粮集团有一个整体的循环。要做国际水准的企业，我们的分红派息也要达到国际水准。这是一个循环，有投资就必须要有分红派息，否则这个循环就运转不起来了。

最后，中粮什么时候能够变成国际水准的企业？我认为，只有真正把我们的资产按照全产业链的逻辑，从市场需要出发布局好；非常系统地按这个逻辑把人员安排好、把品牌管理好、把研发创新做好、把对客户的理解和对客户的服务做好的时候，中粮才能够成为具有国际水准的企业。

希望今天我们做的事情，10 年以后有用，100 年以后还有用；希望今天我们所做的调整，能够为未来打下基础；希望将来按照这个稳定的基础，中粮集团真正能够在规模上，特别是在内涵上，在内部商业模式的构成上，在内部组织的效率上成为具有国际水准的全产业链粮油食品企业。

（2010 年 5 月）

海外战略的定位应当是通过中粮的国际化增强中粮在中国的竞争地位，把中粮变成一个国际化、有国际水准的企业。

海外战略

实际上，中粮集团在过去几年对海外的业务、海外企业的发展有一点忽视了。有人说，集团这几年取得了很大进步，而海外企业则发展很慢，由此证明海外企业对集团发展无足轻重，那我只能说这种看法是片面的。今天，从公司整体的高度来看这个问题，如果中粮集团定位于一个成熟的、有一定国际水准的企业，那么海外企业、海外投资、海外资产和海外战略在中粮的整个价值链体系中就应当是不可或缺的。

用新的思路来确定海外战略和海外企业的定位

中粮集团做海外企业的历史已经将近 30 年了。1982 年我们就设立了纽约中粮，当时是很早的海外企业。但多数海外企业并没有发展起来，规模都很小，前几年几乎是要关掉了，华润就曾经关掉很多海外企业。这些海外企业没有发展起来，并不怪谁，关键是大的趋势变了，大趋势要求我们自己要对海外企业做出调整。

中粮现在要做全产业链，整体定位变了。中粮未来要做一个与生命科学有关的企业，要做营养的、健康的、有助于生命的发展和延续的国际水准的全产业链粮油食品企业，于是对海外战略和海外企业定位的要求也变了。所以，我们必须要用新的思维来看待海外战略和海外企业定位，这里包括已经存在的海外企业，可能会新设的海外企业，也包括可能需要做出调整的海外企业。

如果把中粮集团的全产业链放到一个全球化的环境中去看，我认为海外战略的定位应当是通过中粮的国际化增强中粮在中国的竞争地位，把中粮变成一个国际化、有国际水准的企业。实际上，中国企业跑到国外去做国外的业务，真正成功的还是比较少的，在这一点上我们并没有自我贬低。华为的国际化很成功，国内一些银行的国际化也有成功的，但它们的业务都是标准化的，到哪里基本上都一样。但中粮不同，中粮的业务不一样，对人的要求也不一样，没有可以复制的标准和模式。这就是现状，所以我们的海外企业战略更多的是国内业务的延伸，更重要的是为集团整体战略服务。

用国际化思维和商业思维建立海外企业市场化能力

目前看，中粮的海外企业属于贸易驱动型，未来海外战略和海外企业都应当是由市场需求驱动的，这要求我们必须从根本上改变海外企业的思维方式，建立海外企业真正的市场化能力。

对于中粮的海外战略来说，全球粮食的流量流向应当是我们全球化思维的基本起点。说到这一点，我想到了在阿根廷参观邦基集装箱码头时，码头上有一个很小的办公室，里边的办公桌玻璃板下压着一张荷兰农业银行制作的全球粮食流量流向图——我们要做国际化企业，要推进海外战略，就必须首先要有这样的全球化思维和国际化视野。这个流量流向也是我们进行全球战略布局的起点。如果中粮未来要建立一个有全球触觉的、可以移动全球商品的网络，就必须要把握好这个流量流向。

从目前中粮的海外企业的代理出口业务来看，一般的代理销售未来是没有竞争力的，必须要有附加价值，这个附加价值可能是物流服务，也有可能是一个品牌，也有可能是一个渠道。我们的海外企业必须要朝着这个方向去转型。

再看海外企业的代理进口业务，目前中粮的进口很多都不需要海外企业代理了，可能是因为我们的采购区域发生变化了，也可能是因为有其他成本更低的采购渠道了。我们的海外企业要继续保持这项业务的话，就必须在采购上更有效、更准确，成本更低。

未来我们还可以尝试进行相对本土化的投资，通过投资，买回品牌也好，买回技术也好，但首先要把它做成一个规范的公司，一个真正能够经营的企业。比如，在澳大利亚买一个很好的牛肉加工企业，可以用这个企业来提升中粮肉食的品牌、技术和管理，但同时这个企业本身也必须要做好。这个事情一般的民营企业可能做不到，中粮做的话，只要风险可控即可。

平衡好国际化推进速度与风险控制的关系

要推进海外战略、掌控资源，具体该怎么做呢？五矿可以去国外买个矿山，但中粮不同，我们不能买一个粮食矿，那么要不要买地自己种？从“ABCD”四大粮商的经验来看，它们也基本上不自己种地；更何况，到国外买地，买少了意义不大，买多了又牵涉国际政治问题。

当然，我们还可以投资港口、船、铁路等仓储物流设施，但是，这也并不能保证我们买的原料就比别人的便宜。实际上，我们在原料方面并不存在买不到的问题，关键在于价格。如果我们的海外战略布局无法保证降低原料采购成本，那风险就比较大。

从集团整体海外战略层面来说，现在部分业务单位“走出去”掌控资源是很急迫的，它们希望能够在南美、非洲、印尼、马来西亚等地有更好的发展。我认为我们在海外应当一步一步地发展，一步一步地布局，希望同事去了以后，要真正地了解当地情况，评估好风险和收益，平衡好国际化推进速度与风险控制的关系，不能在推进海外战略上犯大的错误。

海外企业与国内业务必须做好协同

这是一个非常关键的问题。全产业链的核心是布局和协同。对于任何一个有综合性业务的公司来说，都存在大量协同的矩阵式关系。

在协同问题上，国内业务刚刚有所进步，海外企业的问题又提上了日程，如果海外企业和国内的业务单元各搞各的，肯定是不对的。海外企业和国内业务必须要协同起来，当然，这也涉及集团内部的管控模式和管理架构的问题。应当说，中粮集团未来在区域上形成一种矩阵式的管理架构是大趋势，我们必须要在这种矩阵式的管理架构下找到新的评价方式，建立新的企业文化。

海外企业要实现自身的可持续发展，就必须要主动地放下身段，谦虚谨慎，要拿出诚意来，真正把国内的业务单元当成自己的客户来对待，服务于国内业务的发展，要体现自身服务的价值，这是实现海外企业发展的唯一途径。中粮的海外企业必须要自己做到一定的规模，而不是靠中粮集团拨款。这并不容易，但是我们的价值恰恰是来自做了不容易做的工作。所以，中粮的海外企业，无论是采购型的还是销售型的机构，都应当真正地与国内的业务单元协同，服务于国内业务的发展。

集团对海外企业的管控模式及海外企业未来的定位

目前阶段，集团对海外企业的管理应当延续目前的管控模式和管理方式。中粮香港与其他从事业务经营的海外企业不同，它应当是总部的一个组成部分，是总部职能的延伸。

未来，集团将赋予海外企业“中粮海外区域代表”的身份。比如，中粮美国公司就是中粮集团在美国的一个代表、一个平台、一个管理机构。总部的任何一个单位在美国开展业务，中粮美国公司都应当有知情权，并为国内相关业务单元提供信息咨询等方面的服务。这个海外平台还可以逐步有一些对海外业务的评价权，逐步参与到业务中来，并接受相应的考核，逐步成为能够对损益表负责的机构。它的经理人也可以纳入集团统一管理，从而使这个机构真正成为中粮集团在当地区域的代表。

每一个海外企业在自身所在的海外区域都应发挥战略性的作用，

应当对国内产业链的发展和向海外的延伸提供更多的意见和建议。我们应当正式赋予海外企业这样一个责任，海外企业也应当把它当作自己的一个比较重要的责任。比如，北美的海外企业要协助国内业务单元了解标杆企业在南美是怎么做的、我们自己应当怎么做；加蓬的海外企业应当思考在整个非洲可以开展哪些业务；等等。在此基础上，希望未来整个国际化网络能够由小到大地逐步建立起来，真正把中粮的海外企业发展起来，真正成为中粮核心竞争力的一部分。当然，这个过程必须要实事求是，必须要控制好风险，而不能是到处“插小旗”。

实现海外企业的可持续发展

我们要做好以下几方面的事情：一是海外企业的名称要先统一起来，这可能需要一个过程，因为会涉及很多重新登记、注册的过程，包括品牌、商标、税务等，此事由集团战略部负责推动。二是要理顺海外企业的工资薪酬体系，逐步实现海外企业工资薪酬体系的本地化、市场化，此事由集团人力资源部负责。三是海外企业要在集团全产业链战略的大框架下，制订各自的战略规划，这应当与五年前中粮集团各个业务单元制订战略规划是一样的。海外企业的战略规划应当从产业链战略出发，从所在区域的外部环境出发，应当有产品销售的方法、客户管理的方法、打造自身核心竞争力的方法，还要有资金需求计划和风险控制方法等。海外企业必须作为一个完整的公司明确自己的战略方向，实现可持续发展，而不能只是简单地维持。

未来，我们要把中粮集团放在一个相对国际化的背景下、一个相对有国际水准的目标下来看，希望形成一个比较持久地对海外战略和海外企业的关注和推动，希望真正能够按照规划去落实、去展开海外任务。

（2010 年 9 月）

如果不能在一个关键时刻抓住转变的契机，没有大胆尝试，没有付出努力，我们就会违背潮流，被慢慢地抛弃。

重塑雪莲商业模式

雪莲悠久的历史及在历史上所起的作用给员工带来了非常强烈的自豪感。但是过去的印记太多反过来也可能会阻挠今天的发展。雪莲也好，土畜也好，还有中粮集团都面临这个问题，如果我们还想往前走，就必须在历史的基础上开始转型和重塑商业模式。如果不能在一个关键时刻抓住转变的契机，没有大胆尝试，没有付出努力，我们就会违背潮流，被慢慢地抛弃。所以今天我们应该意识到雪莲正处于一个应该彻底分析业务和转变商业模式的时期，下一步雪莲应该怎么转变，我们必须要把握好。

转变过程中要把握节奏，把握好结构的平衡和同步

以前我们以出口为主，现在出口业务和 OEM（原始设备制造商）要在盈利的基础上做得更好；今天从工厂的加工能力和员工的经历来看，我们是以抓生产为主，那么未来，从发展战略来讲，一定要以抓品牌为主，逐步建立一个国内的消费品牌。在这个过程中要把握好结构，把握好平衡和同步，千万不要一味图快，要注意后续跟进，解决好品牌和产品的问题。

过去广东东莞、番禺这些地方有很多纺织厂，现在这些纺织厂已经搬到离市区很远的地方去了，因为纺织属于劳动密集型产业，

会影响城市建设，这个行业被迫在转变。如今我们的品牌观念、品牌意识都不是很强，实际上真正属于中国人自己的品牌少之又少。如果去西单大悦城看看，你就会发现，不用说价格比较高的衣服，就是卖二三百元左右的衣服，好像都很少有中国自己的品牌，朝阳大悦城里也几乎没有，现在我们常讲的好些品牌都是外国的。

从这点来说，对我们未来在中国市场创造出一个羊绒制品品牌提供了可能性，也是发展的必然趋势。

现在大家一说推广，就是营销、广告，实际上这是有前提的。如果产品力本身有问题，怎么推广都是事倍功半，反过来讲这有一个系统性，所有的环节都要把握好。做生意的难处就是不允许任何环节出错误，哪个环节错了都会影响全局，环环相扣、互相影响、互相制约。

转变过程中要创新，努力成为新生活方式的倡导者

中国是纺织品出口第一大国，棉花、棉线、布料品质都是世界一流的，可是如果做成成衣就不太好卖了。我们这个行业也是一样。雪莲羊绒原料品质高，肯定好卖，可成衣的价格不一定高，越加工附加值越低。

过去羊绒的功能基本上是取暖，现在羊绒除了保暖功能外，时尚和创新变得越来越重要了。这就是雪莲要面临的一个现实，雪莲要建立自身的品牌确实是一个挑战，这就要求我们在管理架构及思维方式上进行调整。

未来我们应该用市场倒推的方式来看待我们的产品，不能喜欢什么就卖什么，真正的思维方法是将消费者对市场的反应反映到经销渠道，经销渠道反映到设计渠道，设计渠道反映到原料采购和工厂加工，最终把它循环起来。这个说起来不难，但很可能五年都循环不起来，因为我们要和习惯作斗争。

国庆节期间我去爬香山，走到山脚下就受不了了，两边都是卖东西的，而且只卖炒栗子、酸奶、羊肉串、烤地瓜这几样，满街烟

雾缭绕，商家都喊着十元三斤，却没有一个人说我会煮面条，这是我的手艺、我的创新、我和别人的差异。回过头来说我们，如果今天我们开店，如果想要别人对我们的品牌有感觉，一方面设计要充满创意，另一方面产品必须要丰富，把价值观设计出来，把整个生活方式表现出来，其实不是产品卖不动，而是因为没有创造性，不会带来很多利润。目前在北京这个市场上，在我们的费用基础之上，如果我们做和别人一模一样的产品，就不可能有较高的附加值产生。

所以我们的思维需要再创造，这是颠覆性的改变和创造，要与生活方式和创新结合起来，勇于创新、勇于尝试。

建立顺畅的内部管理系统

公司走到今天，很多基本的体系都还没有完善，沟通还不顺畅，这是不行的。因为这些是基础，这些做好了还不够，还要面对市场的竞争力，很多市场变量很难控制，所以对于我们可控的东西，就一定要把它做好。这是重塑整个雪莲商业模式的开始。

目前雪莲公司自身规模虽不是很大，却是一个管理难度比较大、管理环节比较多、要求创新力度比较大的企业，这就要求我们在人员组成上更有创新性，更有市场化意识。我们要创先争优，发挥党组织作用，同时在制度上不断完善。雪莲要想打造一个真正以羊绒为原材料基础的创新生活方式的品牌，需要在管理水平、管理效率上不断提高。我们要从管理体制上去改，从工资制度、奖励办法、用工政策、用人政策上去改，没有这些企业做不下来。我们要坚信，只要方案可行，行之有效，就可以在体制组织竞争当中做得更好。从整体来说我觉得这将是一个大转变的开始，也是求生存的开始，这个过程需要组织整体的努力，雪莲每一位班子领导和员工都要有思想准备。

中粮集团也好，土畜也好，会非常理性、科学地评价这个业务到底是什么样，我们不能因为今年亏了、明年赚了，就轻易对这个业务做出结论。所谓理性就是，它必须是朝着我们的目标在一步一步地迈进，最终财务指标必须达到集团的回报要求。

雪莲团队既要求生存，又要求转型，还要求发展，这些都非常具有挑战性。我相信公司在短时间内，会在思维方法上和对组织内部问题的认识上有很大的进步。可以预计，沿着创新的方向走，我们一定会逐步解决这些问题，拥有非常好的前景。希望你们最终会有全新的战略，有强有力的团队执行，能够完成后面的计划。希望我们不辜负光荣的历史，共同努力，将中粮雪莲这个品牌发扬光大！

（2010 年 10 月）

在整个战略执行过程中，最终完美执行是靠最基层的班组。这样这条战略的线路才是更有力的。

战略的最终完美执行靠班组

中粮集团开展创先争优活动的重点是基层党组织，提升管理水平、推进“全产业链”战略落地的关键在一线、在班组，两者之间有很强的关联性。

无锡华鹏公司介绍的“一点课、一点改善”的班组建设方法很好，不一定只有基层班组才能用，董事会也可以来“一点课、一点改善”。大家换一种角度来看管理问题，就能开辟一个全新的视角。过去我们讲大的方面比较多，一讲就是核心团队、公司战略、公司规模、发展速度等，基本上把班组作为整体系统的最终执行者，都假设会自动执行到位。现在反过来看，这是从一个很新、很好的角度来重新审视我们的管理工作。中粮集团的很多班组都做得很好，只是中粮集团作为总部过去做得不够，对班组建设没有给予足够的重视，从整个集团层面的推动也不够有力。

我觉得“班组”这个词往往容易说窄了，实际上它是一个整体的、系统的基础建设，展示了我们管理团队的风貌。

过去集团层面经常讲战略转型、战略布局、发展规模，讲怎么适应市场、怎么做产业、怎么做产业链，也经常讲到资产组合、大团队培训和建设，这些工作我们都很重视，并一步一步在推动。今天换一个角度看，在整个战略执行过程中，最终完美执行是靠最基层的班组。这样这条战略的线路才是更有力的。实际上，中粮 3800

多个班组中的每一个班组都应该成为一个战略的代表，从“代表”的角度看我们的战略思路应该是非常清晰的，而不是上面让你干什么就干什么，不是简单听上面布置任务。未来在战略执行过程中，环节设定和评价都应该把班组建设整体支撑起来，这样才能使中粮更整体化。好产品也好，食品安全也好，竞争效率也好，每一个创新都从班组体现出来。这样就使整个战略执行过程从上至下、从下至上互相作用，我觉得这是一个很好的过程。

当然，战略执行这条线路会更长，需要的资源也很多，并不是说只要有班组就行。我们对一线的班组建设，特别是把它放在一个战略执行过程中赋予较大权重和分量在过去是没有的。不管是东海粮油、无锡华鹏还是中国粮油，同事们在班组建设上已经做了很多工作，但是从全集团看，现在还构不成一个整体，提升的视角还不够宽，还没有整理出相互可借鉴的系统。

把信任和激励传递到每个班组

过去从组织系统的角度，一直在讲核心团队，这样没有什么错。但是从集团层面正儿八经开始讲班组，这是第一次。班组在战略层层传递过程中最终能起什么作用？关键在于我们的思路。以前我们认为：只要一把手清楚，下面好好干就可以了。未来企业能不能从按行政架构来抓人力资源，转变为真正作为一个有文化系统和明确分工的整体组织来抓？我们一定要认识到班组包括每个员工的重要性，这是我们管理思维的又一次改变。

我想起很多年前经历的一件事。伦敦有一个比较好的酒店，这个酒店当时的广告语是“享受凌晨三点的房间送餐”。顾客凌晨三点钟打电话订餐，这个酒店会用最高的效率、最好的质量和最让人感动的微笑，把餐做好并送到房间。对于酒店员工来讲，值夜班的员工凌晨一两点可能在睡觉，刚刚睡着又要起来做饭，再面带笑容送到客人房间去，实际上是件不容易的事情。换一个角度看，如果这个酒店连这方面都做得这么好，那别的方面肯定不会有问题了。

哈佛研究这家酒店是如何把员工调动到这种程度的，后来总结出五个原因：第一个是文化，在这里工作的人都感到很骄傲；第二个是制度；第三个是流程；第四个是评价；第五个就是根据评价机制对员工进行物质和与文化相关的激励和奖罚。如此运行一百年后，就变成一个自动系统，这时就已经超出了酒店是几星级和硬件好坏的层面，变成了酒店自身的地位、素质和文化的体现。

为什么讲这个案例呢？最近我跟香港客人到丽晶酒店吃早餐，9点半就到了，服务员说10点半要停餐。我们进去后没一会儿，又一个服务员过来说10点半就结束营业。我要一杯咖啡，他说没了，说你要喝我可以给你打。咖啡打来了，可以说这是全世界最难喝的咖啡，因为是凉的、过夜的。15分钟后，又来一个人说10点半歇业，并且10点就开始撤餐了。我跟他们说：从我进这个门后已经有三个人跟我说要结束了，你现在就可以撤走，没关系，我不吃了。丽晶酒店曾经是香港最好的酒店，酒店硬件到现在在中国也是一流的，它为什么做不到伦敦那家酒店能做到的服务？就是班组不行。

中粮集团要做班组建设，就必须使其进入集团整体文化氛围中。我不相信有任何不热爱公司的员工会搞好班组建设。中粮集团要从尊重每个员工开始，把我们的理念和信念理清楚，把他们都调动起来，使班组员工和我们一条心。比如，我到下面企业车间里的时候，从员工的眼神中就能看出来这个人是不是积极性高，状态是不是很好，对公司是不是满意。实际上这和我们今天说的班组建设有很大关系。希望集团能形成贯通、统一的企业文化，能够贯穿到每个班组，能够让每个员工体现出一种特有的工作面貌、精神面貌，形成一方面靠战略、一方面靠人的良好发展状态。换句话说，就是未来企业管得好不好，是和每名员工和每个班组管得好坏紧密相关的。

班组建设将使中粮集团整体变得更细致、更深化和更统一。每次开会我跟大家讲的时候，最大的感受就是其实这些道理我们的员工都知道，有些他们比我懂得要深。班组建设也是一样。如果把信任和激励传递到每个基层组织，组织就会更有活力。如果领导细心听员工的问题，激发了大家的工作热情，给大家创造了更好的工作环境，大家就能更好地做事。我觉得这个非常重要。

及时总结和推广班组建设经验

管好一个班组和管理好整个中粮集团差不多，道理是一模一样的，方法也很类似。如果能够很好地推广基层班组摸索、创造出来的方法，中粮集团的科学管理水平就会提升。

各个部门要把班组建设这项工作彻底落实，形成制度，将基层班组的管理方法真正纳入评价考核、奖励的管理系统中。不是说赚了多少亿元以上才能奖励，工厂中技术设备的小改进也可以奖励，而这种改进原来可能会十年没有人管，十年没有进步。班组建设抓好了，做产业链、战略转型、抓产品质量和品牌，我们心里就会比较踏实。

希望从集团党组开始，一直到基层班组，都能整体注入新的活力，真正成为有创造性、不畏艰难、有韧性、不断进步的组织。

（2010 年 11 月）

未来真正能发展好，有潜力、有创新、有品牌，能够真正提升集团在中国市场份额的，一定是食品业务。

加快整合食品业务，拉动全产业链发展

中粮集团对中国食品的期望，中国食品在中粮未来发展中的定位都是要远远高于现状的。中粮集团未来发展不可能靠地产，这是“中粮”这两个字所决定的。地产是中粮的主营行业，而中粮的核心主业，一是粮食，二是食品。我认为今天粮食业务的发展规模和速度，比食品要好，中粮的文化现在还是一个粮食文化。当然，粮食这块也有自身的问题，但是整体来讲是一个相对成熟的业务。要用发展的眼光来看食品业务，第一，中国经济的成长有利于食品业务的发展，我相信中国未来一定会出现有规模的食品公司。打开《财富》杂志，世界500强中大约有1/3的公司是跟食品有关的，这里面还不包括沃尔玛等零售公司。第二，未来真正能发展好，有潜力、有创新、有品牌，能够真正提升集团在中国市场份额的，一定是食品业务。粮食虽然也能发展好，但粮食公司未来是有限的，因为粮食业务政策性比较强。趋势一定是这样的。

我们明白了这个趋势，就要做正确的事，要奠定基础，让我们一代一代的经理人坚持下去。我们对食品业务一直有很高的期望值，但过去只是停留在如何在短期内做好经营，而没有放到战略的高度上去看。中国食品的发展速度，现在没有达到我们的预期，没有跟上中国市场的发展。以前总觉得中粮有研发、有品牌，弄一些新产品，销售额肯定随便就是好几百亿元，但是实际上不是这么容易。我们遇到一些挫折，但这是一个非常自然的过程，欲速则不达。因为实际上我们还很不专业，比如我们的系统、营销体系，都反映了我们还处在转变过程中，存在的问题更要求我们要加大力度，有活跃创新的思维。

目前中粮成员除了中国食品在做品牌消费品业务之外，其他单元做得也越来越多，但水平参差不齐，基本上处在学习的过程中，还在重复“交学费”，效率低、成本高，没有真正实现专业化。要改变这种现状，中国食品自身首先要做强，因为中国食品是中粮快消品的老大，是整合快消品业务的主体，最终一定要把产品、渠道、品牌、团队真正整合到一个大的旗帜下。中国食品必须做强，建好系统，才能同化、吸收和整合别人。

中粮集团做好品牌食品业务的过程可能是曲折的。从做酒业开始，我们就遇到很多问题，利益问题、技术问题，这些问题不解决就没法发展。中国食品的团队一定不能局限于业务模块，疲于应付当年的业绩，要开阔思路，从中粮集团的高度来考虑问题。目前我们有一个好的开始，局面也是可控的，但整合的速度要加快。中国食品必须充分发挥自身能力，只能快，不能慢。

眼下整合还只是中国食品内部的事，但往前再走一步，中国食品变成一个真正的，全方位的食品业务公司、又会面对新的问题。新形势会要求中国食品要有全方位的很强的渠道、品牌、研发、团队和市场份额。这时候单打独斗肯定是不行的。作为一个全产业链的粮油食品企业，作为一个综合的食品公司，组织架构和运营模式需要什么样的调整才能适应市场需求和竞争形势，到目前为止，对我们来说还是一个课题。随着发展，课题会越来越多，也会有新的思路出来。

在这个基础上，中国食品还要真正拉动全产业链的进行，做好上游和下游的承接。全产业链向前每走一步，这些问题都会更加明显。比如去武汉建糖浆厂是可口可乐邀请的，这就是市场的自然需求。中国食品能不能像可口可乐拉动糖浆业务一样来拉动中粮其他业务，这是一个更高层面的问题。当然要求 100% 地拉动是不切实际的，20% ～ 30% 的比例已经比较理想了。如果这样中国食品承担的任务更重了。

我们对中国食品的期望值就是这样。现在有小小的波折和困难，都不会动摇我们的信念，不会动摇我们发展品牌、发展消费品的信心。中国食品的同事这几年非常努力，非常敬业，从意识和精神上非常重视市场竞争，对客户也越来越重视，集团内部因为中国食品的带动也形成了重视客户、重视创新的文化。中国食品今天已经有了很好的基础，包括团队的基础、渠道的基础、盈利的基础等。虽然我们自身比较冷静，对内严格要求，但对外还是有非常大的品牌影响力的。同时，中国食品还有很多优势，相信其优势在新领导班子带领下，在新发展思路指引下，会得到加强。这是很好的发展契机。

（2011 年 2 月）

对一个企业来说，只有两个功能是应该由企业完成的：第一个是创新、创造；第二个是推销，是市场。

科技创新是系统工程

科技创新是企业发展的战略性驱动因素

这两年说中粮好话的人多了，从客户到领导，各个不同环节的人都说中粮不错。哪儿不错呢？第一，公司知名度高了，以前大家都不知道中粮。这是说得比较多的一句话。第二，品牌不错，有广告，有全产业链战略。第三，中粮文化不错，比较活跃，相对来讲能感觉到轻松、人文的气氛。但是，迄今没有一个人在任何场合跟我讲中粮的技术不错、研发不错，没有人说中粮是一个有底蕴、有技术的公司。很多人认为中粮是做大宗粮食贸易的，甚至有人认为中粮是垄断企业。从这个角度来讲，中粮集团在未来的发展中要想基业长青，还有很长的路要走。那么，我们未来发展真正的动力在哪儿？最终的动力在哪儿？因为有了所谓的规模，建了很多工厂、很多仓库，就能把中粮集团搞好，搞长久？我觉得这是不可能的。因为这种能力是非常脆弱的，而且随着经济的不断发展，它的重要性和地位会不断地被调整甚至弱化。

对一个企业来说，有很多的动力和原因可以成功，确实有某个企业在某个阶段因为占有了某种资源就成功了。比如说我们今天有一个金矿，黄金价格从 300 美元涨到超过 1500 美元了，那就成功了；某个企业通过减小规模降低了成本，也可以成功；某个企业因为政策垄断或者保护，也可以成功；还有的企业是因为团队的创新力比较强，或者管理比较严谨而成功。但是大家看一看世界上真正成功的企业，科学、技术、研发因素一定占了很大比例。

管理学家彼得·德鲁克有句话说得好："一个企业的使命就是要创造"。他认为对一个企业来说，只有两个功能是应该由企业完成的：第一个就是创新、创造，因为政府也可以具备粮食供应的功能，政府也可以具备建设大楼的功能，但是企业组织可以不断创造新的东西；第二个是推销，就是市场，因为创造出产品后需要向消费者讲清楚，好让他们来买你的产品。今天对中粮来讲，必须从科技上找到动力，像国家要求的那样实现转型升级，从粮食安全、环节效率、农产品加工，往前走到营养、健康，对中国人的生活有一定的提升作用。在这个基础之上，科学技术要成为未来中粮集团整体进步的重要因素，中粮集团要被人理解成一个有技术的公司。比如讲到"ABCD"四大粮商（ADM，阿彻丹尼尔斯米德兰；Bunge，邦吉；Cargill，嘉吉；Louis Dreyfus，路易达孚），大家都说它们垄断了国际市场，但嘉吉有很强的技术能力，有 2000 多人在做研发。嘉吉的产品分类非常细，从加工工艺开始就有技术含量，产品方面关注营养、功能性，能够不断地推动行业进步。未来中粮集团要在内部鼓励所有员工进行科学技术的创新，这个科学技术可以是高层次的，也可以是比较应用型的，比如我们把一种果汁搅成另外一种果汁口味，那也是研发，是产品应用性的研发。

我们要有科技创新的信心、科学的勇气和坚定的决心

中粮以前专注贸易和大宗商品。相对来讲专注一般的、普通的和重复性的消费品的公司，如何能给它注入科技研发的元素和思维，使科技研发能够成为未来进步的核心动力，成为公司的竞争优势？这个转变是很难的。我想，无论如何一定要投入几年时间，一定要往前做。慢，没有关系！没有成果，没有关系！但我们一定要往前

走。这是一个激发、启蒙的阶段，是一个比较痛苦的阶段，甚至是起不了太大作用的科技发展阶段，但这是我们必须要经历的一个阶段。没有这个阶段就没有第二步。我不想十年以后我们下一代的中粮人去嘉吉、联合利华、雀巢参观时，因人家先进的研发而自惭形秽。

今天中粮如果不搞研发，做贸易也照样可以活，没问题。但是中粮集团不会成为伟大的公司，不会成为一个真正对社会有贡献的公司。持续投入创造新东西出来，这是我们的责任。我们要在现在的基础之上，从硬件的投入开始、从建立团队开始、从全员的思维转变开始，有一个真正的转变。我们一开始不要琢磨着得“诺贝尔奖”，也不用琢磨我们要做多么了不起的研发创新。我觉得任何工艺性、应用性、产品性的东西也很重要，能提高效率，能提高行业水平，能降低成本，能够带来新的、消费者接受的产品，都可以作为一个创新来看。

科学技术能不能引领中粮进步，我觉得统一认识很关键。我们今天讲的不是航空卫星上天的高科技，而是简单的、现代的、工业的、农产品加工的，能跟得上国际水平的技术，我们先把它用好。这对我们是关键的。我觉得从全员开始，从队伍的建设和队伍的体制管理开始，必须统一认识。我希望未来能在中粮集团内部设立科技职位通道，明确科技岗位的职务，这对整个组织来讲是关键的。

加强体制、机制、文化建设，为集团科技创新保驾护航

具体到实施层面，投入策略、管理体系、评价系统，思路都应该非常清楚。科技创新是一项系统的工作，要想把公司做成一个有科技含量的公司，不是简单有几个科技人员就行，而是要从根本上改变。提升企业科技水平只能靠大家，靠全员。

第一，从战略来讲就是加大投入，这是科技研发和科学技术本身在中粮集团整体战略中的重要性决定的。

现在国务院国资委鼓励企业研发的投入，已经将相关内容列入评价系统上，有限额、有奖励。所以，从战略重要性来讲，投入是可以的，并且应该是非常长远的打算。

第二，要使科学技术创新在公司内部成为一个不断自我再生、自我推动、有很强生命力的东西，必须建立系统。

所谓系统，涉及几个层面。不管是基础性研发还是应用研发，不管是车间研发还是集团研发，都有一个从题目的选择、科技投入、研发过程到评价及市场化的过程，都是数字化、可管理的。我们还得把不同系统的研发过程真正地描述清楚，要描述得符合实际，能够执行，有动力。此外，说到容忍失败，得把怎么容忍失败说清楚，如果说的不清楚，就永远会被公司内部强大的、商业的、预算的、考核的、当年的资金流数字等因素淹没。我们要放一个更长远的目标来增强竞争力，使中粮集团真正变得不同凡响。目前这个系统尚未建起来，我们应该把它建立起来，包括科技创新的奖励机制。

从体制上来讲，我觉得完全可以把研发推到和我们一般经营不一样的“极端”上去，彻底激发大家长期的创造性、自由度和动力。这也是要有一个系统来管理的，我也希望未来在公司里通过技术认证确立科技人员、研发人员的地位。在公司内部，要从过去一般的、大宗商品经营的企业文化逐步转向技术因素推动的公司文化，我希望这种理念和行为方式未来能够在财务层面上、人力资源层面上、战略层面上，在各业务单元和所有的科技人员层面上都能树立起来、实施起来。

我们建机制、建文化，这一切都是希望好的科技人员能够到中粮来，中粮的科技人员真正能够发挥作用，中粮的业务能够因为科学技术因素而实现竞争力的真正提升。中粮自身业务的发展也因为有研发、有科技而使得其系统性更好、均好性更强。均好性对公司来说，就是资产也好、产品也好、团队也好、财务也好，我们的经营业绩各个层面都要好，同时科学技术也要好。并且，科学技术的好在未来会长久影响公司其他层面的好。反过来讲，如果公司里面没有科技，这个公司一定是平庸的公司。所以，转型的必要性也逼迫我们必须要有科技作支撑。

在公司内部，应该营造宽松的氛围，培养鼓励创新的文化，不断在战略上提升科学技术的重要性，让员工感受到谁能在技术上创造新的工艺和方法，谁能创造行业突破性的技术、产品，谁就是公司里真正推动进步的英雄。中粮应该形成这种文化。

我曾看到一本杂志上说，这个世界上只有两个人因为创造改变了世界，一个是爱迪生，发明了钨丝灯，没有他可能今天什么都没有；第二个就是乔布斯，最典型的产品就是 iPhone 手机。从今天开始，中粮集团内部对于科技研发，从投入到思维方法再到商业模式，应该更加重视起来。希望在一个相对较长的规划期内，科技因素、创新因素能够最终成为中粮业务成长、附加值提升的主要因素，这样中粮集团才能真正成为一个不同凡响的公司，一个能够创造价值、受人尊敬的公司，一个国际水准的全产业链粮油食品企业。

（2011 年 4 月）

我们现在再出发，也是站在一个全新的起点、全新的平台上。

再出发

中粮集团的资产从500多亿元增加到2500亿元，利润从十几亿元到今天的90多亿元，可不可以说我们已经成功了？没什么问题了？说实话，我完全没有这种感觉。

经过这6年的发展，我们自觉不自觉地又到了一个新的起点、新的平台上了，好像我们今天又要从头开始了，无论你喜欢不喜欢，客观现实就是如此。为什么？因为国家、客户、股东、社会等各个方面对我们的要求和期待不同了，对比他们的要求和期待，我们确实还有很多不足，确实还有很大的提升空间。那是不是过去6年我们就白干了？当然没有，因为6年前我们没有产业链，没有产业园，也没有城市综合体，存在的很多问题都和现在不一样。

所以，即使我们现在再出发，也是站在一个全新的起点、全新的平台上。感谢我们所有的经理人，在这五六年时间里贡献的时间和精力、承担的压力和苦恼、付出的辛苦和劳累、经历的苦辣与酸甜。是大家的共同努力，才让我们实现了如此之快的发展、取得了如此之高的成绩。我们当中的绝大部分人会因此而感到生活很充实，会觉得自己的生命很有意义，现在回味一下奋斗的过程，会觉得很享受。

打造真正的行业领导地位

中粮现在进入了一个新的发展阶段。我简单拢了一个数字，目前在建及刚建完的各类工厂、产业园、研发创新基地、城市综合体、酒店等项目，总投资大约有 350 亿～ 400 亿元的规模，可以说我们现在处于一个投资和建设的大规模扩张期，这个投资建设的过程很重要，是构建“全产业链粮油食品企业”的物质基础。预计在这一轮扩张期结束后，中粮的资产就可能达到四五千亿元的规模。记得在五六年前我们开会的时候我曾说过“中粮的财务结构还没有拉开，财务杠杆还没有得到充分利用”，但是今天我们逐步把财务结构拉开了，经营规模也逐步提升起来了，在行业里有一席之地了，应当说我们将逐步具备打造“国际水准全产业链粮油食品企业”的物质基础和硬件设施，那么，下一步关键是我们如何运营好这个资产，如何提升我们的系统能力。如果我们真正实现了对这个物质资产的良好运营，那未来创造的下一个辉煌一定是真正的行业领导地位的辉煌。

做强全产业链各关键环节

目前，中粮的全产业链在一些关键环节上还不够强。

上游的资源掌控力还不够强。无论在国内还是在国际上，我们的资源掌控力都不够强。先说贸易，假设中粮今天就是一个粮食贸易公司，那么，我们的仓储物流设施掌控能力、大宗农产品商情判断能力、市场拓展能力和客户服务能力都缺乏强有力的竞争力，与“ABCD”四大粮商都不在同一个水平上。我们的粮食内贸要做到两三千万吨的规模，占据百分之三四十的市场份额，就要继续加大对仓储物流设施的投入，包括去兼并其他拥有较好设施基础的企业。未来，即使我们不考虑其他业务，单纯做粮食贸易，我们也能够很好地生存，能够有很强的市场竞争力，这就要求我们要有很强的团队、有对市场的把握、有设施和规模、有稳定的客户。所以，这个环节我们还需要继续强化。

加工环节要完善布局。我们必须立足中国的市场和消费，来统筹考虑和逐步完善布局，现阶段我们还不可能大规模地开发国际市场。完善布局要考虑产业链上下游的协同，比如饲料和肉食，首先就要在布局上为协同奠定基础。

品牌消费品业务要走国际化大公司的道路。品牌业务目前看确实是中粮的短板。一是因为我们起步比较晚；二是因为我们的主流文化是一个大宗农产品公司的文化；三是在品牌业务发展过程中，有的阶段团队没有把握好；四是品牌消费品业务的特点与国有企业的管理体制不太适应，特别是对快速消费品来说，国企的决策机制和激励约束体制都与业务的需要有一定的距离。

那么，如何来补足品牌业务的短板，做大下游“出口”呢？我们应当通过创新来实现，包括产品创新、管理创新、模式创新、机制创新等，要通过创新让整个管理系统和运营系统去适应消费品行业的特点。

对于国有企业能否做好消费品业务一直都有很多争议，所以每当我们的消费品业务遇到冲击和困难的时候，我们就会拿国有企业的体制来说事。但事实并非如此，比如可口可乐、联合利华、雀巢，这些标杆企业都不是私有制公司，管理层也没有控股权，也只是职业经理人。但是，这些公司有完善的系统，拥有让职业经理人充分发挥专业能力的系统，所以能够建立核心竞争力，能够发展成为国际标杆企业。

因此，中粮集团要发展消费品业务，应当走国际化大公司的道路，要学习国际标杆企业的系统和方法。我们的团队能力并不比别人差，热情也不比别人低，工作时间也不比别人短，但为什么成果总是比别人差一点呢？如果说是机制方面的原因，那我们就应该大胆地去创新、去改变。

深化改革与创业精神

到今天为止，国有企业的改革发展可以说已经取得了很大成就，其中也包括中粮集团，但这并不是说国有企业就不需要继续改革了，如果现在我们不主动去改革，不主动去适应市场，那就是对国有企业不负责任的态度，肯定是不行的。就中粮集团来说，每一个单位、每一个部门、每一个经理人和员工都应当有改革的主动性。中粮包装搞 PRE-IPO，就是国有企业机制改革的成功范例。所以，我们一定要在体制和政策允许的范围内，加大对自身业务运行机制的改革力度，要更好地去适应市场竞争，希望通过机制改革为我们的团队和员工队伍创造一个能够真正激发大家的积极性、创造性和创业精神的良好环境。

世界的“中粮”中国的“中粮”

从中粮集团现在面临的大环境和自身实力来看，我们还是拥有很强的优势。我们在香港成功发行了 30 亿元的 3 年期人民币离岸债券，年息率只有 1.85%，这是一个非常低的利息水平，而且期限较长，基本上接近股权融资了，这说明中粮集团拥有很强的融资能力，这个能力是建立在集团的实力和信誉基础上的。这就是中粮的优势，是一般企业无法比拟的。

如果我们能够很好地发挥优势，就会形成一种非常理想的局面：最前端的资本市场给我们提供资金，最终端的产品市场接受我们的产品，那我们在中间只要组织好所有的资源就可以了。当然，这需要凝聚全体成员的力量，形成一个公司运作的完善系统和模式，再加上规范的董事会和现代法人治理结构，逐步推进中粮集团的升级转型，实现粮油食品业务和地产业务的整体上市，中国建立自己的领导地位，到那个时候，中粮集团就能真正变成“中国的中粮”。当初中粮的名称从“中国粮油食品（集团）有限公司”变更为“中粮集团有限公司”的时候，有人说应当叫“中国中粮集团有限公司”，否则就不是“中国的中粮”。现在大家都清楚了，前边有没有“中国”这两个字，中粮还是中国的中粮，如果业务做不好，前边加上“中国”这两个字，也没有用。中粮集团到底是不是“中国的中粮”，需要我们用实际行动来回答，用业绩来回答，用我们真正的市场竞争能力和消费者对我们的认可程度来回答。

让我们为把中粮集团真正做成中国人民心目中的中粮而共同努力！

（2011年5月）

战略是一个关乎全局的概念，其内涵几乎可以覆盖企业经营管理的所有方面。同时，战略又是一个不断持续、不断发展的概念，它不是解决企业短期内的阶段性问题，而是要促进企业不断地、持续地发展。

以专业能力和系统思考提升战略水平

战略是一个关乎全局的概念，其内涵几乎可以覆盖企业经营管理的所有方面。同时，战略又是一个不断持续、不断发展的概念，它不是解决企业短期内的阶段性问题，而是要促进企业不断地、持续地发展。如果我们能够对战略指导思想和战略管理能力不断反思的话，将有助于明晰集团目前所处的发展阶段，为集团战略系统的工作提供更有价值的指导。

这段时间，集团的业绩不错，影响力不断提升，说好话的人越来越多了。过去我们一直讲资产已经超过 2000 亿元，已经连续 17 年成为世界 500 强，营业收入不断提升……这些都是成绩，不错！但是，另一方面，我们的 ROE 水平还不高，投资的质量和效益尚未得到明显提升。

目前，中粮仍处于规模扩张的阶段，资产规模达到了 2500 亿元，两三年以后营业额也会超过 2000 亿元。但是，光有规模扩张还远远不够，我们必须清醒地认识到，从战略角度打造集团系统核心竞争力的硬仗还没有真正开始，一些代表核心竞争能力的指标，如财务上的股东回报率、毛利率、费用率，所在行业里的品牌认知程度指标，长期可持续发展的创新指标等应该达到一个怎样的程度？战略系统的同事们还需要不断思考。今后两三年，中粮的投资扩张节奏可能会放慢一点，将更加强调资产运营的效率，这是中粮资源配置的基本原则。

在打造具有国际水准的粮油食品企业的过程中，战略思维必须是全面的、系统的，不能仅仅定位于扩张和并购。战略部是系统思考的部门，是创造未来的部门，是提升集团整体能力，促进运营持续进步和系统核心竞争力打造的部门。到今天为止，集团还没有哪一个部门需要像战略部门那样具备系统思考的能力。各个职能部门只需针对本职能的工作进行规划和执行，而任何问题都可以来找战略部门，无论是成本问题、布局问题还是效率问题，所以战略部门本身就是个系统性的部门，战略系统的人员要站得更高，想得更远，担负更多责任，从集团整体的高度提升系统思考的能力。

整体统筹，分级管理，推动战略与执行的有机结合

从集团整体来讲，战略是一个统一的概念，需要大家从全局出发整体统筹。同时，战略又是一个内涵宽泛的概念，需要根据涉及范围的不同进行合理的分级管理。战略可以划分为公司战略、行业竞争战略和产品竞争战略三个层次。这三个不同层次的战略内涵、界限及管理范围应该界定清楚。公司战略主要是指行业布局，比如“全产业链战略”；行业竞争战略的重点要放到行业内的定位、布局及竞争策略的选择上，如采用并购、投资等具体的方法等；产品竞争战略就更加细分了，如小麦加工事业部，到底是要做面粉、面条还是面包的问题等。通过这三个层次的划分，我们的战略就会更加系统和清晰。不同层面的战略人员负责不同层面的战略规划与执行，在整体战略的框架体系下形成战略的分级管理。

战略系统的人员要比别人多想一步、早想一步，想得更加深入一点，更加宽广一点，要做到这一点，战略系统的人员就必须深入

实际，掌握一手信息，提高研究能力。如果战略人员了解情况比别人晚，人家告诉你之后，再写成报告报上来，说服力就会比较弱。所以，战略人员就是要既有大局观，又要了解一线的业务细节，在两者结合的基础上，通过科学的研究方法，梳理出正确的战略逻辑。

战略定位清晰了以后，最大的难度是战略规划与执行间的联动，其合理的逻辑是：思路—方法—任务，战略最终会分解成为明确的任务，一种可以度量、可以检验、能够反思的任务。当然，战略部门对执行也要负一定责任，首先是因为一些战略系统的经理人在执行团队中担任职务；其次，如果战略部门没有形成一个可以执行、可以度量的任务，一旦战略与执行脱节了，那么事情就会变得复杂；最后，战略要有反馈机制，要不断地修正，使其成为一个完整的有机系统。战略系统的人员需要不断思考如何将战略思路与执行连贯起来，怎样管理一个从思维形成—方法明确—任务分解—执行并有效反馈，进而再重复的这样一个完整的循环过程。

将集团打造成整体性公司应是战略系统的中心工作

目前，集团的整体架构和格局还比较分散，拥有 7 家上市公司，国际上卓越的公司几乎没有是以这种状态存在的。可以说这是历史原因造成的。但是，我们希望中粮能够逐步地成为一家统一的整体公司，充分发挥业务间的协同作用。发展到今天，进行资源配置和资产布局的根本原则就是要提升集团的整体价值。进行资产布局的第一步就是要使现有的资产逐步成为一个整体性的统一的竞争主体，在市场上通过整体协同而带来竞争优势，实现价值创造。当然，在此过程中会有很多的细节问题，目前我们的全产业链促进委员会有 9 个工作小组，在这些小组中，主要应该由什么人来发挥推动作用呢？我认为应该是战略系统在推动，职责主要应由战略系统承担。因为没有任何一个别的部门能够从集团整体的角度来推动和协调这个事情，其他的职能部门、业务部门都相对比较独立，都无法实现对协同的有效促进，只有战略部门来推动。所以，战略部门必须时刻把中粮集团的整体利益放在第一位。当然，战略部门目前的确有很多工作要做，包括规划集团整体战略、洽谈对外战略合作、并购、投资审查……但如果我们没有很好地推动集团系统核心竞争力的形成，没有很好地推动集团的整体协同性，那就是顾此失彼了。

目前，中粮有 13 个地方都具备打造产业园的可能性，很多已经开工建设了，有的已经基本具备了建设条件，这些地区基本上形成了物流体系和市场体系。那么，最终中粮集团会拥有多少个产业园，会打造多少个区域平台，会形成多少个产品线，这些都应该是有机地联系在一起的，应当形成系统的解决方案。中粮集团产业园的整体构建需要战略部门推动、完善，这个过程就需要动脑筋、有思想并坚决地执行。

无论是资产调整还是产业园的建设，最终还是要推动中粮集团整体的资产大格局的形成，包括调整现有资产的形态、地产板块的上市，在中粮集团层面上能不能引入更多的投资者？能不能将中粮打造成为一家比较彻底的国际化企业？这些问题都是战略系统的同事们需要通盘考虑的重大问题，这些问题的解决也代表着中粮的未来，是前瞻性的问题，也是中粮战略系统必须要推动解决的问题。

以系统性工作将集团战略水平提升到新高度

目前，战略系统人员基本上不是“一把手”，战略人员必须通过调研，形成思路，完成报告，报给“一把手”。“一把手”不信，你就要不断地去说服他，还要去协调并推动公司里各层面战略思路的统一。“一把手”们强项也是不一样的，很多人是比较擅长操作业务的，很关注细节。当然，我们也希望“一把手”都是完人，既懂战略又懂财务、人事、营销、生产……可是这样的人没有啊，怎么办呢？只能发挥各自的优势，实现班子的能力互补。战略部门在公司里，特别是在单元层面的重要性主要是看其业务能力和专业表现。企业战略水平的提升就是战略系统人员能力的提升，是专业水平的提升。而且这个提升可能是经理们在日常经营过程中很难马上认识到的。到今天为止，从集团到业务单元，我们的战略部门的声音还是比较大的，这主要是由于战略系统的人员在行业上的理解深度和不断地推动。我经常提中粮粮油，其战略做得是很不错的，战略就是要能够对行业有一个深刻的理解和认识，要知道行业的规律到底是什么。以面粉加工为例，大家都知道这个业务的毛利率比较低，但为什么会是这样？面粉行业未来到底会沿着怎样的路径发展？将会发展成一个怎样的景象？这些问题都需要经过认真调研和思考才能得出正确的结论，人云亦云肯定是不行的。

有很多粮食行业里的“专家”十年如一日地发表着同样的论断，很“专一”，从来没变过，真的是“专”家，我认为这样不行！对中国粮食供求平衡的研究，必须要把不同品种的全球资源供求状况纳入研究范围之内，否则就不是实事求是的态度，就得不出正确的结论，不管你是否愿意承认，事实如此，只要世界向前发展就难以避免。所以，我们必须面对现实，公开地和更加实际地应用我们的政策，而不能是简单的逃避，世界大势是阻挡不了的。所以，中粮的战略部门既要有前瞻性，还要能够推动落实和执行，而不能只是简单地出主意。你的前瞻性要既能说出来，又能写出来，还要能够说服别人，然后再去推动并跟踪落实，这才是战略系统应当发挥的作用。

那么，怎样才能建立能够真正发挥上述作用的强大的战略系统？先说“系统”。我一直强调系统建设的重要性，对我们而言，系统的建立远比简单取得一个偶然的成果意义重大得多，就像那句古语说的，“授人以鱼不如授人以渔”。我们看苹果公司，它的系统已经成为一个不断推陈出新的创新系统，这个系统压迫其竞争对手，如诺基亚、摩托罗拉等公司不断出现财务问题，不得不进行一系列的重组活动。创新工作要讲系统，战略工作和创新一样也要讲系统。战略系统的形成，对于推动集团战略落地具有非常重要的意义。未来，战略系统必须从全局考虑问题，从全局考虑资产的组合，从整体的视角思考上市的问题。随着战略工作系统性的提高，战略部门会变得更加重要，我希望战略部门的声音更大一些，思维更加活跃一些。

战略本身就是一个探索的过程，是一个锻炼人的过程，希望战略系统的同事能够继续保持这种探索精神，中粮也将为战略系统的人员提供更大的发挥空间。未来，我希望在集团战略系统同事的共同努力下，能够把中粮集团的战略水平提升到新高度。

（2011 年 6 月）

具备全球化思维和国际视野是中粮集团全球化的前提。

用国际水准要求自己

宝洁公司从20世纪60年代开始开拓海外市场，它们遵循“不断向本土市场推出新产品，不断向国际市场推出旧产品”的原则，在本土不断研发和创新，在美国试验成功后就不断向国际拓展。这个思路非常清晰，一下子就把所谓的国际化战略讲清楚了。但对于我们而言，问题要复杂得多，现在大家都在说“走出去”，对国家而言，它是全球配置资源，保障国内供给，还有一些外交或者政治因素的考虑，但核心还是能不能拿到资源。对于企业来讲，“走出去”是中粮集团全球化的一部分，是公司的一个战略。

如果企业自身还没有具备全球化思维、国际视野，尚未实现自身经营管理水平的全球化，那么所谓的国际化企业，实际上根本没有进入真正国际化企业的圈子，根本是没入流。有的企业说我就是有钱、就是胆子比较大。从中粮自身来讲，如果只是抱着“胆子大”的思路去搞国际化，一定会出问题的。

要做出真正的“好产品”

实际上，目前中国企业的竞争性和创造力所面对的问题和挑战已经远远超出了所谓“走出去”的范畴。我以前也讲过国有企业民族性的问题，我一直觉得国有企业是代表民族利益的。作为民族企业来讲，只要全人类不统一，就肯定会有国际竞争。我认为“国际水准”的企业不“走出去”也可以，关键看在国内能不能做好。一次，见到正大集团的董事长，我问他最近在忙什么，他说在搞虾，搞养殖，还要做研发。我说虾做什么研发？他说虾速冻 10 个月以后要保持鲜虾的口感。当时我没太当回事，但是，最近我们家买了几次小馄饨，那个虾的口感的确很好，好像用的就是正大的虾。我举这个例子，就是想说，即使是在我们看似不可能的方面，产品仍然有很大的创新和提升的余地，所以，如果不能把产品做好，所有的国际化都是空的。

反过来再看我们自己，目前我们有很多东西做得很随意，推出新产品很随意，推出来了，卖不动，就打广告、靠投入，还卖不动，就再推出一个，还是同样的套路。如果我们的产品不是市场上最便宜、最好吃、最有营养的，就不要推出！

用“国际水准”来要求我们自己，是中粮集团实现国际化的第一步

用国际水准来要求我们自己，是中粮集团实现国际化的第一步。从标杆管理的角度，人力资源部要调整评价方式，需要考虑所在行业、竞争对手、市场份额、企业市值等多个因素，综合构建评价系统。

中粮集团的全球化战略必须从转变思维方式开始。我想，对于乔布斯而言，“国际化”三个字他就从来没想过。因为他本来就认为全世界都是他的。现在很多美国企业的思维本身都是国际化的思维方式。所以，我们也要以全球化思维为指引，要加大与同行比较、加大与标杆比较、加大与市场比较、加大与资本市场的要求比较，将自身真正放到一个国际化的环境中去评价。

现在中粮有几个公司已经在香港成功上市，但是，我们还没有建立起以资本市场的要求为导向的思维方式。今天中粮集团的发展必须朝着国际化、市场化的方向，向具有竞争优势，向真正能够把握好、管理好一个国际化的企业来要求自己，而不是仅仅进行简单

的交易。我希望大家能够转变整体思维方式，带领集团向全球化、国际化和现代化的方向发展。

国内粮食供给无法满足国内需求的增长，是中粮推进全球资源配置的直接动因

要搞清楚我们推进全球化战略和全球资源配置的直接动因是什么，我们需要先了解一些资料和数据。从全球来看，亚洲人口占到全球人口的60.3%，而耕地占到全球总量的34.1%；北美洲人口占全球的5.1%，而耕地则占全球的15.6%。而且他们的生产力更高，土地更加肥沃。我一直讲粮食的流量、流向，它是受到人口增长和消费升级影响的，是受到自然资源约束的。阿彻丹尼尔斯米德兰的董事长曾跟我说过，全球的粮食是从西半球运到东半球，企业要参与其中，需要几个必要条件，要有资金、有组织、有物流、有服务、有团队，当时这些给我留下了非常深刻的印象，而从现实状况来看，这些特点变得越来越明显了。目前，粮食基本上是从美洲流向亚洲，国际大粮商的模式实际就是对产地（包括美国、加拿大、澳大利亚等国家，以及南美州地区）粮源进行掌控，再从产地把粮食分配到全世界去，在分配的过程中就有了加工、有了品牌、有了物流服务。

为什么要“走出去”搞全球资源配置？我要先给大家澄清一下对几个问题的认识。

误区一：全球土地资源有限，可能产不出这么多东西，所以要“走出去”抢占资源。粮食安全是一个在全球资源配置思维下的安全。未来如果真的缺粮食了，有需求就会有供给。以大豆为例，去年中国的大豆进口量是5480万吨，如果10年前中国买这么多大豆，那么全球整个出口量都不够，但今天够了。嘉吉的董事长对全球粮食供应问题非常乐观，他认为人类从来没有像今天这样，从国际贸易渠道的掌控到种植粮食的方法，从科技的进步到可利用土地的增加，都可以不断地支撑人类需求的增长。

误区二：美国等国家大力发展生物能源，影响了出口，所以要

"走出去"掌控资源。2009—2010年度，美国用于生物能源的玉米达1.16亿吨。如果在10年前，美国的玉米烧掉1亿多吨的话，全球都得挨饿。现在不用担心了，因为产量的增长支撑了生物能源的消耗。食糖也是一样。也就是说，世界的粮食供给潜力是不断提升的，我们必须放到国际化视野之中去看这个问题。但是，需要强调的一点是价格。目前，粮食价格基本上和能源价格联系在一起，为什么？因为玉米可以变成能源，糖也可以变成能源，而且比例越来越大。

误区三：绕开国际粮商就能买到低价的东西，所以要"走出去"直接掌控粮源。国内有一些粮油企业持有这种观点，其逻辑是：种植环节有百分之几的利润，贸易物流环节有百分之几的利润，加工环节有百分之几的利润，如果自己种、自己运、自己加工，那么利润就增加了。这个观点里有几个因素没有考虑到，第一是投入，投入很高，整体的投资回报率不会提升；第二是管控难度大，风险比较大；第三是整个产出和物流不匹配。实际上现行的贸易方式，是一种市场竞争的方式，包括了公司的竞争和国家的竞争。所以，有人认为自己种、自己收、自己运回来就便宜了，我觉得这种想法是天真的。

既然上述几个方面的问题都不是问题，那么，我们为什么还要"走出去"进行全球资源配置呢？

实际上，保障供给的稳定性、稳定国内市场和价格是"走出去"的主要考虑因素。过去，世界粮食供求一直呈现为一种过剩格局，但近年来，由于生物能源的发展和中国、印度等发展中人口大国的消费增长，彻底改变了农产品过剩的格局，使得全球粮食供求关系进入了一种紧平衡状态。这种紧平衡的状态，导致了供给的稳定性变得很脆弱，对于国家来说，这种脆弱的稳定性实际上是一种不稳定因素，必须要想办法加以改变。

另外，由于粮食供给的脆弱性增加，粮食的能源属性、金融属性、汇率属性和国家政策属性都明显增强，处于一个比较复杂的变化之中了。而这些都导致了国际市场粮食价格波动加剧，随着中国进口量的增大，将给国内市场和价格的稳定带来较大挑战。对于国家来说，通过“走出去”可以根据需要灵活组织进口，平抑国内市场。就企业自身而言，每个企业的发展阶段、战略需求、经营能力等都不同，各企业要结合自身的情况，考虑“是否走出去”“何时走出去”及“如何走出去”的问题，要实现国家战略和企业战略的有机统一，而不能盲目“走出去”，为了“走出去”而“走出去”。

推进全球资源配置，向上游延伸产业链

从全产业链战略本身来看，要实现产业链上下游的整体化运作。如果产业链能够向上游延伸，或者我们更牢固地掌控产业链的关键环节，会使整个供应链更加顺畅，信息流、物流、资金流的通过速度会大幅提高，带动我们更加灵活地组织原料，不断扩大出口规模，带来集团整体进步。以集团大豆加工业务为例，未来两三年内，大豆的年加工量将达到1000万吨，稳定的原料供给尤其重要，特别是出现较好的采购窗口期时，短期内能否组织大量的货源成为成功的关键因素，这就从客观上要求我们“走出去”，实现对上游原料资源一定程度的掌控。

从价值链的角度来分析，粮食产业链各环节间的利润水平存在显著差异。例如，棕榈油种植环节的营业利润率高达40%左右，而加工环节的营业利润率仅为1.3%左右，而全产业链商业模式可以平滑企业的整体盈利状况，保持企业业绩的稳定。阿彻丹尼尔斯米德兰、邦吉等跨国粮商在粮食业务上基本上采取了上下游一体化的运作模式，多年来一直保持盈利的稳定性。而要通过全产业链战略来保障业绩稳定，就必须加强产业链条中的弱势环节，补足短板，这也要求集团加强在上游原料供给环节的拓展，“走出去”实现全球原料采购。

从“国际水准”的角度来看，我们要具有全球视野，要在全球范围内看待我们的业务。随着集团主要业务在国内布局的逐步完成，集团的工作重点一方面是要充分利用现有的布局和产能，全面提升

国内业务的运营质量和效率；另一方面，要加快从产业链的生产环节向两端延伸，向下游要做大做强终端，如品牌、渠道、研发等，向上游要“走出去”，推进全球配置资源，利用全球资源服务于中国市场。所以，现阶段集团的“走出去”战略主要是服务于国内市场和国内需求，而不是出去卖东西。我们要在做大国内市场基础上，借鉴国际粮商成熟的模式，逐步建立起全球贸易网络，辅之以必要的战略节点设施，这是我们下一步发展的方向。

从产业竞争的角度来看，我们的竞争对手不仅实现了上游原料的全球资源配置，而且，在加工和下游销售环节也与中粮在国内市场展开了激烈竞争。这种情况对我们来说是一个巨大的挑战。我们必须要对整个产业链条有所掌控，供应链全球布局，产品、研发、品牌、渠道、经营管理水平都要具备国际竞争力，这样才能够应对产业内的激烈竞争。

所以，中粮集团“走出去”进行全球资源配置，向上游延伸产业链，不能仅仅是基于国家战略的需要，而且要基于中粮自身的战略、发展和竞争的需要，最重要的是要实现国家战略与企业战略的有机结合。

从“走出去”的目标区域来看，全球贸易格局和全球资源与人口分布规律基本上是匹配的。人少地多的美洲是最主要的出口地区，其中大豆主要从美洲流出，美国的地位依然重要，南美地区，特别是巴西的地位会越来越重要；玉米方面，美国仍然是最大的出口国，但南美洲的巴西、阿根廷及乌克兰的重要性也在不断提高；资源禀赋较好的大洋洲也是重要的农产品出口地区；东南亚地区由于特殊的地理位置，成为国际棕榈油市场的主导力量。上述区域应当是未来中粮“走出去”的主要目标区域。在进口高品质食品、引进研发和知名品牌方面，美国、日本等发达国家和欧洲地区是主要目标区域。

在“走出去”进入环节的选择上，首先看种植环节，不同的品类进入不同的环节。在“走出去”的实施方式上，根据行业、机会有不同的方式。具体到中粮集团，一方面可以自己从头开始干，包括新建或并购小企业，或者与大企业合作，由对方主导，我们逐渐积累经验；另一方面也寻找合适的机会去参股或控股一家大企业。

近年来，海外机构的业务发展滞后于集团整体业务的发展，没有跟上集团战略转型的步伐，与集团国内主流业务发展有所脱节，海外业务发展与“中国和所在国之间的经贸往来发展”结合也不太够，从目前海外机构经营的业务范围来看，比较零散、没有章法、发展前景不是很清楚，资产、收入和利润在集团整体业务中的占比非常小。

同时，中粮集团海外业务的发展也落后于中央企业整体海外业务的发展，这一点让我感觉比较惭愧。但整体来说，我们有自己的特点，要根据行业特点、业务特点和整体战略“走出去”，既不需要妄自菲薄，也不需要太着急，想清楚再干。

实际上，海外企业近几年没有跟上集团整体发展的步伐，主要不是海外企业自身的问题，而是集团近年来的战略重点聚焦于国内业务发展和市场开拓，使得海外战略需求和发展动力不够强，集团对海外业务的资源投入不够、对海外机构的转型推动也不太够。

海外机构的未来，应该符合集团业务的发展，符合中国市场的需求。从构建竞争力的角度来说，海外机构的定位可能有两类：一类是资源掌控导向型的海外企业，基础还是在中国市场；另外一类是进口食品导向型。这两种类型都是进口，无论是进口粮食还是进口食品，都将转向以进口为主。

把整个海外企业的定位要加入中国经济成长的轨道中来。中国的经济在成长，中国的消费在成长，油、奶、肉、进口食品都在成长，我们的定位应该在这里面，而不能把业务定位在夕阳的、没有发展前景的产业里。如果产业本身就很小，再聪明、努力的人也不容易做好。蒙牛用 10 年的时间做到 300 亿元的销售额，中国市场在不断成长是重要原因。

现有海外机构都应当按照新的定位来实现自身转型，战略部对于海外机构的转型提出了 8 个方面的建议。一是从“与集团的整体业务发展有所脱节”向“与全产业链战略相结合”转型；二是从“与中国和所在国经贸发展结合不够”向“与中国和所在国经贸发展相结合”转型；三从“自给自足的被动型、贸易型、机会型业务为主”向“真正有战略、有资产、有系统管理、有商业模式、有市场竞争力的海外战略主体”转型；四是从“集团某个经营单位在海外所拥有的‘点’”向“集团在特定海外区域的统一代表、窗口和平台”转型；五是从“由某个经营单位实施垂直管理”向“矩阵式的管控模式”转型；六是从“缺乏统一名称和形象”向“统一名称，统一形象”转型；七是从“与集团整体管理系统未有效对接”向“直接纳入集团管理系统”转型；八是从“未充分发挥培养国际化人才的功能”向“集团国际化人才的重要培养基地”转型。

当然，这些转型方向都是原则性的，具体怎么转，必须由海外企业基于业务基础和特点，深入思考和研讨，按照集团的业务特点和全产业链战略需要，做出战略规划。中粮的海外企业必须要有这么一个重生的过程、再造的过程，这个过程，不仅是已有的海外企业需要，未来新设和并购的海外企业也必须要用这种思维管理，否则，我们的海外企业就走不出去。

总之，海外平台要以目前集团的发展阶段和业务特点为基础，来规划集团在所在海外区域的整体海外战略，而不应该再简单地服务于某一个单元的业务，在此过程中，集团层面也要起到相应的推动作用。

（2011 年 10 月）

我们的“走出去”战略应该是服务于未来的，也可以说是服务于未来中国市场的。

准确定位深刻理解，优化管理稳步推进

无论是用“走出去”“国际化”还是“全球化”中的哪一个词来表述中粮集团的海外战略，其实质和内涵都是一样的。实际上，真正的国际化内涵只有一个，就是把产品卖到全球。无论生产在哪里、采购在哪里、人是怎么管的、海外投资多大，如果一个企业没有全球市场的话就不是真正国际化的公司，只能算区域化的公司。

全球化有很多种形式。第一种对我们来说是比较难的，就是实现产品销售的全球化。说实话，我们的产品卖到香港去都是很难的，更不用说卖到全球去了，这是中粮集团的现实情况，当然这也和食品行业的特点有关，但可口可乐不也实现全球化了吗？从这个角度来讲，中粮在全球化道路上还是初级阶段。第二种是实现生产的全球化。日本最早把汽车卖到全球，使得美国汽车业工人大量失业，日本汽车企业受到美国政府和社会很大的压力，没有办法，只能去美国生产汽车。这种生产全球化的形式也是与全球销售相伴而生的。现在，日本汽车在美国卖，美国人已经不再认为这是日本的汽车了，美国消费者已经完全接受了日本汽车。实现生产的全球化，今天我们也是做不到的。我们没有什么可以搬到外国去的。当然，需要强调的一点是，中粮并购海外酒庄然后把酒拿回来销售，这也属于第二种形式。第三种是实现采购的全球化。在国际市场上进行采购，把中粮集团全产业链的采购环节放到国际上。针对中粮集团的现状，我们“走出去”的目的、核心就是要实现全球采购，也就是我们说的实现供应链的全球化。但是，相对于供应链来说，目前销售才是中粮整个竞争链条里最需要关注和提升的。企业的进步，企业最终的竞争结果，是否被社会所接受，最后一定是要放到市场上进行检验的。

我之所以再次强调这些，是因为中粮集团“走出去”的目的就是要实现国内市场的销售。如果我们在国内市场上的销售、品牌打造及运营效率上不具有竞争力，也就不具备“走出去”的能力，“走出去”只会给我们带来麻烦。因而，我们必须把提升在国内市场的竞争能力作为集团海外战略的核心，“走出去”的最终目的是要真正实现国内市场的拓展。只有这样，中粮的“走出去”战略才不会是孤立的战略，才能充分发挥品牌、研发、团队等因素的积极作用，不断开拓中粮集团在国内市场的空间。

所以，对于今天的中粮集团而言，“走出去”应该是获取资源或者寻求供应链完善的一种实践，不能把中粮的“走出去”战略看成是高得不得了，以为“走出去”是主战略。中粮的“走出去”战略应该是服务于未来的，也可以说是服务于未来的中国市场的。

“走出去”在层次上也是有所区分的，如美国的埃森哲公司在中国设立一个分公司，雇了一些中国人教中国人怎么做生意，这是“人的走出去”，是更高层次的“走出去”。认识了“走出去”层次的区分，会使我们在思路上清楚一些。目前，中粮的“走出去”战略是一个“采购 + 投资”的形式，所谓采购就是对全球资源的利用，也可以通过投资的方式实现，实际上中粮集团的“走出去”战略还是一个大采购的概念。我们澳大利亚糖厂的并购项目在思路上是与买糖差不多的，这其中就包括了投资活动的发生。目前，我们在海外的销售还是比较困难的，上次我去智利酒厂跟酒厂负责人说：“这个厂的产品不能都往国内运，而不在当地销售。”但是，在当地销售大家感觉比较难，运回来算了，这实际上跟采购酒就差不多了。能力上的不足使我们在海外的销售面临困难，这就是中粮集团目前所处的阶段。后来我们发现，通过对酒厂的投资降低了我们在采购环节的成本，仅仅就采购环节而言还是不错的，比直接买酒好一点，只是没有带来更高的附加价值。那么，理想的状态是什么呢？我们希望通过在海外的有限投资，可以把品牌建立起来，把当地的业务规模做大，通过购买酒庄扩大中粮的采购范围。这样，我们既可以支持国内的经营，也可以打造当地的品牌。

我们也要清楚，中粮集团今天“走出去”的模式是相对的而非绝对的，还处于比较低的阶段。我们要依靠在国内市场的经营。中粮集团今天需要“走出去”，就是因为我们在中国拥有一定的市场份额。目前中国需要进口的糖越来越多，因而我们在资源优势地区购买一个糖厂并把它嵌入中粮集团在国内的产业链条中，这样做会对我们比较有利，因此我们去并购了 Tully 糖厂。当然，这个厂在操作上还面临很多具体问题，包括怎么卖，怎么生产，接受政府监管等。

对集团海外战略所涉及若干问题的解答

问题一：国家战略与企业战略的关系。

第一，企业战略一定要符合国家战略，不然搞不下去；第二，在国家战略大方向的指引下，企业战略必须有企业自身的特点，在速度和规模上企业要自己控制好，并最终有一个国家战略与企业战略间的平衡和支持。但是，实际上起主导作用的可能还是企业战略。为什么？因为国家战略还是比较宏观的，国家批准了企业的项目，但是企业是责任主体，风险还得自己把握。

问题二：关于国际化企业、国际化竞争力和国际化标准。

对于这几个概念，我必须再专门强调一下，“走出去”不一定国际化，也不一定不国际化。关于国际化的标准，大家提到了视野、眼光、能力、竞争力、人才等，但这些都是在管理中的概念，与海外业务的开展并不是直接联系的。我认为目前中粮集团“走出去”的根本目标是提升在国内市场的竞争能力。这一点非常重要。

问题三：关于中粮集团国际化的商业模式。

中粮集团国际化的商业模式是全产业链模式的延伸，该模式应该是由中粮人创造出来的一个全球化经营模式，这个模式和其他模式是不同的，它是以中国经济的成长为基本根基的。

问题四：集团资金支持与海外企业自身盈利的关系。

集团对海外企业给予长期的资金支持，这个说法不能说不对，但是我们需要在集团资金支持与海外企业自身实现盈利之间做到平衡。实际上，海外企业和国内企业是没有大区别的，如果连续亏了两三年没有什么起色的话，一定是做错了，不用再做长远战略了。我们卖的是粮食，没有特别大的高科技含量，如果三年不行，五年也不行，那一定是有问题的。这适用于我们的任何一个投资项目。如果一个项目三到五年不能实现盈利的话，就会大大降低我们的资源使用效率。

问题五：是做战略布局还是做单一项目。

对于这个问题，我认为我们要以布局为先，不着急，不能听信“如果我们不投标就会被谁拿走了”之类的话。我们必须始终坚持“稳步推进几个主要品种的海外资源掌控”，主要包括大豆、糖、棕榈油、玉米等。在有了坚定的布局以后，“慢慢寻找机会”的原则是不能妥协的。

问题六：做大规模与控制风险的关系。

做大规模是存在风险的，如果中粮集团有机会实现彻底的转型，通过并购或者与国外相对大的公司的合并，实现企业规模的迅速扩张，那么，这种方式一定是和国家战略相联系的，一定是和中粮集团整体的财务状况和经营状况相联系的。这种方式会使中粮集团迅速变成一个国际化的企业，资产一下子达到5000亿元以上的规模，在布局上也完全不同了。但是，这种方式我们得执行好才行，同时机会性非常强，前两年益海和嘉里合并以后，全球粮油行业还没有出现过大企业间的合并行为。

那么，如果依靠我们自身投资去逐步推进海外战略的话，目前还是要平衡好风险和规模之间的关系。如果一项海外投资不能发挥我们的管理能力，与我们整体战略的相关性不是很强，存在着比较大的风险，就要仔细讨论这样的项目是不是要推进。所以，我们还是要鼓励做力所能及、财所能及，以及产业链所能及的项目和业务。

问题七：协同与独立的关系问题。

我们的海外企业应该站得更高一些，思路再开阔一些，不能就简单地定位于为中粮集团采购，或者简单地定位于提供支持和服务，这个思路就太狭窄了。海外企业进行采购然后卖给国内的业务单元这种思路太局限。实际上，目前中粮集团的海外业务与集团业务的联系已经很少，只在番茄酱和菜粕上还有点联系。可以说，目前，如果海外企业脱离了中粮集团的话问题不大，中粮集团没有这些海外企业的话问题也不太大。为什么这样？因为散了，为什么散了？因为没有整体的目标和战略、没有统一的评价、没有系统的组织。当然，在形式上我们也可以实现中粮集团海外业务的实体运营。但是不管采用怎样的具体形式，每个海外企业都必须清楚地知道当地拥有怎样的资源？目前自身条件是什么？需要达到怎样的目标？需要做什么业务？如何进行评价、考核与奖罚？

关于协同的问题，我相信只要海外企业能为业务单元提供好的服务，只要自身能做好，就会与单元走到一起的。在组织设置上，我认为必须得有专人推动海外业务，对海外业务进行管理，实现集团海外战略的目标。而最终到底由谁来推动海外业务，我认为如果由业务单元来推动的话还是会比较散的，难以协同形成合力，所以应该在集团层面上进行推动。

问题八：做实业还是做贸易。

我们的海外企业不能仅仅定位于是只做贸易的公司，一定要把贸易公司实业化。要在海外拥有做实业的设施，要考虑好在海外的进入方式。当然，要根据不同的国家采用不同的方法，进行不同的定位，采取不同的战略，同时也要考虑退出的问题，管理上是采用集权还是分权方式的问题。

问题九：关于中粮集团国际化的管理模式。

中粮集团的海外企业走过了很多年，管理模式也被不断修正，哪一种管理模式都有优点，也有缺点。实际上最主要的是集权与分权，当然还有待遇、薪酬、福利等具体问题。管理模式建立的前提是正确理解中粮集团海外业务的战略是最终支持中国业务的发展，这是大方向。基于这个前提，未来集团的海外业务基本上都应该是矩阵式的管理模式，当然有主有辅，以国内业务为主，以海外支持为辅。我们下一步要对海外企业的股权架构设置、评价系统和人员配置上尽量做好工作。其中最重要的是海外企业要有一个真正的负责人，负责海外企业的损益，负责把东西卖出去。

对于海外企业，无论是现有的还是新建的，不管是由外国人管还是由中国人管，经营不好的话对海外企业的经理人考核先扣分再说，别问为什么。如果你说，国内的业务单元不让你插手管业务，那是你无能，如果你老管不了，就换人，这样就逼着你必须得管。为什么？因为任何人都有心理支持和沟通，如果业务单元与海外企业的目标一致，肯定是能管好的。

另外，近年来，业务单元对海外企业也没有管理好，对海外业务的管理不多，有的甚至一年连电话都没打几个。这种局面必须结束，海外企业必须要跟上集团整体发展步伐。

集团推进海外战略的下一步重点工作

第一，形成中粮集团海外战略的纲领性文件。集团从管理班子到各个职能部门，形成一个纲领性文件，指引中粮集团海外战略的方向。这个纲领性文件应该写得比较具体、比较详细。

第二，将海外企业纳入中粮集团整体管理系统。无论是现有的海外企业还是新建的海外企业，我们都应该将其纳入中粮集团的整个体系中来。海外企业的战略定位、经营方式、经营预算、评价系统、资源配置、报表系统等都要进入中粮集团的整个战略和管理系统之中。同时，集团也要帮助海外企业解决管理上的难题，无论管理的是线路还是人员的轮岗问题。另外，如果海外企业在当地做得很好，与集团业务的协同性不是特别强，就目前阶段而言，我觉得也不是不可以。短期内要想完全建立起协同关系也是挺难的，因为它们本来就有自己的客户。但是，长期来讲，海外企业还是要在中粮集团整体战略的大思路、大框架之下经营。

第三，以海外战略目标的实现来推动集团的国际化。大家提出了集团“走出去”的目标，包括经营量、营业额、利润、资产及占比指标等，虽然都是大概的数字，但是我希望能够达到，并希望这个目标的实现能够成为真正推动中粮集团有意识地实现国际化发展的重要因素。目前，可以说我们是被国内需求或者是被战略自身的发展要求带到国际化道路上的，过去我们国际化的意识还不是很强，属于机会导向型。从现在开始，我们应该有意识地往前走，推动集团的海外业务发展。

（2011 年 10 月）

系统不是一般规定，不是僵硬的制度，它是不断提升的科学的运营过程，是团队经营水平和智慧的凝结。

建系统

这些年公司讲战略、讲规模挺多的，公司员工的思维习惯也向这一方向偏。据说有个调研，中国公司员工战略思维的平均水平高过许多外国同行。这可能也反映了中国公司发展的某一个阶段。但任何事都有两面、有平衡、有度，在战略思维的文化占上风的公司，如果公司的业务仅仅是股权投资可能还行，可如果是运营性企业，那么公司就一定要做好战略与运营执行的平衡协调，在思维习惯上、组织架构上、人员构成上及不同时间点上做好两者的分工平衡。

谁都知道战略和执行、投资与经营缺一不可，不能分开，可是搞来搞去，时间一长就容易偏向一方。因为公司的思维方式和行为方式都会向最高管理层靠，上面老讲笼统的战略规划，喜欢搞大战略的人，下面真正关注产品细节的人地位就不高，公司在市场上竞争力就不突出。而这种局面最高管理层不一定觉察到。看看今天市场上的公司，破产可能是战略错了，成功可能是执行对了。如果你能真正搞好行业和时机、价格的选择，做纯股权投资，像巴菲特，不直接搞运营，也可以。如果你能真正做好产品，做好运营，心无旁骛，像中粮的一位合作伙伴亨氏番茄酱，一瓶番茄酱卖了 100 多年，在 200 多个国家市场占有率第一，进了世界 500 强，也行。但怕就怕战略没有惊人创新之处，心里想着要靠努力工作来做好执行细节，但执行又不到位，结果是两头不着边，公司变得平庸一般甚至有生存危险。

前几年有两本小薄书在企业界流行，一本是《谁动了我的奶酪》，让人们认识到奶酪随时消失，战略要不断调整。第二本是《把信送给加西亚》，告诉人们接受了任务啥也别问，让你去送信连地址也别问，保证送到才是好样的，有执行力。这两本小书都起了好的作用，但也有负面作用。其实战略与执行不仅两者不能完全分开，而且两者都需要方法，不仅仅是号召。特别是今天，在企业达到一定规模，产业布局逐渐成形时，企业面临着竞争力、产品力的提升，能多讲讲执行，多讲讲运营，多讲讲专业性，讲讲系统和方法是很重要的。

企业战略稳定的大前提下，企业真正的竞争力和运营水平体现在什么地方？它不单体现在某个时段的盈利上，更体现在企业在不同经营方面的系统建立上。有系统才有执行力，才有专业性，才能保证竞争力的可持续性，才能把战略落地做出结果，遇事都有个解决方案。企业里很怕看到虽然问题很多，两杯酒下肚发了些牢骚，可席一散，会一散，问题还在重复发生，没有系统和方法解决这些问题。系统就是要把不断重复的事情纳入专业规范的处理方法中来。系统要创建，要遵守，要培训，要修正，要提升。有系统才能应对变化的情况，才能提高全员的水平。

我们都知道与中粮在同一行业的两家国外公司，一家大宗商品采购系统好，另一家风险控制系统好，这两家公司多年的业绩应归功于这个系统。当然系统可以分得更细，你的财务系统好吗？资金系统好吗？审计系统好吗？法律系统好吗？投资系统好吗？生产系统好吗？物流系统好吗？质量安全系统好吗？研发系统好吗？新产品开发系统好吗？所谓产业链，上下游之间的连接标准清楚可靠吗？营销系统、品牌系统好吗？经销商系统协同一体吗？人事系统好吗？评价系统、奖惩系统、培训系统、招聘系统好吗？还有很多。当然企业中这些事可能早都有办法，但不一定是经过精心设计，不断检讨提高的有自我完善功能的科学系统。是不是有意识地精心设计了这些系统可能决定了我们工作的水平。

企业的竞争分解开来是系统的竞争，企业专业性的比较体现在各个系统上。不是一般规定，不是僵硬的制度，它是不断提升的科学的运营过程，是团队经营水平和智慧的凝结。讲方法，讲解决方案，讲系统，讲执行力，战略才有用。

（2012 年 2 月）

科学的标杆管理是我们实现管理提升的有效方法。

通过管理提升实现向国际水准跨越

管理提升活动对于今天的中粮而言非常重要。我们也可以把它搞得很空泛，开个会，写个报告，大家谈一谈，总结一下，然后就可以进入下一个阶段。如果是这样的话，我觉得是远远不够的，为什么说管理提升重要呢？如果大家能够真正地贯彻执行管理提升这项工作，那么从企业长远发展角度来看，它就可能是中粮集团一个具有“分水岭”意义的活动，可能是中粮集团未来能否从中国的一般性国有企业、一般性农业食品企业里面脱颖而出的关键活动。

之所以这样讲，是因为在中国的企业之中，不论是国有企业，还是农业食品行业或者其他行业的企业，绝大多数到目前为止还没有形成一个真正有竞争力的发展模式，大部分企业基本上停留在了依靠规模扩张和资源投入实现增长的层面上。近年来，由于国内市场持续成长，存在着较多的市场机会，再加上一些自身的努力，大部分企业获得了基本的生存能力。但是，真正符合被历史所证明了的商业逻辑和发展规律，形成了具有竞争力的商业模式，以及能够不断自我提升的中国企业可以说非常少。因为整个系统到了一定发展阶段就很容易停滞，只能依靠资源投入和规模扩张来发展，其惯常思维是增加工厂、买更多的土地、做广告、价格战、贷款……

目前，中粮现在所面临的很多经营管理上的问题，是因为内部缺乏真正的经营管理系统，缺乏一个真正与市场相连接的、不断研发新产品，并进入生产、销售流程的完整业务系统。风险控制也好，产品组合也好，物流体系也好……都缺乏这样的系统。今天中粮集团如果不能再往前跨出一步，一个一个的真正建立起专业化的经营管理系统，我们就将仍然处于混沌之中，处于自我满足、自我感觉良好的状态之中，未来我们就会被这个行业里面的专业人士所抛弃。当然，我并不是说中粮集团很差，我只是说在不断提升过程中，绝大多数中国企业没有跨过这道门槛。如果中国企业不能构建起有效的内部运营系统、实现内部专业化知识的积累，不能够给予产品、研发更多的关注，无法对品牌和整个产品组合进行不断调整，不能用专业的眼光看问题，就不会有所进步，就不可能发展成为具有国际水准的企业。因此，我说对于今天的中粮集团而言，管理提升可能是一个“分水岭”式的重大事件，是中粮集团实现向“国际水准”真正跨越的一个重大机遇。

提升产品力是当前最重要、最核心的任务

管理提升到底应该提升什么，到底应该从何处着手？我认为对于今天的中粮集团而言，不需要再讲战略，不需要再讲规模、团队、领导力，也不用讲文化、上市、财务和纪检等，不是说这些不重要，而是因为这些已经不是我们当前面临的瓶颈问题。对于目前的集团发展而言，真正需要提升的应该是“体现在产品上的竞争力”，也就是“产品力”。过去我们往往是说到这里就说不下去了，很少说产品，我们的油也好，酒也好，包括粮食贸易业务、包装业务等，基本上说得都很宏观，我们说油大多时候会说量，卖了多少万吨了。回过头来看一看，中粮集团今天所销售的东西和五年前、十年前的变化并不大，虽然数量和规模上肯定是扩大了，但在附加值上的变化不大，给对手带来的竞争压力也不大，真正的核心能力包括技术能力、产品能力、运营决策能力都没有很多提升。今后，我们必须要让市场、让客户和消费者、让竞争对手感受到我们的产品在变好、服务在变好、公司在变好。

过去很多部门在产品创新上是比较有勇气的，比较积极地做一

些小的产品创新，但成功率都不太高。如果我们今天去提升它的话，应该从真正“提升产品力”开始，这里也包括地产业务。过去一说地产业务，我们就会说大悦城开了几个了，一个有多少平方米，还有几个要开，西单大悦城的营业额都二十多亿元了……但是这个产品是一个什么样的内涵，是怎样的一个管理系统在支撑，如何实现模式的复制，为什么目前复制的都不太成功，不成功的如何改进……在这些工作都还没有做好的情况下，又花大力气去找地、去盖楼，当然会有问题。

中粮集团的管理提升活动不是简单的喊口号，不是简单表示一下热情，我们要真正地“退而结网”，拿出办法，建立系统，解决问题。今天我们需要构建什么样的系统，要以我们需要解决什么问题为前提。我们要把查找到的问题分成几类，每一类问题都去找解决方案，也不是解决完了就结束了，而是要在问题解决中构建起有效的系统，下一次再出现同类问题时能够通过这个系统的运作实现有效解决。

未来在新产品开发上，中国食品可以提出创意来，研究院也可以提出创意来，每个人都可以提出创意来，但最主要的还是应该由市场部门提出来，然后进入我们的产品创新系统中去，继续往前走，这个系统中包括了市场调研、研发、市场测试、生产等环节，要能够判断新产品应不应该进入市场、进入之后的成功概率有多大。这应当是一个大系统，时时刻刻都在不停地运行。如果我们的产品创新不是系统性的，而是很随意，那么其成功率肯定非常低。实际上，所有行业都面临着同样的问题，今后我们要把更多的精力放到产品上来，放在产品力的提升上来，包括产品的质量、功能、成本、价格、组合等方面。我们所有的职能部门、生产部门、研发部门、销售部门最终必须要拿出一个最好的产品，用最好的方法奉献给消费者。

中粮在市场上不能总是就那么几个产品，要不断有新的好产品、好服务奉献给客户和消费者，这才符合中粮的使命。大宗商品业务也存在同样的问题，不能在产品力没有提升的情况下又要进行规模的扩张，这种发展模式是不可持续的。我们的提升要实现专业能力的提升，智慧的提升，而不是投资和规模的单纯扩张。以中粮目前的基础，如果我们能够做到能力的提升，经营规模会是目前的好几倍。如果我们五年前这样做可能是不可行的，今天我们已经有了一定的规模，在这样的规模之下我们要通过管理提升活动来提升我们的专业能力，总结提炼业务和管理规律，把个人能力变成组织能力，形成系统。

科学的标杆管理是我们实现管理提升的有效方法

找标杆对我们来说是很容易的，因为我们从事的业务在大部分行业里面都有很多对手做得比我们好。标杆选择不用太高太远，我们的每个业务都能够找到比较接近的标杆。

早几年我们与标杆对比的目的是想比较和考核一下业务和团队。你老说自己好，但事实可能不像你说得那么好，怎么办？找个标杆来比一比，不光是比结果，还要比过程，是一个所谓评比的过程。今天的标杆管理不仅是一个评比的过程和考核的过程，要将其变成一个学习的过程、行动的过程，不能再简单地说好与不好。从标杆管理来说，我们应该更深入一些，细致一些。比如我们不能光说数量，可以把产品的质量、价格、渠道、客户服务、客户反馈等方面做更多的比较。我希望明年我们一定要开一个产品会，每年我们开很多会，但产品却基本没有什么变化。我们很多大宗商品的经营方法也都是在按照比较传统的方式进行着，玉米也好，大豆也好，外贸和内贸也好，都在继续按照原有模式做，看不到明显的进步。当然，我们这样也可以过日子，但这样的话，我们就只是一个普普通通的国有企业，如果想再往前走，向着“国际水准”的目标迈进，就必须提升，就得用科学发展观的眼光来构建系统，提升产品力，真正把长远的发展和短期的盈利平衡起来。

关注市场、一线和细节是实现管理提升的基本要求

中粮的管理提升活动应该有中粮的特点，有中粮自身发展阶段的特点。中粮发展到今天，资产规模在实现了由500亿元级别到3000亿元级别的快速扩张后，经营管理的重点必须要更加深入，真正往市场走，往业务一线走，往细节走，这是对我们提出的最基本的要求。

过去我们讲战略，讲行业大趋势比较多，讲完大趋势以后发现行业里面其实都很好，就我们不太好，因为我们的产品不太行。现在来讲，如果我们在行业里面是做得最好的，而经营状况还是不行，那么就真的说明是行业出现了问题，不是我们自己的问题。但是，几乎在每个行业里面都有人比我们做得好，起码在局部上是这样，这就要求我们必须要从自身找问题。这种情况下的提升就要求我们必须得花心思，用智慧来提升产品力和系统能力，包括研发能力、成本控制能力等。通过每年经营过程中的不断积累，总结经验，去优化商业模式，完善方式、方法，实现不断的提升，今天我们仅仅是一个开始。

对于我们自身的提升而言，如果在思维上没有变化，往往就会走出利润区。十年前华润组织学习过一本书《发现利润区》。那时地产业务在思考哪个领域里面存在利润区。现在看起来是很明显的，中国目前地产特别是住宅地产，利润区就在几个大型的人口聚集城市里面。

我觉得管理提升还是一个全员商业思维和思考逻辑的提升，我们过去确实没有投入太大的精力，今天我们要认真提升的话，应该有很大的空间。

从意识到行动，真正做到集团系统能力的不断提升

在管理提升工作中，大家要重视，要真正去做。因为未来中粮

集团的发展，必须使我们的商业模式更具管理的科学性，使我们的产品更具竞争力。我们必须把市场能力、研发能力、产品力，整个渠道销售和品牌产品的能力集合到一起，最终不断创造好的新产品出来，不断占领新的市场。对中粮来说，新产品不仅仅是消费品，大宗农产品加工也可以，都可以实现不断创新。以玉米为例，淀粉糖目前是非常重要的产品，过去就是淀粉、酒精、赖氨酸和柠檬酸，现在为了满足市场的需要，果葡糖浆成了主要产品。

我们要真正重视管理提升，大家一起行动起来，特别是各级经理人。如果在第一阶段找问题的过程中，各级经营单位的领导班子成员因为种种原因没有太深入参与，那么，你就要把第一阶段的工作重新审视一下，与自己分管的工作对照一下，看一看是不是查找的问题还不够。我觉得一定要让各级经营单位的一把手清楚下一步要改善的领域，要让他们确定这些问题到底是不是下一步工作的重点。

管理提升活动“转段”以后，我们要用标杆管理的方法，深入分析研讨，找到解决问题的答案和方法。我想这些问题中的70% ～ 80% 都不是短期能够解决的问题。但是如果能够构建出一套系统，那么虽然目前还无法马上解决，但我们可以一步一步地去改善它，形成一个持续提升的长效机制。

我以前写过一篇文章，叫作《内与外》，是说我们的目光总是向内，总是在解决内部问题，而没有真正以市场、客户和消费者需求为导向，如果我们没有给客户提供新的产品，没有在市场上有新的动作，最终我们一定会被遗忘。所以，我们今后的工作必须要聚焦与市场、客户和消费者需求关系最直接、最密切的领域。

我们要在真正重视管理提升的基础上，用科学的工具提升我们的管理系统，提升整体管理水平和商业模式运营的执行能力。我们能力的提升最终要体现在好产品当中，这样我们的公司就会成为一家真正具有市场竞争力的公司，中粮也将获得更加长久的发展。如果中粮集团能够借此机会真正实现一次跨越，那么中粮集团将成为一家真正具有“国际水准”的国有企业，希望我们尽快走到这一步！

（2012 年 9 月）

如果把企业生命历程拉长一百年看，如果把企业展开不同行业和国家看，我们会发现，看起来扑朔迷离的企业还是有些规律的，企业每往前走一步都必须做个选择，这个选择就像是分水岭把企业分开了。

分水岭

一个企业发展中有几个等级？我们今天是站在哪个等级上？有人看资产，有人看销售，有人看盈利，虽然这些很重要，可如果这些就可以代表企业，为什么原来好好的企业突然不好了？其实资产、销售、盈利这些常用的尺度，都是结果性的、外表性的，很多时候也是暂时性或者说是机遇性的衡量。就像一个人，相貌堂堂，面色红润，声音洪亮，但他是一个健康的人、长寿的人，可以抵御恶劣环境的人吗？不一定。企业的等级也是一样，在表象的数字以外企业内含的素质可能更重要。因为它说明了结果性数字背后的原因，这个原因告诉我们美丽的数字可否持续。过去我们容易满足于好看的数字，今天我们应该要好好找一下数字后面的原因了。

如果把企业生命历程拉长一百年看，如果把企业展开不同行业和国家看，我们会发现，看起来扑朔迷离的企业还是有些规律的，企业每往前走一步都必须做个选择，这个选择就像是分水岭把企业分开了。而且这个分水岭是一个个、一层层叠加上去的，前面是以过去为基础的。如果走对了三个就是及格，走对了五个就是成功，走对了七个就是伟大。所谓百年老店就是正确地过了许多个分水岭的企业。虽然企业的路径想象起来是如此立体和可触摸的，但我们往往身在其中不识庐山，功力不够难以悟彻其中的奥妙。

行业选择是第一道分水岭，老话说男怕入错行很有道理。你选的行业与经济大势吻合吗？有成长性吗？竞争格局你应付得了吗？你有优势吗？虽然有人说没有不好的行业，只有不好的企业，但十年前同样的资本、同样的勤劳，做了服装和做了地产今天会是天壤之别。不论是有意进入还是巧合进入或是半路调整，反正行业的选择、行业的调整、行业的扩展都把企业的未来在这个点上分开了。这个题目不仅仅是对一个新企业，即使是有了规模的企业，在发展中，在行业细分中，在可能的多元化经营中也要不断地回答这个问题。

但只要你的行业不是彻底被淘汰了，你确实也别把你的行业看死了，你还有机会。这个时候你该想另外一句老话叫行行出状元，因为过了第一道分水岭，第二道分水岭马上就到了。这第二道分水岭就是在同样的行业中企业应该怎样做好？也可以叫企业的竞争战略。做多大，做多快，风险多大，收益多大，如何定位，成本领先，差异化，不同的行业的确有不同的答案。很多企业在这一步上不断地摸索调整，能顺利跨过这道坎不容易，因为这道分水岭区分了企业的基本生存能力和管理水平。

第三道分水岭与前两道的不同在于这时企业管理的自觉性、主动性开始增加了，能否基于对行业规律的深刻认识，有意识地建立并持续优化运营系统是企业行进中的第三道分水岭。有意识、自觉、主动，在这里很重要。在分水岭两边的企业外表看起来差不多、一样的大楼、一样的人、一样的工厂，但内部已不一样了。一般目标性的鼓劲和对市场环境的被动应付被科学的运营系统所替代，无论是战略还是产品，无论是市场还是创新，各种系统在有序、有活力并协调地运转着，因为有了方法所以认识在不断深入，效率在不断提升，这是企业由混沌转向清醒的开始。

表面看企业是物质的，企业是金钱的。但能否把这物质、金钱的企业转换成精神的、理念的、价值观和使命感的团队是区分不同企业的第四道分水岭。这道分水岭并不是独立存在的，是根植于企业经营之中的，它也不是在企业成长的某个阶段上才出现的，个体与组织、理想与现实、精神与物质能否在企业中得到良好平衡并形成广泛认同的文化则是在企业从小团队走向大组织过程中可否保持不竭动力的核心。这个分水岭分开了机械扩张和有机成长，在这道分水岭之后，企业的活力、持续性、创造力都不同。

第五道分水岭是看企业有无持续的探索、创新、创造的能力。这种能力也是企业产生时所被赋予的基本功能，前面的四道分水岭已把企业区分开了很多，但企业的创新优化不断提升产品的能力如何会把企业在竞争中彻底分开。持续创新的企业具有更高的市场敏感性、系统协调性、产品的前瞻性、研发的持续性，在第五道分水岭以后，不同选择的企业可以拉开很大距离，具备了这种能力的企业会不断再造提升自己，在市场上充满生气和竞争力，否则企业很快会被别人超越甚至危及生命。

前面的分水岭，一道道过来，越往前走，企业规模越大，管理难度也越高，企业的组织架构也越复杂。这时的大企业能协同吗？企业上下是一体的吗？企业的力量是集中的还是分成了各自为政的小个体？企业所谓规模带来的力量在内耗中浪费了多少？很多企业资产增加了不少，可市场竞争力没有提高，成本没有因为规模效应而降低，质量没有因为设备好了而改善，企业的上下游并不能有机协同去服务客户，企业的各种不同职能也难以有效配合去完成任务。这是所谓大企业经常出现的问题，能不能有效地解决这些问题就形成了企业进程中的第六道分水岭。这道分水岭就是要看企业能否在架构、制度、文化上让企业形成整体，让客户感受到益处。解决不好这些问题，大企业也长久不了，还不如小企业。

第七道分水岭是企业与社会的关系定位，在社会中被公众认为是很崇高的事业的公司在经营上也较容易成功。与社会发展的趋势相吻合，与公众的渴求相吻合，不仅从市场出发，也从社会关爱出发，引领改造一个产业，从而使公众得益，公司也得到发展。这第七道分水岭让前面六道分水岭取得的成绩有了升华，也让企业与社会融为一体，成为持续推动社会发展进步的高尚力量。

如果这七道分水岭是张地形图，你现在在什么位置？你又正在往哪里走？

（2012 年 11 月）

全产业链是一个有较高要求标准的战略，因为要管理不同环节，因为要涉及不同行业，因为要求协同，这一点往往很难，还要求产业链的每一端都可以是出口，每个环节都要强，每个环节都要独立、有竞争力。

伟大企业如此炼成

一路走来，时间不短了，从战略转型、集团有限相关多元化、业务单元专业化、6S 管理、五步组合论、行业领导者、全产业链国际水准粮油食品企业，一直到学习反思会，我们大家一起走过了很远的路。一路风雨，一路高歌，酸甜苦辣，喜怒哀乐，大家一起走来。我不想说更多数字，反正中粮集团不一样了，它的外形不一样了，内涵也不一样了，它成了中国经济生活中更有位置、更有影响、更积极的力量。

第一，在理念上、宗旨上，我们正在做一件高尚的，对社会很有积极意义的事情。这是中粮的国企定位使然，企业宗旨使然，团队信念使然。中粮所做的任何投资，都对社会产生了积极的作用。肉食养殖的生态链富裕了农民，改善了土地和环境；农业金融帮助了农民创业；在产品特别是食品质量让人担忧的今天，中粮和中粮旗下的所有品牌都在社会上享有很高的可信度。我们发自内心地为消费者着想，为客户和合作伙伴着想。我们在这个行业里有很高尚的使命感，我们创造的大悦城也改变着人们的生活和环境。我们所做的事情有很多理念、精神层面的追求和意义，它正随着企业的不断发展壮大而变得更加有影响，所以我们应该为我们从事的事业而骄傲。

第二，在战略定位上，我们正在做着一件很正确的事情。全产业链不是一句口号，更不是一个广告，它是真正的好的粮油食品企业的根本内涵和商业逻辑。统领、管理整个产业链，保证产业链的相互协调和高效运作，以求产出好产品，是我们的基本要求。这并不是我们一厢情愿的创造，而是产业的根本规律。虽然我们在真正形成产业链的道路上还有很艰巨的任务，但产业链布局基本形成，大粮商、大食品商的雏形开始形成，我们的产业竞争优势开始显现。我们已经尝到了产业协同的好处，但我们还要更精细、更科学，让产业链形成一套和谐运转的大机器。

第三，在战略实施和执行上，我们正在做着一件很有挑战的事情。任何企业都有挑战，任何战略都与执行有矛盾，任何行业的选择都有两难的情况发生。但是全产业链是一个有较高要求标准的战略，因为要管理不同环节，涉及不同行业，要求协同，这一点往往很难，还要求产业链的每一端都可以是出口，每个环节都要强，每个环节都要独立、有竞争力。再加上粮油食品这个行业在我国的特殊地位和管理方法，我们面对的挑战更多。为什么？因为我们在创造、在建立、在推动一项伟大的事业，创造和建立的过程往往是一项挑战。没有人可以轻松做好一个大米产业，每一个产业都要很大的付出。我们不仅要做好大米，还要做好面粉，做好肉食，做好油脂，做好玉米，做好酒业，做好饲料，做好粮食贸易，做好糖业，做好奶业，做好茶叶，做好粮食物流，做好食品包装，做好农业金融服务，做好地产、酒店、大悦城，做好粮食机械，做好电子商务，做好期货经纪等。我们不仅要做好，而且要做到行业领导者，这一定会有巨大的挑战。但这也正是我们的机会，因为我们有十三万名员工、三千亿元资产，有中粮的行业地位，这个挑战就是我们成长的潜力，是我们每个人职业生涯的未来。

第四，在团队建设上，战略定位要求我们的团队必须做一件很专业、很高标准的事情。中粮是国企，我们团队的优点是相对稳定，弱点是专业性往往不够，转行的较多。团队的专业水准就是我们一项较大的挑战。在不同分工的岗位上做好专业的工作，把每项业务都做到专业水平，做到标杆水平，团队能不断创新、不断学习、充满热情、团队协作，而且更重要的是有共识、有理解、有统一的使命和价值观。这是我们的团队在完成全产业链战略任务时所需要的，也是任何一个有国际水准的粮油食品企业所必须具备的。所以，提升团队专业化水平是我们急迫的任务，我们必须要对团队管理进行更深入的改革。

第五，我们今天面对的发展阶段，需要我们有更强的毅力、信心、耐力。战略的实现是一个过程，这个过程的完成需要很多因素，信心和毅力是其中非常重要的因素。在中国这个巨大的市场上，没有几年时间，想建立一个新的业务是不可能的。重要的是我们有理念、有使命、有战略、有团队，有每天不断的发展和进步，不因为一时的波动和困难而畏惧，用专业的眼光来看业务的发展过程，清楚地知道我们正往哪里走，清楚地知道我们需要干什么，清楚地知道这个目标对社会、对公司、对每一位投入其中的个人意味着什么，并为之努力奋斗，我们就一定能成功。因为世界上伟大的企业都是如此炼成的，我们也一样！

（2013 年 5 月）

所有名字、符号，所有装修、办公楼，都是外部的、虚的东西，只是一个形式，希望背后有内容。要知道自己在做什么，整个行业、产业的整合是怎么来的。

促进业务融合，加快业务发展

华粮（中国华粮集团有限公司）搬到中粮广场 12 ～ 13 层，预示着起点很高。中粮之前在这待了 12 年，这也是中粮主要发展的阶段。中粮的整体产业，除去贸易产业，其他加工等主要业务，都是在这儿形成主要骨架的。

我以前参加过很多次企业的搬家，每次搬家都代表很多意思，绝不仅仅是搬一个地方。

我记得 1988 年华润创业成立的时候。当时的总经理看了华润创业的装修后说，这个太豪华了，将来必须有大发展才行，没有大发展，这个办公室就坐不住。

华远（华远地产股份有限公司）在复兴门桥下小四合院里的时候，规模虽然小，但是发展最健康。那时华远搞老城区拆迁，很艰苦地创业。后来，华远有钱了，搬到大楼里，一亏损就是两年。为此，我还专门写了一篇文章《搬家谈》，核心是说不管搬到哪儿，都要保持脚踏实地的作风。

中粮的很多公司，从业务性质来说，是不需要占用最高档写字楼的，因为我们不是金融、服务性企业。今天华粮搬家是一个好的起点，也是一个高的起点，预示着大发展的起点，也是振奋精神、重塑文化的起点，说明我们敢于挑战，所以我们必须干好，否则坐不住。

办公环境中没有中粮的LOGO，这说明我们还要有一个整合，而这个整合绝不是为整合而整合。

华润集团有四个板块——华润创业、华润电力、华润置地、华润燃气都超过了华润集团。将来，希望中粮也有超过集团的业务板块出现。我希望，华粮要大过中粮集团，当然有个齐心协力努力的过程。

所有名字、符号，所有装修、办公楼，都是外部的、虚的东西，只是一个形式，希望背后有内容。要知道自己在做什么，整个行业、产业的整合是怎么来的。

华粮的加入，对中粮整个业务会是一个非常大的补充，这个补充对中粮的作用，会在未来多年，通过资产、市场、团队的作用逐步显现出来，今天是非常好的开始。华粮真正作为中粮集团一部分，开始正常经营。希望团队能够逐步融合业务，逐步发展，最终把两个业务在商业逻辑上联系起来，形成强有力的组合，在国际、国内逐步形成大的商业模型。今天刚刚开始，万里长征走完了第一步，同志们，还务必要继续保持谦虚、谨慎、不骄、不躁的作风，务必继续保持艰苦奋斗的工作作风，把我们的事业发展得更好！

（2013年8月）

一个伟大的公司一定要有巨大的目标和信仰。

做正确的事能使企业走得更远

晨光班的每个人都经历了游学的过程，我希望这些人做完题目后不要回到原来工作中，甚至可以以这个班级成员为基础成立一家公司，给你们 30% 的股份，投资 50 亿元让你们去做，看最终的结果会是怎样的。

一次新的创新、突破或者体会，很可能因为没有环境土壤的培养就被埋没了，甚至此后再不被提起。一家成功的公司要充分发挥并利用员工的潜力。每家成功的企业背后都一定是在某个时段内一个人或者一伙人做了一些事，有意无意之间成就了这家企业。大家这次学习归来之后能力提升了很多，对我也有很大的启发。你们的智慧会随着职务变动和阅历累积，逐步发挥出来，这是非常可贵的。

晨光班如果能更深刻地往前走，很可能会给中粮集团带来一股新的潮流，从长远来说对中粮也是有利的。但是能不能对集团产生更大更直接的影响，希望大家想一想更可行的办法。

一个伟大的公司一定要有巨大的目标和信仰

理念、使命、组织结构、管理、专业化、研发、品牌、市场洞察力等，这些我听着都非常熟悉，大家所描绘的这幅图画正是我心中所想。记得我刚来中粮开第一个会的时候，我要求先开一个小范围的预备会，说一下企业的使命、愿景和定位。当时有好几个班子成员认为这些议题有点虚，不如说说怎么干工作更实在，我对这番话印象非常深刻。

我觉得全世界的企业到最后其实都是差不多的模式，都有很强的组织理念。有一本书叫《基业长青》，里面总结了很多成功企业的模式。第一章就讲到公司的发展目标：一个伟大的公司一开始就要有很巨大的目标，这是成功企业的共性。

业务聚焦——做正确的事能使企业走得更远

达能（跨国食品公司）的做法对我有很大的触动，他们用一个健康的理念对公司进行了彻底的改革，把不健康的业务砍掉。华润卖了天津和武汉两个啤酒厂，这两个啤酒厂当时在中国都经营得不错，但因为业务的理念与企业的理念相冲突，所以舍弃了啤酒业务。

为什么要进行业务聚焦？因为业务聚焦能使企业走得更远。如果达能在法国也什么行业都做，那这个企业一定就走不远，因为这种模式走不出去。业务聚焦要经历一个漫长的过程，我们都知道这个道理，但是我们承受不了做正确的事情所带来的后果，我们承受不了可能不被理解的困难，于是我们就妥协了。

反思中粮集团本身的专业性问题：业务过多、过杂、过乱。比如中粮集团是做大宗商品还是做品牌食品，是注重规模还是聚焦某一个领域？我也在不断思考这些问题，也在找平衡。比如中粮置地要再买一块地，从财务风险管理的角度考虑不太支持，但是从盈利的角度来考虑，我就会非常支持。当然中粮集团也不能变成一个地产公司，我们一直都在寻求平衡，我们心里必须明确企业的发展方向。但同时也必须考虑到员工奖金、公司规模、盈利等因素，保证公司内部的稳定、和谐。我们必须做专业的粮油食品公司，我们最终必须是一个由研发、品牌、渠道和整个供应链驱动的公司，但是要做到这一点并不容易。

使中粮集团真正成为由核心技术和研发成果推动产业链发展的国际企业

中粮集团的理想状态是有很强的研发力量，成为由研发驱动的公司。我知道这非常难，有社会环境问题、能力问题、自身体制问题、我们认识的问题等。中粮集团的产业链，如果不看内容只看形式，我们已经全部具备了，有研发中心、品牌管理、渠道生产、供应链，还有国家的支持，但是我们的运营效率和成果还不太理想。

晨光班这次游学回来，总结出国外标杆企业的一些做法，这是很大的提高。但是我们 90% 会做不来。考虑到中国的特殊环境，我们不能完全照搬别人的经验。提升产业链上各个环节的核心能力和自身的竞争力，同时做好产业链各个环节的协同工作，中粮才能成为一家好公司。

目前，中粮集团缺少赖以生存的技术和研发成果。没有核心技术就得靠规模、靠投资、靠承担更大的风险，这就不是一个健康的、可持续发展的国际公司。我们希望把中粮集团打造成一个以营养健康为宗旨，有研发、有技术、良性循环的公司，变成一个有核心竞争力的公司。我希望晨光班的同学能够变成推动这一目标的中坚力量，并在这个过程中获得自身的发展。

德鲁克认为企业家有两个功能，抓生产只是企业家功能的一部分，企业家真正的功能是能不断为企业想出新主意和提出新需求。我提一个看法：我们必须抓住产品的核心。比如茶，我们通过什么样的研发手段能够使消费者认可中茶茶叶。现在的问题是，我们的一些产品和市场上其他产品对比起来没有价格或质量优势，很多产品都没有创新。

别人都有的产品我们还做不做？我觉得已经有人在做这种产品更好，他首先在市场上进行了尝试，替你向消费者普及知识。问题是你能不能做得比他好，不能比他好就别做。手机不是苹果发明的，更不是乔布斯本人发明的，但是他今天算是做得最好的，仍然在不断地进步和提升。我们必须得有这种精神并把它落到实处，用独特的产品、能够给消费者带来新体验和价值的产品来引领投资。

一个产品想要成功必须具备三点：口碑、价格和营养。消费品占了其中任何一条都有可能成功，占了三条就会全球无敌，价格便宜、好吃、有营养的产品一定会变成品牌。

我们的成本为什么总比别人高？比如买玉米，我们买玉米的价格和个体经营者买玉米的价格没有什么区别，由企业规模带来的附加值并不大。企业的规模经营能够降低成本、提升技术含量、改善物流服务，但是现在我们不行，我们不知道未来玉米的价格行情，因为中粮集团没有玉米走势的价值模型。嘉吉公司有一个 100 年的玉米图，涉及许多影响玉米价格的因素：经济发展、石油、天气、港口码头等。中粮亟须一个科学方法，能够让员工抓住工作的核心，真正成为一个由创新和营养拉动产业链发展的公司。

建立中粮集团知识库，为企业发展培育人才

中粮集团需要智慧和人才，引进人才可以，但是人才最重要的是内生。比如我们建设了一批贸易设施，但是我们没有风险控制系统；我们投资网络渠道，设了很多店，却没有创新产品的系统；我们建设养猪场，但不知道如何做香肠。从中粮集团内部来讲，重要的是系统的创造。咨询公司的报告写得很好，报告将公司与国外的企业进行对比，描述出公司的性质、布局和应该具备的能力，并把公司贸易分成几块：基于信息的贸易——有多少信息，怎么收集，是否正确；基于政策的贸易——国家有哪些政策，都一一梳理得很清楚。这样的人才对我们的工作很有帮助。

强有力的执行能够确保想法和工作得到切实落实

我们这个组织必须得有执行和落实。我们许多项目都是在激情燃烧的讨论之后就结束了。5 年前我说过要做一个玉米的价格调研模型，但是现在仍然没有做。我们必须建立一个最适合中国的粮食

模型，每年 1 月份就能预测出 12 月份的价格，这样就会比别人少犯 30% 的错误。

我希望晨光班不只有学习的精神、创造的精神，还要有执行和落实的精神，有困难解决困难，有问题解决问题。

记得华创杂志停刊时，有个人写了这样一句话，让我印象深刻，“但愿此风勿随此物去。”也就是说我们的风气、想法、思想境界不会因为杂志的停刊而消失。晨光班也是一样，不管你们是在欧洲游学、培训结束或者毕业离开，希望探索的、学习的、执行的精神，推动公司不断提升进步的精神能够继续保持下去！

（2013 年 11 月）

国际粮商一定会在快速成长、消费最大、市场容量最大的市场上做贸易、做分销、做服务。

打造大型粮油企业集团

我们讨论新公司名字的时候，意见比较一致，实打实地叫中粮贸易公司。新公司的主营业务是粮食贸易，全产业链的关键环节，业务定位非常清晰。这个名字代表我们自身未来的发展方向，我们会抱着极大的自信心踏踏实实地去做事情。

我们要做什么

今天，在大的内外环境的支持下，在这么好的时机和准确的时间里，中粮贸易公司恰逢其时地出现在这个舞台上，印证了一句老话：我们正在创造历史。

中央农村工作会议文件刚刚下发，历史上第一次在第一条，明确提出粮食安全问题。目前中国没有粮食短缺，只是中央看到这样一个发展的趋势，要有一个新的粮食安全策略来应对，那就是打造大型的粮油企业集团。舍我其谁，这是我们的责任。

粮食安全最早讲自产自销，后来一直在提紧平衡，国内产能九连增，中央储备、地方储备，控制进出口，粮食保护价等，不断有新的概念，新的提法。现在每年大豆差不多进口6千万吨，自产1千万吨，加上菜籽油、棕榈油等油料进口，进口依赖度达70%～80%；另外，现在东北榆树、龙湾这些玉米主产区的产量不能满足当地生产；未来局部还可能出现没有饲料，没有肉吃的情况。

日本这么一个小小的国家，这么多做粮食的公司，但是日本公司在国外买了粮食以后，都是通过自己的网络渠道运到国内的。这会让我们反思：我们在商业模式设计、网络布局方面是不是出了问题？

仔细分析，通过贸易手段把粮食从生产环节合理配置到有效的消费环节里，是粮食安全最主要的方法。虽然生产也重要，储备也重要，但如果没有一个真正有效的粮食贸易的配置，很难保证粮食安全。从这些方面来讲，从真正大市场的需求到国家的政策，再到我们所承载的央企责任，这种从社会到商业的供需，会给我们带来各种各样的机会。

中粮贸易公司未来一定会成为中国最大的粮商，国内、国际贸易一定会大融合，中粮也一定会成为真正的国际大粮商。国际粮商一定会在快速成长、消费最大、市场容量最大的市场上做贸易、做分销、做服务，如果我们能在国际粮食市场上开展类似的业务，我们就会变得非常强。我们把国内、国外两个市场结合起来，我们的布局也会非常强。

我们能不能做好

我每次出门到任何一个消费场所，都惊叹人之多，实际上经济的活力、人的消费力，特别是中国人孜孜不倦追求财富的战斗力非常强，我们的社会一定会蓬勃发展，无可阻挡。

中粮贸易公司一定是国内粮食贸易的领军企业，这没有任何疑问。粮食贸易业务，我们有非常好的基础，潜力巨大。中粮的声誉、历史、团队，再加上现在的规模、设施、软件、硬件，以及国家政策的支持，消费者的期待，品牌的信任，客户和我们的合作精神，有很多优势。我们能不能用现在所有的基础来真正实现我们的核心能力？我们能不能有更强的科学精神？我们能不能真的提升粮食行业的竞争水平？我们能不能使粮食贸易市场变得更规范，决策更科学，效率更提升？中粮贸易公司的核心能力是什么？我们的能力跟别人有什么区别？我们怎么让现在有形、无形的基础变成核心竞争能力？变成真正的经营效率和水平提升的手段？

目前，外界认为我们已经是最好且最大的粮食企业，可我们内部还有很多问题没有解决。我们沿着这条路往前走，能不能做得好？我对中粮贸易公司非常有信心，只要我们利用好这些基础，重新规划，做好布局，激励好团队，发展出我们的核心能力，我们一定会舍我其谁地完成成为"国际一流粮食物流企业"的目标。

我们要怎么做

"三粮合一"需要怎么整合？要遵循什么原则？需要大家同心协力。只有企业内部有品种，有区域，有上游下游，有协同，有科学的分工，有效率和积极的协同，才能真正把这个企业做成产业链的一部分，最终中粮贸易公司才能真正成为一个有科学内核的公司。

从表面看，我们有很多好经验，自我感觉良好，实际上下游有不少问题。这不仅存在于中粮的贸易物流业务，整个中粮都存在这个问题。未来我们区域和品种如何整合？各个职能部门如何整合？贸易和加工如何整合？会涉及人的问题、事的问题、资产的问题、结构的问题、分工的问题。整合一旦进入真正的实施阶段，会有很多困难，对经理人是一个非常大的考验，对团队也是一个很大的考验。

中谷和当时中粮的贸易业务整合在一起，我认为整合得比较成功，班子也好，业务也好，没有隔阂，没有矛盾，变成了一个比较统一的公司。真正的整合必须是思想统一，管理统一，文化统一，最后协同力出现，效率进一步提升，核心能力进一步提升。今天的整合，我希望踏踏实实，一步一步，目标一致，利益一致，互相理解，与人为善，而且公正、公平、不隔心，真正把每个人放在适合的位置上，把每一项业务理顺。每个人只要认真学习，努力工作，兢兢业业，一定有他的平台，整合一定不会给任何人带来负面的影响。从大的目标来说，整合本身是我们的机会，对公司，对个人，包括对国家。

我们面对的是一个日趋激烈、挑战严峻的国际化竞争环境，我们的对手有成熟的市场经验、品类经验，有历史继承。尽管如此，像“ABCD”四大粮商（ADM，阿彻丹尼尔斯米德兰；Bunge，邦吉；Cargill，嘉吉；Louis Dreyfus，路易达孚）这些成熟企业，还在不断地变革、整合，它们用科学的制度方法推动公司进步。中粮内部能不能学一学，多谈谈粮食价格，多谈谈客户需要，多谈谈对客户的服务，踏踏实实做一些事情。我们还必须进一步提升管理效率，继续提升经理人素质，继续提升防范和控制风险的能力。

今天，一个伟大而平实的中粮贸易公司成立了，整合只是我们未来过程中的一部分。只要我们有了思想的统一，一定能够真正地创造出一个中国没有的粮食企业，这个粮食企业集合了国际、国内粮食企业的经营模式和经验，还有能力；集合了广义的粮食贸易，和农民有接触、有指导、有促进，有仓储，有物流，甚至延伸至农业种植，农产品加工，品牌树立。这个企业和中粮自身产业链中的几个环节是密切吻合的，它是可以管理这个产业链的，它是有效率的。归根到底，它的经营模式来自资产组合、人员能力和对市场机会的把握，它可以给消费者，可以给社会，带来一种有效率的资源的整合、分配和流动。它的经营是有竞争性的，它有很好的盈利水平，我们正在打造这样的公司。

成立中粮贸易公司，是中粮集团下一步大粮食战略的一部分，希望明年能看到中粮粮食产业链扩展到全球。中粮成为一个真正的国际性公司，能够服务于国家战略，服务于国计民生，服务于企业发展。

（2013 年 12 月）

商业模式重建是一个漫长的过程，不仅要把商业逻辑琢磨清楚，还要改变人们的行为习惯。

战略引领使命之旅

我们一直说“三粮合一”，实际上加上最新并购的Nidera（荷兰谷物交易商）和来宝农业，现在是“五粮合一”。从“三粮合一”到“五粮合一”，中粮该怎么做？经过十年的发展，中粮真的要往国际化走了，是倒逼机制，不是“想”和“不想”的问题。我们已经创造了这个平台，我们的队伍一定要管理好它，我们要有这个信心，我们的智慧、勤奋和经验是可以担当的。

粮食贸易和加工再一次成了中粮集团最核心、最大且布局最广的一项业务。其实当我们考虑进行这个投资的时候，我心里核算了一下，假设国家不支持行不行？也没问题，我们有很多盈利很好的资产可以换这个资产，假设我们未来业务本身遇到风险，中粮资产组合里面有强大的盈利资产和现金流，可以支持我们的业务。当然，国家的支持，让我们心里更踏实。

关于未来整个中粮贸易的模式，大家讨论“品种+区域”，讨论内部的协同，我认为很重要。如果我们内部规范不好自己，我们去并购别人是没有道理的。未来我们首先必须把自己的模式做好，把团队管好，用管理方法和商业模式提升管理效率，才能更好地与另外一个主体对接，才有融合的能力。事实上，现在Nidera和来宝农业对我们内部管理是持怀疑态度的，它们觉得中国公司过去欠缺这方面经验。虽然它们也犯了很多错误，有时也做得不好，但还是认为它们比我们好。反过来讲，能够有一个国际性的公司，国际性的管理方法，让我们学习是好事。所以，只有双方真正融合了，才能成为一个共同体，才能创造一个未来成功的模式。

中粮贸易面临的机遇与挑战

中粮贸易于2013年年底成立，生逢其时，存在众多机遇。一是国家的机遇。中央的战略和部署需要自己的大粮商协助落地。这是国家给予中粮贸易发展的重大机遇。二是行业的机遇。我国粮食生产能力难以大幅提高，但消费还将继续增长，供求差只能靠大粮商通过贸易特别是国际贸易保障。中粮贸易有机会凭借不断增强的市场影响力和话语权，引领行业变革，主导行业标准，规范竞争机制，为粮食流通行业发展树立标杆。三是集团的机遇。集团的业务涵盖了粮油食品全产业链，主要品种的上下游之间和不同农产品之间，既有各自的市场特性，又存在关联性。未来中粮贸易要与其他板块合作，有利于提高团队和运营体系的效率。随着集团海外并购的完成，中粮贸易通过与集团旗下的其他业务板块和海外平台建立良好顺畅的合作关系，强化业务协同和信息共享，完善决策机制，增强集团粮油业务的整体性，这些都是集团能提供的良好机遇。四是自身的机遇。中粮贸易集合了一支国内最优秀的粮食业务团队，既有长期做国际贸易的团队，也有精于做国内贸易的团队，还有善于管理国内最先进仓储物流设施的团队。“三粮合一”本质上就是要将这三个团队的优势充分结合，打造出一体化运营能力强、粮食流通效率高、善于在市场的起伏波动中抓住机遇且决策水平一流的团队。未来我们当中会有人在纽约工作，在瑞士工作，在巴西工作，在荷兰工作，在公司里跟不同国家的人一起工作。不这么做，我们很难掌握全球的市场、全球的资源和全球的货物流动。从这一点讲，我们创造了一点历史，或者我们在公司发展史上有一个进步。但十年以后会怎么样，要靠大家的努力。挑战与机遇相伴共生。机遇越大，挑战越强。

第一，要承担历史重任。没有市场竞争力，中粮就没有能力贯彻中央的战略和部署，我国的粮食流通行业在国际市场上永远不会有话语权。中央明确提出要积极发展混合所有制经济，不断增强国有经济活力、控制力、影响力，支持有条件的国有企业改组为国有资本投资公司，服务于国家战略目标。这不仅为中粮的未来发展指明了方向，也为中粮贸易的未来发展提出了更高的要求。

中国是数一数二的农业大国，也是消费大国，但中国还没有一个重量级的国际粮食流通企业，所以从国家角度来讲，就是“舍我其谁”。中粮未来的发展，粮食贸易、加工、物流是最核心的业务组合。中粮如果想做大粮商，就必须“走出去”；中粮如果想在国内有地位，首先要有国际地位，没有国际地位就没有国内地位。

即使从企业自身来讲，我们也确实需要成为一家全球的企业，需要有第三国贸易的能力，有作为国际化粮商的能力。未来能不能在所谓的国际大粮商、国内大粮商，加工企业，加上“海外企业”之间，打造出一个模式，一个能够持续发展和盈利的模式，一个能提升竞争力的模式，这是我们面临的问题。我们既要做得好，又要能挣钱，这才是大粮商。具体到中粮贸易，品种和区域怎么结合？国际上怎么结合？未来小麦怎么买？大豆怎么买？能不能找到模式……要开动脑筋，顺着现在的资产布局、经营规模来看未来的商业模式，我相信我们能够在国家政策支持的基础之上，进行真正的商业模式创造。这才是我们真正的任务。

第二，要参与国际竞争。中粮贸易除了做好国内市场运营，还要“走出去”，向北美、南美、澳大利亚等主要粮食出口地延伸业务，顺着全球主要品种的贸易通道，采取由近及远、由易到难的推进方式，逐步向出口地港口及其内陆主产区拓展业务，改变现行单纯从事进口采购的业务模式，经过十年左右的时间，打造具有第三国贸易能力的国际大粮商。只有中粮贸易具备全球视野和全球运作能力，才能全面提升集团粮油业务的整体决策水平和风险管控能力，才能更好地发挥集团海外并购企业的价值。

第三，要做好团队融合。企业整合不成功，绝大多数源于团队融合不成功。只有团队融合好了，才能真正解决内部面临的商业模式、体制机制和管理方面的问题，站稳脚跟。团队融合的关键是经营思想、理念和文化的融合，需要团队的相互了解和理解，增强合作意识，是一个“润物细无声”的过程。

第四，要重建商业模式。商业模式重建是一个漫长的过程，不仅要把商业逻辑琢磨清楚，还要改变人们的行为习惯。企业越大，组织的惯性越大，人的行为习惯要改变也越难。品种加区域这种矩阵式管理模式，给了多数人更大的自由空间，要在两个甚至多个领导下达的指令中实现平衡，这对习惯于直线型管理的经理人和员工都是很大的挑战。

抓住机遇迎接挑战

第一，要增强使命感。打造世界一流的粮食流通企业，发展中国自己的大粮商，实现粮达天下、惠泽四方，承担历史重任，这是时代赋予的历史使命。中粮贸易应强化每一位经理人和员工的使命感，引导大家将国家、荣誉和责任完美结合，在工作面前自觉行动、任劳任怨，在挑战面前百折不挠、坚强不屈，为公司的发展贡献正能量。

使命感是需要有一定的目标和愿景来激发的。中粮贸易的今天，不管是“三粮合一”“五粮合一”，还是打造国际性的粮食流通企业，已经有了很强的使命感和目标基础。中国企业“走出去”，买矿产、买油田的多，但买经营实体的不多，因为经营风险比较大。现在我们并购了一个经营实体回来，还是相当有挑战的。我觉得国外公司的使命感不是很强，他们凭更强的职业性、自律性，但人非常专业。

第二，要具备团结精神。团结能出效益、上水平，能以少胜多、以弱胜强。中粮贸易当前最要讲团结，团结才能有效推进团队融合；未来业务发展过程中逐步提升整体性，也需要团结。团结最关键的是有意见当面提，有问题当面说，养成交流沟通的习惯，要容得下不同的声音。

第三，要不断学习。学习的目的是能专业地做事，掌握科学方法；学会与人相处，高境界地做人；学习他人的长处和高效率的做事方法，形成纪律和规则意识，养成敬业的习惯，真正打造出一个学习型组织。

组织有没有学习的精神，非常关键，这关系到组织的健康。对我来讲，如果某一年业绩出现波动，不管是因为市场不好，还是经营能力弱造成的，我都不会特别担心。但如果波动是因为不规范，或者是因为做了违规的事情，那就另当别论了。只要组织健康、目标一致、协同努力，不断研究探索改善经营，即使暂时出现波动，也一定会好起来。所有企业的竞争都是长期的组织健康的竞争。

我们为什么要建忠良书院？为什么让大家到这里研讨？实际上就是希望组织能健康地成长。组织健康是每个个体的健康，每个个体的思维是活跃的、思路是一致的，研讨是大家统一思想、统一行动的过程，而且过程中每个人都发挥作用。

第四，要勇于创新。企业深陷困境时，面对变革时，面临整合时，都需要创新，通过创新不断蜕变和发展。当前，中粮贸易既要整合，也要重建商业模式，身处变革之中，广大经理人要有海纳百川的胸怀，能明察细流于毫末，汇聚能量于初始，引导创新于过程，探究教训于失败，总结经验于成时。企业的大多数创新源于学习与模仿，集团大力推动的标杆管理为创新提供了非常有效的方法，中粮贸易各级经理人都应深入学习和把握。此外，中粮贸易还应加强团队研讨，推动轮岗和人员交流，这不仅有利于培养优秀的贸易人才和团队，也是诱发创新的有效方式。

（2014 年 3 月）

改变发展模式，要从战略、投资、规模、速度驱动转变成运营、效益、质量、细节驱动。

改变开启中粮新时代

中粮集团走到今天，改变了很多事情，改变了很多思维方式。

10 年前我们开启新中粮，是在国内进行并购扩张，在公司内部进行调整。但是今天我们收购 Nidera（荷兰谷物交易商）和来宝农业，海外并购走出了关键性的一步，增加了 120 亿美元资产、6000 万吨经营量、370 亿美元销售额，中粮面临着脱胎换骨的变化。

我们会变成什么样的公司？中粮集团因为“走出去”，因为国际并购，战略方向更清晰了。中粮希望建立的不是一个中国公司，而是一个国际性的公司。中粮要真正成为大粮商，有国际化的经营设施和布局，包括网络、港口、铁路、仓库，有国际化的管理能力和人员，建立把国内贸易、国际贸易、加工、物流、服务统合在一起的商业模式。在这种大背景下，中粮集团 10 年前的挑战远不如今天大，这一代中粮人要把中粮做成一个具有国际水准和国际竞争力的大公司。这是关键性的一步，历史性的一步，必然会改变中粮。

“三粮合一”“五粮合一”，中粮该怎么做？我们的商业模式、经营方式、管理水平有什么优势？我们能比别人知道更多的信息吗？我们对市场的判断能比别人更快、更准吗？我们能比别人成本低一点吗？我们能有基本稳定的流量和客户吗？

目前，中粮的国内、国际布局基本完成，进入了一个新的发展时代。10 年后的今天，我们要改变 Mindset（心态和思维模式）。

第一，改变发展模式。要从战略、投资、规模、速度驱动转变成运营、效益、质量、细节驱动。过去我们比较注重战略、并购、规模、扩张的思维，今天必须转向运营效益为首。随着 Nidera 和来宝农业的加入，中粮的大格局基本形成，国内外的粮食格局、行业布局，包括酒店地产、金融、包装、工科等业务布局，初具规模。

今天，我们不再那么急迫地扩地盘，中粮要从过去极度想变成一家大公司到变成一家好公司。过去我们常讲布局、并购、规模，但是如果没有效率、质量、ROE（净资产收益率）、竞争力、运营细节，我们所有的战略都会付诸东流，都不可能成功。要从心态上真正转向运营、效率、质量，转向精细管理和竞争力提升，而不仅仅追求规模和速度，整个公司都必须改变。

这不是否定过程的发展，买地、建厂、做产品、做品牌、上规模都不容易。过去的规模成为公司基本的运营架构，没有规模就没有今天的平台和发挥余地。中粮今天的国内地位、国际地位、规模地位、品牌地位，都比以前大了。但是，光有规模难以持续，必须解决根本的转变问题，所有的部门、所有的单元，必须改变思维方式。当然，不是不投资，而是要提高投资质量；不是不并购，而是并购的目的性要强。当不能更好地提升质量和竞争力的时候，不要讲投资和规模扩张。

第二，改变管理架构。从集团驱动转变成业务自主驱动，充分发挥业务的自主能动性、积极性和主体责任感。过去是由集团驱动，集团提要求、提方向、提目标，甚至自己去干，代替了很多业务部门。目前集团业务的复杂性、管理架构的复杂性和集团本身能够管理的深入程度，迫使我们必须放权，必须调整管控关系，否则管不过来也管不好，容易出问题。公司就像一个大的建筑，职业经理人是每一个环节架构中的支撑点，这些支撑点要承担更多的责任，做更多的决策。

今后集团要变成一个更清晰的投资控股公司的管家，每一个业务单元、每一个中心、每一个支点都要发挥主动性。未来，希望中粮集团的所有海外企业、上市公司、不同行业都有非常强的自主能动性，每个企业都能自我驱动，成为行业的领导和杰出代表。只有每一个业务都强，中粮才能强。

第三，改变经理人的责任心。经理人要真正成为业务的主导者，而不是执行者，充分为业务的发展方向、发展战略、运营管理等全方位负责，发挥创造性，开拓进取。

我觉得中粮经理人的创造性不够。中粮很少有超出预期发展的业务，很少有行业领先、回报率高、发展速度快、团队比别人好的业务。如果我们总是比别人慢一点，卖得便宜一点，卖得少一点，成本高一点，回报率必然低，经营业绩必然比别人差。我们今天必须转变，单元经理必须真正用心负起责任。经理人不转变思路，所谓放权、激励，所谓 ROE，都无法执行。

第四，改变经理人的专业性。如果我们想提高 ROE，把业务从战略性、扩张性、资产规模性发展转变成效率提升，使得每一个行业每一个公司负责人都有很强的内在动力、很好的评价系统，专业性是必不可少的基础。经理人要成为行业专家，引领行业进步。

比如大宗商品贸易，有没有贸易流量流向、物流收储、信息共享、风险控制的专业性水平？能不能通过不断的系统学习、思考、研究、积累，加深对业务的透彻理解？对市场活动有没有基本的跟踪和布局，对市场有没有正确的判断？所谓领导，必须不断思考，减少错误的发生，必须成为专家，明白什么因素影响生产价值，必须追踪市场的细微变化，有敏感的触觉。

比如加工，不管是工业型、技术型、成本型还是研发型的东西都必须具备。我们的技术、设备比别人好，但是做了半天产品不行，怎么竞争？中粮的专业性要求我们起码不低于行业平均水平。

比如品牌食品，渠道也好、品牌也好、产品也好、价格也好、研发也好、创新也好，缺一不可，市场导向非常强，必须有专业性。比如我买网，投资人多了，行业竞争越来越激烈，能不能洞察市场，把最好的商品、最好的模式搬进去？

今天，我们看中粮的未来，必须转向更具有市场化、专业化、国际化的水平，我们必须反思，顺应大趋势的转变。希望能看到中粮的经理人有行业洞察力，有研究水平、学术水平、专业水平，有很强的市场管理能力。过去我们更多地强调人好、团队好、领导力强，但这些只是基础，领导必须注重全方位能力的提升。

第五，改变对 ROE 理解的角度。ROE 不仅仅是财务指标、考核工具、评价方法，更是一种工作方法和思考方法。要真正运用 ROE 的分析方法，找出影响企业经营效益的各种因素和解决方案。不管是集团，还是业务单元、经营中心，其投资方法、财务结构都需要改进。希望大家接受 ROE 概念，接受杜邦分析法，应用到具体工作中，厘清思路，看懂业务，找对问题，解决问题。

ROE 的概念其实很简单，就是投入多少钱，收回多少钱，ROE 水平代表了管理水平，代表了资本回报率，代表了市盈率。ROE 水平高或者增长高，市盈率一定高；市盈率高，股价就高；股价高，期权就高；期权高，市值就高；市值高，公司运营能力就强。希望中粮真正进入一个新的效率化、精细化管理的阶段，推动发展。

第六，改变团队。中粮的成功、中粮的国际化，都要基于团队。要打造百年老店、基业长青，团队的改变、组织的健康，是所有转变的基础。对于一个企业，什么样的健康是最大的健康？资产、销售、品牌？这些都重要，但都是不断变化的，要靠制度来支撑，靠健康的组织来保障。

什么是组织健康？遇到问题会解决，遇到困难会找方法，遇到阻力会调整，有整体的文化和组织信念。未来，中粮“走出去”，并购海外企业，市场化了，竞争激烈了，怎么办？我相信一个健康的组织，一定有能力去学习和应对挑战。我对中粮有信心，虽然我们的国际视野不够，对国际市场了解不够，对国际通行做法不熟悉，但我们的组织会自我成长。

改革只有进行时，没有完成时。任何一个健康的组织，都能在不断变化的大环境下，找到适合的投入、产出、奖励、惩罚标准。

希望大家积极探索股权多元化和员工持股方案，创新约束激励机制，奉行职业操守，努力进取，合规经营，把公司的事业当成自己的事业，形成公开、透明、专业、系统、经得住考验的团队。

今天的中粮进入了一个新的时代，让我们真正改变，开启中粮新时代。

（2014 年 4 月）

企业的国际化不是一个一厢情愿的事，更不是一个简单的钱的、投资的事，它是一个国家的政治、经济、文化地位被承认和被接受的过程。

国际化

欧美国家的企业比较容易国际化，这是其基因里带来的，过去200多年来因为航海技术带来的殖民化，加上近代的资本、技术、文化输出，使得欧美有点规模的企业好像天然都是国际化企业。国际化对它们来讲很顺理成章，因为它们在市场上受到欢迎，它们让别国接受了它们的市场理念、经营方式、金融环境和法律规则。它们好像到了别的国家没有恐惧和陌生感，它们认为自己知道怎么做是对的，而且它们时常要告诉别的国家应该怎么做。这是过去大约100年的情形。

但也得承认，一个国家的产品和企业的国际化，是一个渐进持续的艰难过程，因为企业和产品是一个国家具有代表性的综合体，是不能脱离一个国家的大环境和土壤而独立成长的，所以，企业的国际化也是一个国家的国际化过程。如果一家意大利或法国的企业来中国卖时尚奢侈品，大家觉得很应该，但如果一家非洲的企业来做这件事，大家可能不接受。所以企业的国际化不是一个一厢情愿的事，更不是一个简单的钱的、投资的事，它是一个国家的政治、经济、文化地位被承认和被接受的过程。如果国际化不是相对自然的过程，买是买不来的。

国际化的程度不一样，难度也不一样。就中国来说，有人来旅游，有人来做贸易，有人来投资办企业，这已是国际化了，但这些不是中国企业的国际化。中国企业要“走出去”到其他国家，不仅买东西回来，不仅做被动投资，而且要建立国外经营能力，建立国际化团队，建立与跨国企业可竞争的商业模式，把全球都看成是自己的市场和产地。它建立的企业不仅是一个中国企业，而是一个中国人参与的国际化的企业。在这种情况下，挑战就来了。从小的说，有语言的、经营方法的，大的可逐步到战略、文化理念、价值观等方面，加之对全球经营根本规则理解的差距和不同。虽然困难很多，但经济文明就是这样形成的，躲是躲不过去的，因为国际竞争早已到了家门口。要想做一家好的企业、一流的企业，就必须做一家国际水准的好企业、国际一流的企业，如果仅仅守在中国是守不住的。国际化的过程看起来是一个投资扩张、业务发展壮大的过程，但对中国企业来讲还有更深层次的意义。企业自身如果真正融入国际经营了，会经过一系列重组、提升、融合、洗礼、再造，最终产生一个多文化、多层面、多种管理方法融合在一起的健康的企业组织。

一个企业国际化，容易说成是投资别人，并购别人，管理别人，这虽然看上去是比较主动的，有目的性的，但从全球成功的国际化企业来讲，任何一家企业的国际化都应该是以合作者和参与者的姿态出现，因为面对的是市场，市场的规则是它只接受了解、遵循并在它的规则下创立出竞争优势的人。这样，在国际化的过程中，无论对合作者、客户、员工，无论你投资的股权有多大，只有以合作参与的姿态形成利益共同体，有一致的目标，顺畅的沟通，产生合力才是根本。

国际化投资的商业目标是要建立起更有市场空间，更具竞争优势，更有规模效应，有合理有效的战略布局和独特运营方式的公司。业务在国际范围内的一体化协同，管理系统和人员提升是很具体、很细致、很科学的多项工作。无论说了多少国际化的意义、愿景、态度等，没有真正国际化的企业的一体化运作和价值创造，一切都不是。这就是更残酷的国际市场。

（2014 年 5 月）

市场化不是想不想的问题，进入国际市场就得有规矩，没有太多的政策干预，没有所谓的配额，更具挑战性，要求每个人更职业化、更专业化。

开启中粮新时代

中粮有65年光辉历史，物竞天择，适者生存，60年来，中粮见证了中国政治、经济、市场的不断转变。中粮的历史也是不断转型发展的历史，经历了四次大的转型，惊心动魄，润物无声，中粮人总能找到适合自己发展的道路。业务的建立也好，转型也好，发展也好，没有任何一本教科书可以告诉中粮人该怎么走，需要中粮人自己去探索。这是非常宝贵的经历，使得中粮很有韧性，有适应性，有非常强的自我调整能力。

1987年外贸体制改革以后，吃完散伙饭，中粮一夜之间就变成了只有几十个人的空壳公司，但是今天我们又建立起了一个包含各个业务、规模庞大的企业集团，不是依靠行政关系，而是由业务关系、投资关系、股权关系、团队关系、产业链关系连接起来的新的大型集团。在将近30年时间里，我们进行实业化探索，内贸和外贸相结合，贸易和加工相结合。从2004年开始，中粮逐步建立了新的使命愿景和企业战略，进行了一系列投资和并购，迅速扩大资产规模，打造全产业链，营业额、利润随着规模的增长也在不断增长。

今天，我们从田间到餐桌的产业逻辑已经形成，中谷、华粮、中粮“三粮合一”，国内贸易、国际贸易、物流业务、加工业务、品牌食品业务初具规模，但是协同还不够，管理还不够。今天的规模基本形成了中国粮食行业中粮和中储粮两大公司的格局，两者定位不同。

粮食是一个市场化的贸易业务，很大程度上是一个物流设施保障的业务，这是全球粮食行业的特点。中粮过去的物流设施不足，现在有码头、有仓库、有铁路，基本形成了中粮自身的市场化规模体系，这对我们的未来非常重要。今天，我们正在逐步向大粮商发展，中粮要成为大的粮食贸易商、物流商、加工商、食品原料提供商、食品供应商。

中粮未来会变成什么样的公司

今天，中粮的第五次转型悄然来临，中粮要真正转变为国际大粮商。不管你有没有准备好，不管你是否喜欢，不管面临多大的挑战和困难，新的转变来了。我觉得这个转变是终极性的，我希望在这个转变之后中粮的战略不再有大的调整，保持基本稳定，做好运营管理。

这个转变是从并购 Nidera（荷兰谷物交易商）和来宝农业开始的。在并购这两个企业后，中粮未来会变成什么样的公司？中粮会变成一个以粮油食品为主营业务的投资控股公司，实现“五粮合一”，在香港整体上市，真正成为像“ABCD”四大粮商一样的国际大粮商，这是我们的目标。

如果中粮集团真正成为一个投资控股公司的话，就具有了资产交易的灵活性，可以比较自由地进入或者退出某些业务，可以增减股份，这是投资控股公司的技术特点。

这两年，我们的 ROE 下降了不少，为什么下降？非经常性盈利下降了，培育性业务、新业务的影响，行业性、产业性大势的影响，管理失误和经营不善，这些原因都有。未来中粮集团变成投资控股架构，对每个业务的 ROE 水平和公司市值都有非常清楚的评价，发展好的可以继续往下做，发展不好的就可以卖了。

现在来看，我们的资产基本上经历了从简单到复杂，从复杂到厘清，再从厘清到简单的过程，呈螺旋式循环，最终会形成非常清晰的业务骨架。所以，我们的每一个公司都要真正地创造价值，以盈利、市值等贡献水平，受到集团作为投资控股公司的评价，决定去、留、加、减。我觉得基本上会形成这么一个局面，当然现在做不到，可能还得三五年时间。最终希望中粮集团的资产回报率、发展速度、规模都比较好，每一个业务都能遵循市场要求，有正常的回报率。

当然，培育一个新业务可能需要 10 年时间，不管是培育业务还是已经相对成熟的业务，集团目前会继续给每个业务发展的空间，继续完善、协调好业务单元、经营中心和集团的管控关系，继续支持各个业务单元的发展，继续促进支点经理人、核心经理人队伍的发展。希望每个业务单元都是一个发动机，能够自我驱动和发展，希望每个经理人都努力做好业务。

并购 Nidera 和来宝农业的意义

并购 Nidera 和来宝农业是非常重大的事情，对中粮极其重大，对国家非常重大。从来没有中国公司到国外去买一个有 16000 人的企业，遍布 20 多个国家，粮食行业更没有。

新的国家粮食安全战略讲“适度进口”，这在历史上从来没提过。中国水土资源短缺，用世界 7% 的耕地养了世界 22% 的人口，同时在消费持续升级的大形势下粮食产能增长有限，必须以国际市场作为适当的补充，掌握进口主动权，利用全球资源。只要有自由贸易，有粮食的流动，我们就有粮食的加工、物流、贸易，保障国家粮食安全。

可以想象一下，在南美洲阿根廷、巴西的某条河流上，有我们的港口，在广阔的潘帕斯平原（全球最富饶的粮食产地），有我们的码头，通过我们的物流渠道，可以顺利地把粮食运回中国，这是多么美妙的事情，对我们的国家、社会有多么重要的意义。当然，我们也不能太心急，要兼顾国家战略和经济效益，要实现这个美好心愿，挑战很大。

目前中粮集团资产规模很大，资产质量不错，也没有很坏的资产。中粮所有的资产都值钱，蒙牛、地产、金融、包装的资产总价值在100亿美元以上。地产酒店业务已经比较成熟，市值几百亿元。金融业务虽然规模比较小，但有很大的潜力。肉食虽然亏损，但它是我们的培育业务。虽然回报率不高，但我们的资产质量没有大问题。

在并购Nidera和来宝农业之后，我们的摊子更大了，有了一个更大的平台，有了非常好的基础，做好是不容易的。我们在收购这两家公司的过程中，引进了国际投资者，希望他们真正从商业、市场、投资的角度来提升我们的经营能力，我们也必须真真正正地改变。

我们能为新中粮做些什么

人这一生总是在不断地自我挑战、自我再生、自我尝试。10年前我在这儿说“新中粮计划”，那时候虽然我年轻一点，嗓门更大，说得更洪亮一点，但是没有今天这么有信心。今天，中粮走到了创造新中粮的关键一步，这一步符合国家政策，符合市场需求，符合中粮发展，也有国家的支持。面对中粮的第二次创业，我非常有信心。

面对中粮新时代的新变化，我们能做些什么？

第一，国际化。未来，国内、国外的企业一定会融合，会有一个国际化的董事会、国际化的业务组合、国际化的经营水平、国际化的管理方法，遵守国际准则，符合国际市场的要求。中粮一定会成为国际化走得比较靠前的国有企业，要真正与“ABCD”四大粮商比肩，成为“ABCCD”。

第二，市场化。市场化不是想不想的问题，进入国际市场就得有规矩，没有太多的政策干预，没有所谓的配额，更具挑战性，要求每个人更职业化、更专业化。

第三，股权多元化。就是混合所有制，形式更多，股权多元，要借力发展。比如蒙牛，市值800亿元，我们能借阿拉福兹（丹麦企业），能借达能（法国企业），不借力就没有发展，一定要用我们的优势来借力。

第四，资本化。中粮集团作为控股公司，其资产会以更资本化的形式体现出来，管理形式也更资本化，通过资本化的交易体现出来。这要求管理的科学性、人才的专业化程度更高。

第五，文化包容性。中国人把国际化当成很了不起或很难的一件事，但西方国家不这么认为。自从有了航海的大发展，西方近200年的历史，就是满世界跑的历史。西方人不太叫国际化这个词，他们觉得一个美国公司跑到中国来投资很正常，国际化是顺理成章的，他到中国来还希望中国人学英语，按他的要求做。但是一听到中国人要去美国投资，就不太容易接受，文化融合就变得很难。我们的国际化经验不如人家多，就要借势，要有一个文化融合的过程。业务能不能结合，文化能不能融合，最终能不能达成国际大粮商的目标，要看我们未来几年的努力。

今天的中粮开启了一个新时代，将变成新的国际化架构的公司——CNN（Cofco Nidera Noble），但能否真正成为国际水准、世界一流的大企业，还有很多非常实际的、迫切的任务摆在我们面前，希望大家一起努力。

（2014 年 5 月）

我们必须知道国企的产生、发展、存在到今天，最主要的是改革。

站在今天看未来

今年是我来中粮第10年，也是第10次跟新员工见面，我代表中粮集团欢迎大家。

中粮集团的未来是什么？是人的未来，年轻人的未来。现在的中粮跟10年前不一样了，10年来，资产也好，规模也好，经营方式也好，影响力也好，都在成长，这是大家共同创造出来的。每个新员工进入中粮，可能在中粮干5年，也可能干30年，今天是起点。

今天我不想说大的理想和追求，想说说公司的发展，公司最近一年在想什么、做什么。希望大家考虑一下，你在公司里是什么位置，怎样参与，扮演什么角色？

中粮是不断改革探索的国企，要用历史观推动市场化进程

国企应该是怎么样的？我不知道你们加入中粮集团是因为它是国企，还是因为它是中粮。国企目前吸引力还比较大，这和20年前不一样了。20年前我去北京大学招聘，当时的学生第一选择是外企，然后是中外合资企业，不愿意来国企。在这20年内，国企进步了。

中粮是一个不断探索、改革中的国企，今年国务院国资委选了中粮作为国有资本投资公司试点。中粮本身市场化程度比较高，自

己探索了一些，一步步走过来。我们整合中土畜、中谷、华粮，再到华孚，企业在改革过程中，自己把握得越好改革得就越好，探索得越好就会被授予更多改革的权力，企业也会一天比一天好。

今天为什么要说这个问题呢？一个企业一定有它的历史，我曾经写过一篇小文章叫《历史感》，如果一个人能用历史的眼光来认识问题，一定是比较智慧的人，用历史的眼光来看企业，会对企业有更深刻的认识。中粮国企的性质是怎么来的呢？是从历史中走过来的。我们必须知道国企的产生、发展、存在到今天，最主要的是改革。我们这代人处在不断调整、改革、整合、摸索中，错了再重来，总之就是不断探索，中粮集团就这么来的，它必须真正适应新市场和竞争的要求，同时适应国家、社会、政府的要求去改革。

我们正在做方案，要把国企重新梳理一遍，从国有资本本身的要求开始，到国有资本管理的方式、和非国有资本的关系、董事会和团队的关系，都在梳理。我们要主动推动改革，必须是整体的系统，而不是支离破碎的改革。本来这个系统在西方国家、国际化企业中是运行了近200年的制度，很成熟，可是我们要从头探索，因为我们过去是不一样的制度。

国有企业的特点过去给了我们很好的发展基础，也带来了很多管理中的问题，下一步我们应该依托这个基础，对管理效率不高、竞争力不强、创新性不够、评价系统不准确等问题加以改革。比如中粮肉食，现在引入了很多外资股份，都是世界顶级的投资者，他们成为股东，将会带来更市场化的管理方法。谁来决定董事会，谁来决定董事长，董事会怎么管理总经理，总经理怎么管理团队，工资怎么定，评价怎么搞，所有的决策、评价、奖惩都会更市场化。

我们怎么做市场化的企业？我希望每个进入中粮的年轻人不但在中粮做得好，还要有行业价值，我不希望大家在中粮做了5年后发现哪也去不了，因为企业太差，到哪儿都没人要。今天的国企也好，每个人面临的就业环境也好，都处在转变过程中，必须用市场化的思维来看自己。我希望每个人在中粮有最好的发展，永远不要离开中粮，在中粮贡献一辈子你们的力量，中粮也尽量给每个人提供最稳定、最好的工作环境。同时希望每个人在国企改革的过程中找好定位，借助国企的基础学习、进步、锻炼，有创造性，有竞争力，面对市场，生龙活虎。

中粮是专业化的粮油食品企业，专业性很重要

中粮是粮食、食品企业，当然也有别的行业，但那是投资性业务，核心主业一定是粮食、食品和食品原料。现在有吸引力的业务太多，真正能把专业性做强的不多。比如养猪，别以为养猪是很土的事，养猪也靠科技，环境、生物、饲料、营养、配种。丹麦是一个小国家，但养殖业全球领先，我们现在的种猪品种都是从丹麦进口的。

中粮有营养健康研究院，大楼盖完了，人进来了，有很多博士，但是怎么做好一个为产业链服务的研究机构？中粮集团要做研发，要提高研发意识，如果哪一天真能把研发的、产品的、工艺的、工业的文化渗透到整个中粮，把有技术含量的产品、有营养的产品和有效率的管理技术做好，中粮就不再是简单的大宗商品贸易公司，而是真正有内涵、有技术的企业。

研发不纯粹是技术问题，也是市场问题，研发所有的过程可以从技术开始，从市场开始，从原料开始，也可以从工艺生产过程开始。要想做研发，就是想改变这个公司，是公司的驱动力，从大宗商品，从附加值低的东西，转变成市场、技术推动的东西。到目前为止，中粮集团还没有一个产品是因为研发带动的明星产品，到目前为止，真正的粮食、食品产业链各个环节的专业性还不是很够。

国务院国资委给中粮的改革定位是国家粮食战略执行主体，其中包括国有资本投资公司，包括整个粮食、食品、农业产业链，下面有很多专业化定位的公司。粮食行业最复杂，今年粮食产量十一连增，但是粮库里存的粮食成本非常高，农业的产业政策、加工政策、农民政策非常复杂，有社会的问题、经济的问题，非常复杂，这里面有很多学习的机会，有很多专业性。

中粮集团今天的国际产业链，要求员工必须具有专业性，不管做研发、做销售、做财务、做贸易，都要有专业性。我希望大家能够有一个专业研究方向，不要搞万金油，稀里糊涂的，要继续保持学习研究的专业精神。

中粮要做国际化的粮食企业，必须有国际化的心态

今年，中粮收购了 Nidera 和来宝农业，引入了战略投资者，投资团包括淡马锡、厚朴、世界银行下属的国际金融公司，还有渣打银行，四家共占 40% 的股权，中粮集团占 60% 的股权，一起完成了并购。

这使得中粮集团从形式上变成了国际化的企业，有 60 多个国家的业务、20 多个国家的投资，海外业务规模大过国内业务，覆盖的品种也多过中粮集团原有的品种，比如棉花、咖啡、种子，以前我们没有，现在有了。

国际化带来了什么呢？可能未来海外企业对中粮集团的影响和改造，会大过中粮集团对海外企业的改造，事实上这个事情正在发生。中粮国际化的过程，不是简单的资产布局的国际化，而是这个公司本身整体的国际化。

中粮完成收购后，和“ABCD”四大粮商相比，现有的企业资产已经变成全球第二，营业额第三。但是内部管理水平、经营质量、业务逻辑肯定不如百年企业。我们的并购不是有机成长，而是突然完成的嫁接移植，面临很多文化、理念、能力的冲击。

国企的改革、专业性、国际化的平台是一体的，国企不改革就不能国际化，国际化就要更有专业性。每一项工作都是相连的，不是支离破碎的。中粮正处在一个新的发展阶段，这个阶段是过去的国企改革没有的。

我希望大家参与到国企改革和国际化的转变中，你们所建立的业务、建立的公司，一定会有更厚重的历史。忠良博物馆写下了中粮过去的历史，现在是三层，将来还要有四楼、五楼，那是国际化

的历史。这个由谁来做？由你们来做！

中粮的国际化实际上改变了整个行业，甚至改变了中国人的吃饭问题。粮食在中国是一个政治问题，对中国的社会稳定关系巨大。这样一个公司，这个公司里的每个人，有的人起大作用，有的人起小作用，看个人的能力和机遇。

年轻就是未来，未来是你们的。每个人都有艰苦的日子，也有富足的日子，从二十四五岁到五十四五岁，30 年一定经历了人生中最挑战、最丰富的过程。中粮集团提供一个平台，希望大家有成就、有发展。

（2014 年 8 月）

中粮和外资企业之间的竞争，实际上是全球产业链的竞争，从起点开始，谁卖得最好、最便宜，谁效率最高、做得最快，谁的品牌做得更好，每天都在竞争。

用专业化的管理和创新推动国企改革

如何看待国有企业？如何看待国企改革？中粮向何处去？如何用专业化的管理体系和不断增强的研发创新能力，推动中粮业绩的成长和公司的发展？

用历史的观点看国有企业

就全世界的经济体来讲，中国的国有企业比例最大，但中国人对国有企业的纠结比任何国家都多。

中国的政治、经济体制是社会环境孕育的，解决了当时的历史问题，每个中国人都要对此负责，因为这是每个人参与的。国有企业的存在有国家层面制度设计的原因，是中国的特点。只要承认中国是一个社会主义国家，承认中国目前的政体，就不能单纯地把问题归结到国有企业。

所以，首先要承认国有企业在中国经济中的地位和作用，然后再考虑中国走到理想的状态应该是什么路径，需要做什么努力。中国人拿这种心态来看国家才行，这是对国有企业的基本认识。

国有企业的改革，从厂长经理负责制开始，后来发奖金了、年薪制了，再后来合资了、上市了，还有期权了，经历了很多过程。很多人说国企改革太慢，美国怎么样，欧洲怎么样，但是让美国人评价中国，他觉得中国30年变成这样，不得了。其实，历史上二三十年很短，一下子就过去了，拉长了看没什么，但活在那个时代的人可能很纠结。进步是螺旋式的，认识完了前进一步，不行倒回来，再往前进一步，历史就是这么往前走的。

中国这一代企业家应该知道，这一代人正好活在这个历史阶段，没有权利把这个阶段抛弃掉，应该在这个阶段把它做好。国有企业是民众的企业，是国家的资产，经营好了，对国家会好，民众也能得益。必须让民众感受到，国有企业的盈利和经营成果，他们是可以分享的。

国企改革的路径

国企改革近30年了，积累的经验多了，制度设计的知识存量也多了。关键是要突破一个基本的思维，国有企业在什么行业，该怎么做？在一些完全竞争性的行业，国企是不是该退出或者逐步退出？有些行业是不是需要控制？这需要做行业定位、企业定位，然后找出合适的方法，像建房子一样，第一步怎么建，第二步怎么建，设计好。

改革分几个层面，如股权层面的改革，以混合所有制为例。混合所有制怎么理解？怎么改革？怎么完善？什么样的企业可以发展混合所有制？混合到什么程度？用什么路径？有什么资格？怎么定价？怎么交易？怎么管理？从什么系统开始？从哪一步开始走？第一步干什么？第二步干什么？今天干什么？明天干什么？干完了要去哪儿？不行以后退回来，分几步能回来？然后再怎么做？这个制度设计的过程很长，要先研究清楚，然后再实施，要提供技术性的管理，落实到路径上，进行社会公示、社会招标，否则盲目乱来，一做就乱，乱了就实施不下去了。

改革的具体方案在不断讨论，不断征求意见。大方向是确定的，不同的是路径和速度，怎么平衡国家对国有企业的控制力和国企市场化之间的关系？两者之间的连接点在哪儿？

中粮面临的市场化竞争

所谓市场化，不仅仅是商品的市场化，更涉及组织、人及整个管理架构、管理理念的市场化。市场化是由市场来评价成败，不是来自某个人、某个政府，而是来自社会、市场、消费者。中粮也一样，如果内部越发展越复杂，产品、服务没有变化，消费者感受不到，是没用的。我们必须适应市场，适应消费者，接受市场评价，在市场竞争中进步。

从加入 WTO 开始，中粮明显感受到市场化的进程加速了，突然之间，国内、国外的竞争都到了门前。中粮今天的对手全是外资企业，面对全球化的市场竞争，不是中粮想不想选择的问题，而是想不想生存的问题。

中粮和外资企业之间的竞争，实际上是全球产业链的竞争，从起点开始，谁卖得最好、最便宜，谁效率最高、做得最快，谁的品牌做得更好，每天都在竞争。消费者感受到的是油今天 60 元一瓶，明天 59 元，为什么？他不知道打成什么样才有 59 元的价格。

目前国有企业的压力比较大，道德层面、业绩层面、组织行为层面，都有压力。中粮从贸易公司转型而来，在与国际企业的接触中，积累了很多经验，应该在某种程度上跳开“国有企业”这几个字所束缚的市场竞争。

职业性和管理系统

人们讨论意识形态、道德理念比较多，但是我觉得现在的中国比较缺乏职业性。什么是职业性？比方说一瓶纯净水，该用多厚的瓶子？商标怎么贴上去？会不会掉下来？瓶盖怎么打开？成本怎么控制在 0.5 元？一瓶水只能卖 1 元，如果能降低 1 分钱成本，一年就是一千万利润，做不做得到？但是质量不能下降。瓶盖能不能改小又不影响消费体验？从营销的角度，怎么用纯净水带动高价饮料的成本和物流费用降低？

任何公司的管理和经营，都是由这样一些细节组成的。谁来做？用什么管理方式、什么公司文化、什么价值观、什么激励机制，让员工提升职业性，做好这些一点一滴的细节？能不能在企业里找到本行业专业的经营方式？如何建立完善的管理系统？怎么做战略？怎么做预算？怎么做评价？怎么做研发？

中粮会逐步走进专业化的阶段，更多地聚焦国际化粮油食品业务。中粮推行的6S管理体系，包括整个公司的管理架构，从战略系统到人员评价都包含了，每个人都会用这个思维来考虑问题。中粮有很多单元业务，为什么没有特别乱？为什么我们的投资成功率相对比较高？我们用的管理系统，把各个层面的东西嵌入进去了。中粮旗下合资的也好、并购的也好、新投资的也好，每进来一个企业，从第一天开始就按照这个系统来运作，有统一的管理系统和价值观。

中粮这几年还在推行标杆管理，我们拿国际标杆来对标，不仅仅是结果标杆，有多大规模，赚了多少钱，还是过程标杆，分组织形式、分产品流程，从研发开始，全程对标。国有企业也好，私营企业也好，外企也好，没人不让你做，但你作为市场竞争的主体，必须要做。

中国经济发展了30年，改变了13亿人的经济状况，怎么没有自己的经济学和管理学呢？中国的企业一直在摸索，积累下来的管理技术、管理方法非常有意义，值得好好总结，要有理论、有系统、有路径、有结果、有评价。

技术和创新

我觉得中粮缺真正的研发技术，我们要变成一个真正的技术驱动型的公司。比如做饲料，饲料的配方影响生长效率，为什么有的人2.8斤粮食换1斤猪肉，有的人要3.3斤？差了15%，为什么？

饲料配方不对，养猪方法也不对。为什么美国的玉米单产高？他们是规模化、机械化种植。这些东西谁来解决？单凭做报告没用，没有文化系统、激励系统、战略系统、执行系统、研发系统，没有把大系统、小系统运转起来就没用。

国有企业必须和市场衔接，有长远的发展眼光。业绩考核和企业周期可能有矛盾，但不能因为业绩考核而做短期行为，不能因为短期的业绩数字而固守老业务，不培育新业务。比如中粮肉食做得很大，我买网一直在扩张，虽然还没有实现盈利，但发展趋势很好，都是顺应消费趋势，与中产阶级一起成长的业务。现在不做，将来谁来做？

最近我买网跟东航签了协议，海外直采，美国的车厘子直航中国。中粮只投资几千万，现在已经快做到 20 亿元销售额了。外资进来了，按营业额算投资，比我们的投资多好几倍，他们看到了未来的趋势和最终的价值实现。这就是创新。

老企业里面有没有创业者、创新者？这个非常关键。老企业里面待着，开仓库、卖粮食也可以，可能经营还不差，因为没什么风险，但也没什么大进步，对社会的影响、贡献，以及企业的发展就没那么大了。

（2014 年 9 月）

并购的动因首先来自中国市场消费的巨大需求和中国市场的成长性，同时也源于全球资源整合、业务链整合带来的运营规模和效率提升。

并购整合开启新业务格局

中粮联合厚朴、淡马锡等财务投资人，成立了中粮国际，分别投资了 Nidera 和来宝农业各 51% 的股份。中粮与跨国投资团之间的投资比例为 60∶40，由中粮控股。在这种投资模式中，Nidera 和来宝农业不是把公司卖了就走了，还持有 49% 的股份，可以看出原股东对新公司的信心。

并购的动因首先来自中国市场消费的巨大需求和中国市场的成长性，同时也源于全球资源整合、业务链整合带来的运营规模和效率提升。

中粮、Nidera、来宝农业的互补性非常强，包括战略的互补性、业务的互补性、资产的互补性、流量的互补性。这三家公司的组合和目前其他大粮商不同，不仅在南美、北美、非洲主产区有较完善的业务布局，而且在中国市场有很强的物流、加工、销售能力。

三家公司有共同的梦想，希望形成新的业务格局。从中粮自身来说，这个格局完全出自对整个农业产业链的理解和未来发展的预期，中粮的全产业链得以延伸。比如过去我们买大豆，是在长安街上打电话，但今天不同了，大的业务格局使得我们有能力在阿根廷以最高的效率购买大豆，运到中国，也可以卖去法国。过去我们直接买糖，但今天来宝农业可以在巴西进行甘蔗种植、压榨生产，用最好的物流、最高的效率，把糖运到中国市场，也可以卖到日本。这个业务本身是全球性的，中粮参与了这个国际化的过程，不仅仅是把食品买过来，不纯粹是中国的过程，也不纯粹是中国公司的过程。所以，我们的投资者是全球化投资人的组合。

未来，Nidera、来宝农业和中粮的业务将整合成一个整体的大业务联合网络，包括贸易能力、加工能力、物流能力，将使得我们变成一个拥有均衡完善的全球业务布局、很强增长性和重要性的大公司，全球性、综合性、多投资主体、全产业链的农业、粮食、食品综合企业，改善全球农业格局。

新的业务格局一旦形成，会大大提升供应链的整体效率，加强对中国粮食供应的保障，也能提升企业的整体运营效率，给股东带来更好的回报。

我们希望未来有新的整合，最终形成一个全新的全产业链、多品种、国际化、综合性的农业产业化和粮食企业，成为一个全球性的公司，专注于农业的企业，能够达到国际标准，有一流的投资人，把物流、供应链、加工、销售环节等整合起来，把全球消费者联系在一起，成为一家真正符合全球标准的农业领域的领先公司。

（2014 年 10 月）

中粮今天的资产规模可以与"ABCD"四大粮商比肩，但更大的差距是在内部，在真正新型的业务逻辑和管理水平。

整合业务逻辑，构建新商业模式

中粮和华孚正式合并了，在战略契合度上是非常好的合并。华孚虽然规模比中粮小一些，但是在主业集中和主业管理上成绩显著，酒、肉、糖在业内都有很大影响，在和中粮合并后能促进中粮整体产业链的进步。我们做了一件非常有意义的事情，不管是对公司也好，对员工也好，对社会也好，都是非常有意义的事情。

中粮国企改革的方向是聚焦粮油食品主业。中粮的金融和地产业务盈利比较大，这是一个自然发展的过程，要经营管理好，还要上市，更市场化，中粮要成为一个国有资本投资控股公司。但中粮本身的粮食大旗、食品大旗也一定要扛得住，聚焦粮食、聚焦国际化，是我们的战略。中粮今后要将更多的资产聚焦于粮油食品，粮油资产要达到总资产的 80%。

我们要建立一个国际化的企业，以中国资产为基础，以中国市场为基础，整合世界资源，形成一个世界性的具备国际水平的中国粮油食品企业。中粮整合中谷、华粮，实现"三粮合一"，收购 Nidera、来宝农业，实现"五粮合一"，现在具备了"走出去"的条件。华孚的加入，使中粮的业务版图更完整，糖和肉业务可以很好地和中粮现有业务结合在一起。为什么说糖和肉？随着中国消费升级的趋势，粮食的最终消费必然转化成糖和肉。将来中国的饲料一定大过口粮，中国的肉、蛋、奶一定大过粮食，这是基本的趋势。

总是做前端的粮食，没有饲料、没有肉蛋奶肯定不行。从这个角度看，完整的产业链版图对中粮有极大的战略意义。

中粮进入了国际化的新发展阶段，菜都买齐了，就看怎么炒了。实际上到今天为止，我们内部新整合的商业模式还没有达成协同。真正有产业逻辑、有全新布局的上下游业务如何协同？比如巴西的糖怎么通过小包装送到中国消费者手中？走什么路径？整体来讲还不是真正的内部有逻辑的商业模式。

中国经济进入了新的发展阶段，过去靠规模、靠投资、靠一般的资产整合，把盘子做大了，对不对呢？可能也对，因为在中国规模太小了也不行。但是在规模达到一定程度后，企业内部要有有效的新商业模式，有竞争力的内部资产组合，有水准的经营管理、团队水平、品牌水平、研发水平。不仅是业务整合，还有文化融合，还包括新商业模式的构建，要把每个链条都管理好，这对我们是非常大的挑战。

中粮今天的资产规模可以与“ABCD”四大粮商比肩，但更大的差距是在内部，在真正新型的业务逻辑和管理水平。中粮并购了 Nidera 和来宝农业，变成大股东了，业务怎么发展？理念怎么融合？采取什么激励机制、决策机制？我相信中粮和华孚一定会有非常好的整合。业务怎么做，希望我们群策群力，用积极的态度，一起想办法，怎么对发展有利怎么做，向着未来整合的方向。我觉得可以逐步来，把业务脉络理清楚，中粮有什么能力，华孚有什么能力，怎么整合比较好，用团队学习法一起来研讨。

中粮和华孚，双方要进行更多的了解和交流，将来一起工作，是一个团队。中粮会提供一个广阔的工作空间，给每个人提供更好的平台和机会。

（2014 年 12 月）

我们只是组合了很多在这个市场上令人艳羡的资产，但是真正有效的商业模式和经营能力还远远没有建立起来。别人建成国际领先的粮油食品企业用了上百年的时间，我们起码要再努力 5 ～ 10 年。

寒假作业

过去一年，我们一起经历了很多，无论是酸甜苦辣还是喜怒哀乐，时间一分一秒也没亏待我们，我们又长了一岁！

时间总是最好的老师，年长一岁就应该更智慧一些。我们过去说过，中粮集团是一所学校，它与学校不同的是我们有个现实的试验场。今天，我们还可以说我们有个现实的考验场，这个考验场一分一秒也没停地考验着我们。

是学校就得有作业，我想给大家提个寒假作业，请你仔细想一想，在开反思会的时候，我们拿出来交流研讨一下。

中粮在做什么

中粮集团正在做一件很有意义的事情，这个意义对国家、对公司、对我们每个人都很重大。我们过去说过使命感，今天我尤其觉得如此。因为中粮集团要做一家对国家有战略意义的企业，一家不断改革进步的国企，一家有市场竞争力的企业，一家有良好股东回报的企业，一家客户和员工都喜爱的企业，一家优秀的国有资产投资控股企业，有优质的资产和投资组合，包括粮食、食品、地产、金融、包装等。

中粮集团把农业、粮食、食品作为自身的核心主业，我们要成为国际化、全产业链、多品类综合、有强大物流和加工资产支持、有技术和品牌支撑、有优秀团队管理的世界级企业集团。

我们能做到吗

我是很有信心的，因为我们有很多优势条件。一是我们的战略目标定位与党和国家的方针政策是高度吻合的。二是我们过去和未来的发展方向都得到了国家有关部门的大力支持。三是我们正在面对一个不断成长和充满机会的市场。四是我们在本土市场上建立了很好的基础。五是我们的团队在不断成熟。

中粮的新变化

去年，我们投资了 Nidera 和来宝农业，在国际化上走出了关键的一步，华孚并入中粮后使我们的产业链得到了很好的加强。同时，“三粮合一”后内外贸整合协同成效明显，在粮油食品产业上我们以中国市场资产为主的全球化布局是大部分同行所不具备的，这个优势正在随着业务的一体化整合显现出来。与此同时，中粮集团有很优质的非粮食类资产，如地产、金融、蒙牛、包装、茶叶、工科等，这些资产在过去给集团提供了很好的盈利积累，在未来的投资控股公司经营中也会发挥重要的作用。

有了这些变化，我们的资产负债表不同了，我们在财富 500 强榜单上的位置大大提升了，我们的产业地图不同了。如果把中粮集团的轮廓画出来，再点缀上我们的营养健康研究院、忠良书院和琳琅满目的品牌，中粮集团看起来已经是一家很强的国际化企业了。

我们可以有些骄傲了，可是我们自己知道我们还不是。我们只是组合了很多在这个市场上令人艳羡的资产，但是真正有效的商业模式和经营能力还远远没有建立起来。别人建成国际领先的粮油食品企业用了上百年的时间，我们起码要再努力 5 ～ 10 年。

中粮的新问题

尽管我们取得了很大的进步，有了很大的资产规模和业务布局，但是我们还面临着不少问题，比如 ROE 和股价的问题、运营效率的问题、风险控制的问题、市场化经营能力的问题、消费品品牌和市场地位的问题等。这些问题解决不了，我们的目标就是空谈。

今天的寒假作业就是从想这些问题开始。想一想我们自己内在的原因，为什么我们会有这些问题？用什么方法路径解决这些问题？可以从集团层面和业务层面分别思考，找出最重要的 5 个原因，提出对应的 5 个方法。

如果问题找到了，解决问题的方法也找到了，这个事情好像就能解决了，是吗？我觉得没那么简单，但我们可以试一试。我们是学校，可以试验，但最终要受到市场无情的考验。即使我们分析了、研究了，也不能停留在一般的经验或对未来重复发生的事情的被动反应上，我们应该把规律性的东西提炼出来，应用在我们的系统中，解决系统性的问题，防范未知的风险。

一家粮食企业最重要的是什么？来宝农业董事长 Richard Elman 说是码头。我想以他多年经验，可能说的是对的。但粮食企业最重要的事不仅仅是码头，还有收储能力、物流能力、加工创造附加值的能力、风险控制能力、客户服务能力等，这些都建立在假设团队执行能力和财务能力都具备的基础上。关键的是，我们要能把这些重要的能力根据行业竞争特点找出来，并按重要性排出顺序，下功夫去培养，这就是我们常说的核心竞争力。

（2015 年 2 月）

我们从标杆管理中知道，任何科学的路径和方法，只要去探索，总有继续改善的余地。

将对标思维融入企业血液

所谓对标、所谓变革，根本就是一种惯常的方式，它不是一种新方法、新事物、新方案，而是最基本、最惯常，像每天吃饭一样的思维方式。这种思维方式应该融入任何竞争性企业的血液里。

标杆管理是推动执行力的手段

中粮集团要与国际一流企业比，这是我们的标杆。简单的结果对标远远不够，我们还要知道他们为什么能够盈利，这就是比较的思维方式，这种思维方式要不断运用。

中粮集团从 2012 年开始推行标杆管理，现在是第四年，我觉得大家慢慢地开始理解标杆管理了，这是一个很好的过程。现在的做法很好，这是我们对业务的一个抓手。我们现在有外部对标，也有内部对标，在内部叫最佳实践，外部找不到标杆数据，在内部推广最佳实践也可以有很大的提升空间。

长期以来外部人士总觉得中粮扩张比较快，但是夸奖我们产品特别好，经营效率特别高，引导行业进步的相对少。原因是什么？其实我们有很多有利条件，比如有充足的流动资金，不缺乏一般的政策支持，外部环境对我们也比较信任，但落实不到位，执行力不够。

现在我们把标杆管理很好地坚持下来，在既有的战略布局下，它会成为我们推进执行力非常有力的手段。刚推行标杆管理时，我担心做一做就销声匿迹了，今天来看，还是有了一定的结果，大家的参与感变强了，比较认可标杆管理的方法，逐渐对标杆管理有了比较深刻的理解，那我们的执行力就有了抓手。

标杆管理是面向市场、面向竞争、学习对手的思维方式

标杆管理从本质上讲并不是简单的工具，它是一种思维方式，就是承认这个世界不断发展，承认我们的市场有竞争，承认我们的竞争对手在不断进步，承认我们能跟随并超越对手。它使得我们每前进一步都必须知道市场处于什么趋势，集团处于什么状态。我们必须认真详细地分析对手，而不是去怀疑对手。真正虚心地反省自己，实事求是地学习对手，对我们太重要了。标杆管理就是这样的思维方式，使我们真正转变，实事求是地面对市场。

我以前的同事黄铁鹰写过一篇关于褚时健的长文，他没有把文章写成褚时健跌宕起伏的人生和再创业的故事。

他写了褚橙怎么选苗、怎么种植、怎么施肥、怎么运输、怎么销售等一系列环节，完全把褚时健写成一个关注细节管理的经理人，而不是一个励志的道德形象。褚时健很早以前就在研究橙子怎么种，什么季节用水，用水量多少，什么季节用肥，按多少厘米剪枝，怎么让数百户农民种出的褚橙品质相同，怎么进行培训，怎么监督，怎么管理等。褚橙是褚时健 75 岁创业、85 岁种出来的橙子。北大光华管理学院经过消费者测试，认为褚橙是中国口味最好的橙子。这就是我们的标杆。

通过标杆管理寻找科学的路径和方法

我们今天说的标杆管理，首先是一种思维方式，也是一种竞争的方式、学习的方式、进步的方式，应该落实和体现在中粮的

所有领域。

我们过去讲学习型组织，首先这个组织必须要有学习型的思维，必须要不断探索新事物、接受新事物，反思自己、改善自己，而不应是因为有压力，排斥新东西，通过否定外面环境、否定对手给自己找一个安全的位置，找一个理由写个报告来解决，到最后什么问题也没有解决。标杆管理会使我们的思维方式发生比较大的转变，对我们企业特别适合。

企业出现问题，绝对不是简单的财务报表出了问题，想把问题梳理清楚并不容易。但是通过推行标杆管理，就有了起点，有了可能性。标杆管理首先起到了一种刺激作用，刺激之后找出原因，再找到改善的方法。

我们从标杆管理中知道，任何科学的路径和方法，只要去探索，总有继续改善的余地。美国的汽车公司、日本的电器公司基本都曾遭遇重创，为什么丰田却能屹立不倒？我们去日本的时候，有一个议员跟我讲，现在日本的工业信心来自丰田。丰田的方法很多，不是一朝一夕积累起来的，关键是它坚持改变。蒙牛提倡跨界对标，对比的可能不仅是具体数据，而是思想与方法，把自己放到大千世界里，放到变幻无常的市场中去，进行跨界对标。

突破流程和流程对标的瓶颈

我们推行标杆管理，第一要有结果性的、激励性的对标，第二要有竞争性的对标，比如说市场份额，我们的产品能不能保持市场份额，能不能超越对手？但是，总是说结果性的对标也不行，还要有流程对标，这是我们过去长期难以突破的瓶颈。有了流程管理、流程对标，我们就有了具体的抓手。

如果我们在流程对标与改善方面做得很细，并且坚持下来，那么这就是我们的执行力，就是真正的标杆管理，就是我们的方法和路径。我们再往上对比战略制定、投资行为、行业竞争力、国际化水平，那么中粮集团的全面发展就连成一体了。这非常重要，是我们提升执行力非常重要的手段。

这一过程有很多困难，但应该坚持，需要我们全员努力，这不是某一个部门的工作，而是每一位负责任的经理人的主要工作手段。用标杆管理提升我们所有业务领域的运营管理水平，直到我们没有标杆。在我们的行业里，标杆层出不穷，比我们强的人很多，当然，整体比你差的也不一定局部比你差，也可以去交流学习。

目前的情况下，标杆管理是真正落实我们的战略，提升整体运营管理水平最好的方法。管理企业有很多切入点，可以从管理人力、财务、产品开始，也可以从标杆管理开始。这些切入点与方法很多都是重合的，但最关键的是坚持，要持续参与、提升，并且酝酿出我们自己的方法。

标杆管理的方法在管理学上已经比较老了，但是没关系，我们可以把它再激活。六西格玛最早是摩托罗拉的方法，为什么能够在通用电气发扬光大，也是一样的道理。

希望真正把标杆管理融入每个人的管理理念之中，实事求是地与对手进行对比，在我们的思维里真正地尊重市场、尊重竞争、尊重对手，不断反思和提升自己，提升我们的运营管理水平，这就是我们真正的标杆管理的思想。

（2015 年 3 月）

企业管理的理论就像宏观经济理论一样，也在研究企业生命周期的不同要素不同阶段。

四循环

出去几天回来，北京的天就有些凉了，路上可以看见风吹的黄树叶。又一个秋天来了，我们也不知不觉地融入了四季的交替。据说世间万物道理是相通也是相互映照的。今天在企业里我们好像也感受到了季节的变化。

本来周期和循环是经济运行的基本特点，可能因为我们习惯了长期高速的成长，也习惯了政府的积极干预调节政策来平滑波动，使我们对经济周期循环在理论上和制度上不太接受。但最近这几年，经济的周期循环一直缠着我们，而且看起来还是个很长的复苏周期。所以，经济新常态的概念就产生了，现在看来不仅是中国经济进入新常态，可能世界经济也要进入新常态。我们不仅要再次认识经济周期和循环理论，还要认识周期循环的方式也在变化，还要认识到所谓对宏观经济规律的理解，根本上是对经济周期循环的理解，是对经济周期循环转折时间点的理解。其他好像并不重要。

无论从企业的经营还是从资本市场的投资情况看，我们正进入一个新的经济周期循环方式，这个新的循环方式可能与过去我们已习惯了的经济周期理论不同，它对企业的影响可能变得更复杂。因为现在这里会有四个循环周期交织在一起。这四个循环相互作用，构成了今天我们要面对的环境。

第一个循环周期首先来自国际。过去可能因为世界经济没有像今天这样，因为贸易、金融、信息、投资等把各国密切连在一起，我们感受不深刻，经济周期循环的理论也都是以一个国家为边界的。今天我们看到了，全球经济自2008年来就没真正好过，因为各国都有自己的发展方式和问题，无论是用金融创新来刺激经济，还是用量化宽松来拯救经济（美国）；无论是用减债免债来改正过去民主社会带来的超额福利（欧洲），还是社会老化僵化创新增长不再（日本）；无论是大宗资源类产品价格大跌（中东、俄罗斯、澳大利亚、巴西），还是转型换档消化三期叠加（中国），这些国家都会互相影响，每一个因国家（地区）自身的原因带来的经济波动，都会带来一个类似的世界经济小周期。过去那种美洲、欧洲、亚洲、大洋洲经济都同时蓬蓬勃勃的时期可能以后也不会有了。而且，经济循环周期加长了。从2008年至今，国际角度上，七年的复苏期不可谓不长，而且又遇上了中国经济下行，这个大循环的周期可能还要加长。最近美联储九年来第一次想要加息还没加成，亚洲从1988年以来第一次发生资本净流出。这些都说明世界经济循环的模式变了，一是变得繁荣期短，恢复期长了；二是影响的因素多了，周期变得没规律且有多种模式；三是过去都认为因为经济全球化、市场多元化可以平滑某一国家的经济波动周期，现在看来这个周期不但没有平滑甚至因为互相依赖度高而更加剧了。

一般的企业在这种大环境下其实是很无力的。除去少数天才和幸运者，大部分的企业家在此大循环周期到来时，都后悔也责备自己没有更宽广的国际视野眼界及深刻的洞察和前瞻。我们生活在如此密切相连的全球经济中，即使世界的某一角落发生的事情尚未实际影响到你，但信息快了，预期发生了变化，实际影响也就产生了。

第二个循环周期来自企业所在的国家或市场。而这种相对局部的循环周期也比以前有了更复杂的形态。经济周期循环以前也称为经济危机，早期这种危机的主要表现是产品销售受阻，马克思讲是惊险的一跳，价值形态转换没有完成，凯恩斯讲是社会需求不足，供应过剩，表现是把牛奶倒入河里。现在这种形式的危机在发达国家发生的少了，但在市场发育尚不成熟、资源配置科学性理性尚不足的国家还时有发生。中国发生的多个行业的产能过剩应属此类。从周期循环产生的原因看，美国人负债过多了，欧洲人福利花钱过多了，中国人建设过多了。这都带来不同形态的经济波动。关于重复建设产能过剩，以创新理论为代表的经济学家熊彼得曾说，此类现象带来的经济周期循环主要原因是企业家创新不足，企业在低水平同质化上加大规模、搞价格战引起了资本收益的恶化，从而造成经济循环。现在看来，这对中国的企业家群体的确是个挑战甚至是个责备。反过来看美国，没有互联网数字经济的高速增长也不会很快走出上一轮资产价格过度上升带来的危机。

最近二十多年来，世界经济周期循环的最大特点是金融危机，经济危机这个词我们都很少听到了，几乎所有的危机都是金融行为造成或最终表现在金融上。金融危机的根本原因是货币政策或者说是纸币发行政策、信贷政策和过度负债。金融危机的特点是资产泡沫大，负债比例高，爆发后债务关系发生危机。但现在各国的问题是，通过货币或财政政策的调整挽救暂时的债务危机并不难，难的是真正调整产业结构。金融上的去杠杆快，产业上的调整去杠杆慢。政府货币政策和金融市场原因带来的危机，从金本位的货币取消后就不断出现，弗里德曼更认为在充分的市场机制下，政策只要管好货币发行和流通就可以了。类似的这种金融原因引起的经济波动会不断发生，这里不仅是企业，政府也因为其货币政策、财政政策、福利政策成了造成危机的重要原因，当然也是通过 QE 来平滑危机的承担者。QE 的根本是通胀，通胀是解决危机最方便的手段，但也会制造下一轮危机。不同国家的社会环境不一样，由货币金融政策影响的经济周期循环也不一样。

在以上两个循环的大背景下，企业所面对的第三个循环，也是更直接的周期循环就是行业性的。如果你几年前选择了主业而且坚定不移地要做好主业，那么你的主业现在是什么样的环境？你的行业市场规模有成长吗？有很多竞争对手加入吗？产能过剩吗？技术进步吗？产品进步吗？生命周期如何？你的行业是在成长呢，还是在循环呢，还是在萎缩呢？你在正确的时间地点进入了一个处在快速增长周期的行业吗？你的行业受到多少国际国内经济周期循环的影响？这第三个循环，企业在长远战略上应该是有主动选择的，有前瞻的行业战略就是要把企业主要资产放在经济成长的轨道上。在中国做饮料的宗庆后可以做首富，做地产的王健林可以做首富，由此可以看出行业各领风骚的不同周期的特点。如果你处在传统创新不够、进入门坎较低的行业，行业循环周期来了就感受到压力和困难了。企业家的前瞻性就要求他要么选择好的行业，要么能避开甚至利用行业周期，实属不易。

今天，所有的企业都比以往更深入地接受上面三个循环周期的考验，上面的循环特别是前两个更多是外部环境的考验。但为什么在同样的环境下企业还是有很大的差别呢？原来企业作为一个生命体，也有自身的循环周期。企业管理的理论就像宏观经济理论一样，也在研究企业生命周期的不同要素和不同阶段。这就是企业还要经历的第四个循环。可以影响并决定企业发展是高潮还是低潮、畅顺还是曲折的内部因素很多，从企业历史上可以看到，有的企业因为一个产品就决定了胜负，有的因为一个团队、一个主要管理者、一项投资、一项技术，有的甚至因为某个营销定位、某个财务安排，当然价值观和理念文化更是无形地起着作用。企业的平均生命周期很短，自身的循环与外部因素相互作用，这就形成了几重周期循环交叉在一起的复杂系统。

四重循环，互为依存。无先无后，无始无终，无重无轻，无大无小，无远无近，无虚无实，无因无果，无显无隐，无分无合，无形无限。混沌大千，明暗何辩？能掌握四个循环才能做好企业。

（2015 年 11 月）

集团层面混合所有制改革是一个再造企业的过程，有利于公司扩充资本规模、厘清产业格局、推动转型升级、增强竞争能力，最终实现整体上市。

探索集团混改，再造全新中化

中国中化集团有限公司（以下简称中化集团或中化）20 世纪 90 年代末以来转型发展取得的成就值得充分肯定。但是再往下走，确实面临着体制机制、战略定位、可持续经营及管理能力等方面的一系列严峻挑战。

第一，公司迫切需要加大体制机制创新力度，加快改革步伐。公司主营业务大多处于充分竞争行业，企业文化和团队理念也带有较强的市场化色彩。全体干部员工对改革有着强烈的诉求和美好的憧憬，迫切希望公司建立满足行业竞争需要、符合企业发展需求的市场化体制机制，以更加积极的姿态参与市场竞争。若公司能在体制机制创新方面实现大的跨越，将为企业未来发展增添强劲动力，更好地适应国内外产业竞争形势和未来发展趋势，为深化国企改革做出有益探索。

第二，公司迫切需要壮大资本规模，推动产业发展。公司目前总资产约 3700 亿元人民币、净资产约 1300 亿元人民币、归属于母公司的净资产约 720 亿元人民币、资产负债率约 66%，整体资产规模偏小。公司资金实力与投资需求之间存在较大缺口，难以满足产业持续发展的需要，也经不起市场波动的大风大浪。同时，公司能源、农业、化工领域部分资产质量不高、盈利能力不强，在当前环境下存在资产减值、缩水的风险，而一旦减值将使公司资产负债率进一步攀升。作为一家战略资源相对匮乏的企业，公司应深入研讨并形成共识，如何推动中化在现有基础上转型成为一家真正具备差异化竞争优势的企业。公司各项业务在未来发展中都面临一个“做与不做”的选择问题：一种选择是战略收缩、减小投入，将业务集中至部分具有优势的细分领域；另一种选择是加大投入，进一步夯实产业基础、提升产业实力。综合各方面条件及大家的意愿，公司还是应当选择一条更加积极的、高端的、高附加值的、更具差异化的发展道路，壮大资本规模、增强资金实力，在加速发展的过程中解决存在的问题，并不断调整结构、优化升级。以高端石化产品为例，我国现在处于大规模净进口阶段，如果我们下决心要用自产替代进口，那么必然需要技术、资金、风险和成本控制等，进而形成一个比较大的集成产业，规模、竞争力、盈利能力、回报率才会得到改善。

鉴于上述背景，公司研究提出了集团层面混合所有制改革的初步方案。通过实施此项改革可起到一举两得的效果，既能迅速壮大资本规模和优化资产结构，又能推动体制机制创新。经估值测算，以公司现有财务实力、经营情况为基础，通过引进外部投资者方式来实施混合所有制改革基本可行。该方案设想也得到了上级有关领导的大力支持，进一步增强了我们的信心。公司应积极、稳妥地推进此项改革，既要努力争取改革成功，同时又不能过于冒进。

集团层面混合所有制改革是一个企业再造的过程，有利于公司扩充资本规模、厘清产业格局、推动转型升级、增强竞争能力，最终实现整体上市。着眼于新资本引入后的广阔发展前景，公司上下必须深入研究，谋划未来 3 年、5 年的产业规划和募集资金主要投放用途，特别是围绕如何增强盈利能力、提升经营业绩这一核心问题向投资者阐释一个清晰明确的思路。只有完成好这项工作，才能让投资者对企业前景抱有充分信心，愿意进行投资。结合改革的推进，公司还应建立健全以股东会、董事会为核心的法人治理结构，设计好管理体制机制，依靠制度的力量确保企业始终沿着正确轨道稳健前行。

（2016 年 3 月）

工商界应当关注那些实际的、可操作的且相关性强的事务，用务实行动促进全球经济治理体系的持续改善。

大力推进务实合作，积极参与全球治理

全球经济发展已经达到了一个转折点，下行风险与脆弱性持续上升，在某些区域内还流落着大量“难民”。为了应对当前全球经济中的问题，协同性的结构改革在全球经济治理中扮演着重要角色，是重振全球经济、促进可持续发展不可或缺的部分。然而，许多政府依然在重振经济的过程中过度依赖财政和货币工具，这种方式的局限性开始逐渐显现。

近年来，全球工商界强烈呼吁政府加强对全球经济治理体系的关注——尤其是要保证公平、公正、包容和有序的发展。G20（二十国集团）无疑是全球领袖构建全球经济治理体系的最佳场合。工商界很高兴看到2016年G20承诺将重点放在建设创新的、有活力的、联动的和包容的全球经济上，来促进经济和企业发展。我相信，政府作为经济的驱动者，也能从商业的发展中真正获益。因此，作为B20（二十国集团工商峰会）和工商界代表，我们应当大胆设想，同时要脚踏实地，为今年的G20峰会提供可行、有力的政策建议。尤其有以下几个问题值得关注：提振贸易与投资、基础设施发展、金融改革、劳动力市场改革及中小企业发展。

贸易与投资是大家最关注的议题之一，每一家拥有或渴望获得全球发展机会的企业都对改善贸易投资环境、提振贸易投资有着强烈的诉求。对企业而言，复杂的贸易监管系统有时令其困惑并且花费高昂，因为我们不得不遵守一系列的区域与双边贸易规则。区域与双边自由贸易协定的低利用率就反映了这个问题。据亚洲开发银行的一项调查显示，仅有28%的亚洲受访企业使用自由贸易协定的优惠政策；50%的受访者表示，缺乏自由贸易协定的相关信息及高昂的行政成本是他们不使用优惠政策的主要原因。因此，今年我们向G20及世贸组织提交的建议之一就是要不断加强多边贸易体系建设，并敦促所有世贸组织成员尽快签署和实施《贸易便利化协定》，此外还要加强对一系列贸易问题的关注，如电子商务、中小企业和全球价值链。

同贸易一样，投资也是提振全球经济的重要工具。发展中国家每年依然面临着约2.5万亿美元的投资缺口，涵盖了基础设施、食品安全、应对气候变化、医疗及教育等方面。但自2011年以来，包括G20在内的全球外商直接投资水平停滞不前。我们看到的是一个和贸易环境同样复杂的投资环境，目前全球大约有3300份投资协定，且其复杂程度与贸易协定相差无几。同时，由于投资审查程序缺乏可预测性、效率和透明度，国外投资者的投资流动面临障碍。B20希望在今年制定统一指导原则，2020年之前开启搭建多边投资框架的进程。

当然，一个公平、公正、包容、有序的全球经济治理体系不是在一年内可以建成的。随着B20政策建议起草过程临近尾声，工商界应当关注那些实际、可操作且关联性强的事务，用务实行动促进全球经济治理体系的持续改善。

（2016年5月）

我们要致力于打造一家依托于广阔中国市场、以技术研发为核心能力、国内领先世界一流的石油化工和精细化工企业，引领、推动整个中国化工产业的转型升级，打造“中国的巴斯夫”。

做受人尊敬的公司

大家看中化这个公司时，远看挺好，近看有很多问题，包括战略、执行、未来发展等方方面面的问题。而一细看，中化这个团队是非常优秀的，在国有企业中名列前茅。这支团队有着很高的专业素质，充满敬业精神和事业激情，能够被激发和调动。公司未来发展是很有基础的，大家不应悲观、低沉。这里说有发展基础，并非因为公司今年到目前为止盈利好于预算进度，而是真正构建在团队、战略、文化和资产之上的基础。

Respect and be Respected（尊重和被尊重）

中化要做受人尊敬的公司，而企业的受人尊敬包括很多含义。首先你要尊重别人，把自己放在一个与人平等的位置之上。尊重是相互的，尊重别人是被别人尊重的基础，即所谓“Respect and be Respected”。什么样的公司能受人尊敬？不是规模大就能受人尊敬，一些“小而美”的企业同样能受人尊敬，但总的来说企业受人尊敬需要有一定规模。此外，还需要有知名的品牌、稳定的盈利、优秀的团队，以及富于感染力的文化理念，而最终则要有对社会的杰出贡献。

巴斯夫（德国的一家化学公司）和中化的业务布局很像。巴斯夫的口号是“We create chemistry”（我们创造化学）这里的“Chemistry”不仅是化学的意思，还有融合的意思，我们不仅制造化学产品，还为社会创造和谐。这就是企业社会责任的一种体现。虽然是比较虚的概念，但很多优秀的外国企业真正信奉这一点。这绝不是伪装出来的，他们非常看重企业的责任和操守，看重企业对社会、对环境的贡献，因此得到了世人的尊敬。我们应该认真研究一下巴斯夫这个公司，看看它的企业历史和发展历程。虽然今天我们拿巴斯夫做标杆可能相距得有些遥远，但中化能不能逐步向它靠拢、与其接近？能不能把中化真正打造成一个像巴斯夫一样受人尊敬的公司？受人尊敬的公司必须做受人尊敬的事。

坚持有限多元化发展道路

中化应该成为一家有限多元化的企业还是专业化的企业？中化应当继续坚持有限多元化的发展道路。坚持这一道路能使公司具备更强的抗风险能力，同时也能较好传承中化的历史基础，有利于未来几大板块业务的进一步协同。

什么样的道路是适合中化的有限多元化道路？中化应该成为一家以石油化工和精细化工为主业，涵盖农业、地产、金融的创新型多元化企业。能否真正做到“创新型”这一点，是决定该道路乃至企业未来发展成败的关键所在。

选择这一道路，是传承中化历史的必然结果。公司多年来在石油化工、精细化工领域已经打下了一定规模的实业基础，未来发展也必须牢牢植根于这一基础。

选择这一道路，也是中化作为国有重要骨干企业的必然使命。国家正大力推行供给侧结构性改革，这也为中化的改革发展指明了方向。由于国内企业技术、实力有限，目前我国要从海外大量进口高端化工产品。中化作为国有重要骨干企业，必须为扭转这一局面做出力所能及的贡献。我们要致力于打造一家依托于广阔中国市场、以技术研发为核心能力、国内领先世界一流的石油化工和精细化工企业，引领、推动整个中国化工产业的转型升级，打造“中国的巴斯夫”。现阶段的中化距离该目标还有非常漫长的路要走，但这应当是我们矢志不渝、不懈追求的战略方向，只有这样才能使公司股东价值得到持续，减少企业发展的波动起伏。

围绕泉州石化做好中化

以巴斯夫为代表的世界顶尖化工企业有一项非常重要的竞争能力，就是极强的园区管理能力，通过园区化发展带动上下游协同发展。泉州石化基地拥有得天独厚的地理优势，不亚于全球闻名的新加坡裕廊石化产业园，为中化石油化工和精细化工产业的园区化发展提供了良好载体。

企业必须明确自身产业链的核心，泉州石化基地毫无疑问就是中化石油化工和精细化工产业链的核心所在，要通过它来驱动产业链乃至整个企业的发展。展望未来，中化油气开发、石油贸易、仓储物流、生产、销售等相关业务都可以依托泉州石化基地，在高效协同中不断做强、做大、做优。公司上下要投入大量精力，从全局性、整体性、协同性、先进性着眼，高起点、高水平地谋划好泉州石化基地的未来发展。

推动多元化业务共同发展

结合历史基础、产业现状、承载使命和发展目标等各方面因素综合考虑，中化要以石油化工、精细化工为中化未来主业，但这绝不意味着农业、地产、金融等其他几项业务不重要、可以放弃。相反，这些业务对公司当前及今后一段时期的发展具有不可替代的重要意义，是支撑中化作为一家有限多元化企业长远发展的重要基石。

农业板块要以化肥为引领，发展壮大农业投入品业务。现阶段农业板块最根本的问题并不在于当期的经营困难和暂时亏损，而在于未来发展方向不明确、战略不清晰，下一步应大力深入研究、谋划好发展战略。农药业务更多带有化工行业特征，应积极融入公司精细化工主业的发展之中。

地产行业具有较强的周期性特征，不可能永远都处于高增长阶段。中国金茂要瞄准国内高端人群对高品质住宅不断增长的需求，把开发“品质住宅”作为业务发展的主要定位，平衡好住宅开发和酒店、商业开发的业务比例，发展成一家具有较强市场竞争力的综合性地产公司。

对现有金融业务加以整合，建立金融资本控股公司，以此统领整个金融板块的未来发展。目前公司金融板块在信托、融资租赁等领域具有一定特色和优势，未来也可以在时机成熟时拓展其他业务领域。金融板块和地产板块一样，既可以在集团公司的大框架下一同发展，也可以超出集团公司的大框架自我发展。

积极稳妥开展重组整合

现阶段我们没有对五大板块进行割让取舍，仍将延续能源、农业、化工、地产、金融的有限多元化发展格局，但各个板块的内涵发生了一定变化。在明确战略的基础上，接下来需要做的就是对各个板块加以有效重组整合。目前公司化工等板块重组整合明显不到位，板块内多家企业从事相近业务，这种局面必须加以扭转。通过重组整合，使各个板块具有旗舰企业、领军人物和清晰战略，提升在行业内、市场中的影响力和竞争力，最终向“受人尊敬的伟大公司”目标不断迈进。重组整合不是一个简单的过程，不能操之过急，必须在周密研究的基础上妥善谋划、审慎推进。

结合重组整合工作的推进，要做好相应的组织架构调整，理顺、搭好业务发展的组织架构体系，使每个板块的经营主体更加清晰、明确。同时也要做好人才队伍调整，这是在把企业做强、做优、做大的发展过程中的调整。中化有很多高素质的优秀人才，头脑清晰、思路缜密，有着强烈的事业心和饱满的干劲。公司要坚持人尽其才、不拘一格、公平公正、合情合理的原则，根据业务发展的需要，把优秀人才调配到更能发挥其才干、更能为企业创造价值的岗位上，为他们提供干事创业的广阔平台，与公司一道发展、共同进步。

以满足市场竞争需求为导向推动体制机制改革创新

中化作为一家在市场中竞争和生存的企业，必须拥有和竞争对手一样灵活、高效的体制机制。我们推动体制机制改革创新，并不是简单地向中央、向上级伸手要政策、讨好处，而是要积极履行央企责任、敢于担当和作为，因为只有这样才能保证国有资产不断保值增值，所以必须理直气壮、义无反顾地推进。

公司近期已向上级部门提出了实施集团层面股权多元化改革的初步设想，争取在集团层面引进一批享有良好声誉、具备一流水准的大型产业集团、专业投资机构成为公司新股东，为企业发展注入全新动力，同时以此为契机进一步推动改革创新，构建市场化的经营管理体制机制。但大家千万不要以为改革完成了工作就轻松了、收入就上去了、日子就好过了。改革只会让公司的评价考核、激励约束机制更加市场化、更加严格，大家的压力只会更大、任务只会更艰巨。但是，不管压力再大、任务再艰巨，大家都不会有怨言，因为那时候大家所有的付出和回报都是市场化的、公平对等的。必须要让中化全体员工都明白，只要全力以赴干好工作就绝不会被企业所亏待，一定能获得与自身付出相对等、达到行业一流水平的薪酬待遇！

完善管控模式

集团公司的管控重点需要加以明确，一家战略管控型的投资控股企业主要应该管什么？从中粮经验看主要管六个方面：一是管战略，包括行业选择和发展思路、速度等；二是管人，包括党的领导、人力资源发展的总体规划、核心岗位的任免等；三是管评价考核；

四是管现金和财务政策；五是管审计和监察，对经营结果的真实性、可能面临的风险等进行管控；六是管资源共享，包括品牌建设、协同等。

没有任何管控模式是完美的，如果对经营团队足够信任，那么集团少管比多管好，因为管多了容易出现管理效率低、管理成本高等弊端，也会打击经营团队的积极性。但少管也有风险，集团对经营团队的信任是逐步建立起来的。一个企业的管控模式与其定位和战略紧密相连。管控体系、架构应当有柔性，在充分理解、沟通的基础上达成一致。公司需要针对管控模式问题加以专门研究，在此基础上进行梳理调整。

强化内部协同

集团内部协同必须符合商业逻辑，在协同主体间形成共同利益和良好沟通机制，应当是自愿的协同、市场化的协同、利益共享的协同。同时，各板块、各企业单体发展好了协同效果才会好，单体发展不好协同效果也不会好。协同的根本出发点在于降低交易成本，只有降低了交易成本，才有协同的经济基础。强化内部协同也需要完善相应的评价考核和分配机制，不能让参与协同的单位有吃亏的感觉。

（2016 年 5 月）

希望再过3～5年，中化集团在石油化工行业中不再是“以小见长”，而是以创新、高端、高效率、高附加值见长，这是我们的必由之路。

围绕泉州石化做好中化石油

做好石油化工业务是中化基本战略

石油化工是中化集团最核心的业务，总资产、营业额及在相当长时间内的盈利占比都是最高的。从这个角度讲，中化集团在现有基础上继续做好石油化工业务是一个基本的战略定位。但是必须承认，我们在国内石油公司中的规模还比较小，能力差距也不小。因此，我们在思考如何实现石油化工业务大发展，要发展成一家什么样的公司。

国务院国资委将中化集团归为石化类央企、排名第四，但现实问题是中化与“三桶油”相比各方面差距明显。中化集团的石油战略应该怎么走才能走出差异化、形成核心竞争力，这是需要大家深思的一个问题。如果仅仅上项目、增规模，现在已经为时太晚。

找准中化石油化工业务的自身定位

石油化工企业分为几种，第一类是埃克森美孚、英国石油公司、壳牌等国际大型石油公司；第二类是化工型企业，如巴斯夫、杜邦、陶氏等；第三类是贸易型企业，如 Glencore（嘉能可）、Vitol（维多集团）等。它们经过多年的积累已经形成了各自较为独特的商业模式，中化集团不可能随意地凭空创造出一个有竞争力、有行业地位的新模式。我们必须知道自己在行业中处于什么样的位置，如何界定我们的商业模式。

从中化实际看，下一步可能不再把石油上游业务作为主要投资方向，因为我们已经错过了成为一家大型上游企业的机会。一个石油企业凭什么立足于市场，是勘探开发还是炼油？是化工还是贸易？我们要采用何种形式才能真正把业务做得既有规模又有一定竞争力？从中化所有资产看，具有一定行业地位、发展潜力和竞争力的资产，泉州石化毫无疑问首屈一指。虽然泉州石化一期历经十年建成，去年还亏损，但这不能否定泉州石化今天在中化的地位、在国内石油化工行业的地位。

中化集团石油化工业务的商业模式定位，可以是通过一个或几个技术先进、附加值高的现代化工厂，支撑、带动上游的石油贸易业务和下游的化工品销售业务。中化自身有很强的贸易能力、仓储和物流能力，是国内最大和综合服务能力最强的第三方石化仓储物流服务商；中化国际等企业的化工品物流销售力量也非常可观，具备协同发展的基础。如果各企业间加强协同，将来可以形成一条完整的产业链，并具有一定的差异化。这种差异化来源于我们的后发优势，一是没有包袱，二是团队有热情、有能力、有专业、有干好事业的愿望和决心，这是很好的工作基础。

以泉州石化为支点引领中化未来战略

将以上因素综合在一起，我们对泉州石化的下一步发展思路越来越清楚，就是要把泉州石化作为支点引领中化集团的未来战略。未来，我们希望可以建立相对完整的产业链，有上游开采、有原油贸易，但是首先的基础是我们有炼厂，因为炼厂使我们对市场、对下游比较了解，也会更好地支撑贸易业务、更好地利用物流设施，促进各个板块的互相支持和协同。

从目前看，泉州石化一期的建成给中化集团未来发展打下了很好的基础。十年磨一剑、千辛万苦建成的炼化项目具有很好的战略意义。以泉州石化为支点、以石油业务为基本导向，完成二期、三期建设，同时带动化工业务发展，可以促进整个中化集团的战略进步。要争取用 5 ～ 10 年时间，实现在产值、盈利等方面超过同行标杆企业，真正体现出贸易上的原料成本优势、管理上的生产成本优势、技术上的柴汽比灵活性优势等，做中国效率最高、回报最好、市场适应能力最强的石化企业。特别是乙烯、化工品的生产变化无穷，下游产品的市场需求强劲，有很大的潜力等待我们去挖掘。石化产品的人均消费量代表着一个国家的经济发展水平，泉州石化未来将很有潜力。

泉州石化在中化集团整体战略的导向下，要从更细、更全面的角度去思考、去规划，要超越一般性的工厂投资。希望再过 3 ～ 5 年，中化集团在石油化工行业中不再是“以小见长”，而是以创新、高端、高效率、高附加值见长，这是我们的必由之路。总之，我们要通过泉州石化的打造，带动中化集团整体的转型与进步。

（2016 年 5 月）

创新，特别是企业的创新是经济发展的原动力和根源，也是企业的基本责任。

创新驱动引领中国经济新常态

“创新”这个词我们说了差不多10年、20年了。创新有多重要？在经济体中起到多大作用？我们今天的感受越来越深刻。深圳是中国的创新之都。30多年前，我第一次到深圳，当时的深圳是个非常小的城市。在改革开放过程中，深圳起到了重要的探索性作用。可是当各地经济都发展起来后，大概10年前曾有一个讨论，叫特区不特、特区落后了，很多地区都超过了特区。然而又过了10年，当中国经济增速放缓后，由于前期大量的积淀，深圳在体制机制、人文氛围、市场环境等方面的创新优势再次凸显出来，再次跟其他城市拉开距离，呈现出旺盛的活力、创新力和市场适应能力。因此，深圳作为一个城市，本身就代表着创新，代表着新的经济布局、新的体制机制和新的创造。

当经济发展到一定阶段，不管是国有企业还是民营企业，创新成为更为迫切的问题。如果我们过去有更多的创新，今天就不会有这么多的产能过剩和重复建设，就不会有这么多的低价恶性竞争和行业性亏损，就不会有这么多的资本市场投机和泡沫。如果我们的企业有更多的创新，可能中国人也不需要再去日本买马桶盖。这是一个非常值得中国企业深思的问题，然而它们都切切实实地发生了。

今天因为创新不够，才有了经济的L型新常态，才需要供给侧结构性改革，才使我们感受到金融和货币手段的刺激作用在递减。

创新，特别是企业的创新是经济发展的原动力和根源，也是企业的基本责任。这里包含企业思维方式、行为方式、基本的责任担当。企业的定义就两条：创新和营销。Entrepreneur 就是一个创造的意思，过去我们做得是不够的。中国改革开放三十多年来，除去取得的丰硕成果以外，中国企业更多地学会了上规模、降成本，但依靠低端产业链的重复是走不远的，创新必须再次回到中国企业家的日程里。

我所说的创新主要是指探索技术、科学和实体经济的创新。过去我们在金融创新上很厉害、也很快；电子商务的创新也很快，带来了很多社会、经济格局的变化。可是在探索自然界、提升效率和能力、改善人类生活方面，我们的创新是不够的，因为这些需要更长的时间、耐心地投入，需要科学研究及培育的过程。今天，结合经济新常态和供给侧结构性改革的要求，中国企业面临长期而艰巨的问题。中国经济能否最终跨过“中等收入陷阱”，能否不再追求简单的重复和更大的规模，真正进入一个可持续的、对人类有贡献的创新创造阶段，这些都对中国企业带来极大的考验。

（2016 年 8 月）

我们需要在贸易和投资发展过程中增强包容性，让人民可以公平、公正地分享成果，通过改善收入水平、创造就业机会等途径使更广大的公众获益。

共享包容激活贸易新引擎

坚定自由贸易理念至关重要

自由贸易对促进全球经济增长至关重要，它是推动经济长远发展的基石。自由贸易是全球各国长期以来一直在探讨的问题，近几年面临保护主义带来的巨大挑战，使用短期的财政金融政策来刺激本地经济发展和就业是非常短视的，这对长远经济发展不会带来更大好处。

过去三年中，全球贸易的增速已经慢于GDP增速，达到了50年来的历史低点。所以，自由贸易至关重要。自由贸易也需要相应的规则，但是，我们要强调自由贸易的概念和观念认同。双边、区域性的贸易协定和一些技术性的保护主义壁垒普遍存在，工商界希望看到的自由贸易是一系列具体的行动，比如如何为企业提供好的金融服务、如何解决港口物流问题等。我们面临的一个很大问题是缺乏互信。在反全球化思潮逐渐兴起的时候，我们要特别坚定地反对贸易保护主义的不良倾向。我们在抗击这样的思潮过程中，坚定自由贸易理念至关重要。

当前，跨境投资也面临很多问题，大量保护主义举措阻碍了跨境投资。我们很高兴地看到 G20 国家通过一系列的机制和措施为跨境投资者提供可靠的保障，这是至关重要的。我们需要在贸易和投资发展过程中增强包容性，让人民可以公平、公正地分享成果，通过改善收入水平、创造就业机会等途径使更广大的公众获益。

提振全球贸易投资的四点建议

第一，重视贸易投资对全球经济增长的作用。在 G20 进程中，应将贸易部长会议正式化、机制化，并通过加强 G20 国家、WTO 等国际组织之间的对话，讨论更多的贸易政策议题。各国政府应与工商界一起对比和分析主要的区域贸易组织，寻找彼此间的共通点。工商界希望规则是简单的、可预测的、稳定的。

第二，WTO 成员应尽快签署并实施《贸易便利化协定》。G20 成员应在其中发挥牵头作用。同时，鼓励各国形成实施协定的路线图，对需要技术援助的国家给予相应帮助。希望工商界可以在各国的贸易便利委员会中有更加广泛的发声机会。

第三，解决中小企业面临的问题。在贸易和投资领域，中小企业与跨国公司同等重要。在大多数 G20 国家中，中小企业贡献了 50% 以上的 GDP。G20 应使中小企业更便捷地融入全球价值链，同时丰富中小企业的融资渠道。

第四，建立跨国投资争端解决机制。从 2011 年开始，全球跨国投资水平不断下降。各国对跨国投资争端的解决方式不一，缺少可以共同遵守的详细法律规则和完善的解决机制，影响了企业跨国投资的积极性。希望 G20 建立一个简单、透明、高效、共通的跨国投资争端解决机制，营造更好的全球投资政策环境。

（2016 年 9 月）

国有企业属于全民所有，是推进国家现代化、保障人民共同利益的重要力量，是我们党和国家事业发展的重要物质基础和政治基础。

坚定不移做强做优做大国有企业

国有企业属于全民所有，是推进国家现代化、保障人民共同利益的重要力量，是我们党和国家事业发展的重要物质基础和政治基础。国有企业是壮大国家综合实力、保障人民共同利益的重要力量，必须理直气壮做强做优做大，不断增强活力、影响力、抗风险能力，实现国有资产保值增值。党的十八大以来，党中央、国务院高度重视国有企业改革和发展，习近平总书记系列重要讲话为国有企业改革发展提供了根本遵循。我们必须牢记责任、深化改革，坚定不移做强做优做大国有企业。

做强做优做大国有企业必须牢记使命责任

我们要从历史、战略、责任、发展等方面正确审视国有企业所肩负的历史使命，坚定做强做优做大国有企业的信心和决心。

从历史的角度看国企。新中国建设史是一部国有企业从无到有、从小到大的创业史、奋斗史，中国改革开放史也是一部国有企业从计划到市场、从国内到国外、从弱到强的改革史和发展史。国有企业为建设独立的、比较完整的工业体系和国民经济体系做出了历史性贡献，为推动经济社会发展、保障改善民生、维护国家安全、增强综合国力立下了卓越功勋。

从战略的高度看国企。国有企业作为国民经济的支柱，战略地位非常重要。新中国成立以来，为迅速实现工业化，国家集中力量建成了机械、冶金、石油、电力、交通、化工、航空航天等一批关系国计民生的国有企业，成为经济建设和社会发展的中坚力量。国有企业将国家战略与企业战略紧密融合，充分利用国内国际"两个市场、两种资源"，主动参与国际竞争，有力保障了国家战略的顺利实施。

从责任的维度看国企。国有企业必须在保障国家经济安全平稳的同时，服务人民，造福人民，反哺社会。在国家经济发展遇到困难时，国有企业必须挺身而出，勇于承担，为国家排忧解难。多年来，无论是三峡工程、西气东输、西电东送、南水北调等重大工程建设，还是汶川地震、南方雨雪冰冻灾害、舟曲泥石流等重大突发事件，都彰显了国有企业不可或缺的重要作用。

从发展的尺度看国企。随着我国经济发展进入新常态，国有企业面临的困难也随之增多，但新常态没有改变我国发展仍处于可以大有作为的重要战略机遇期，没有改变我国经济发展总体向好的基本面。中央推出的供给侧结构性改革引领新常态，为国有企业加快发展新技术、新产品、新业态，培育新的经济增长点，带来了巨大的发展机遇。

做强做优做大国有企业必须明确发展方向

国有企业的发展与国家、民族的发展始终紧密相连，提高创新能力和国际竞争力是中央企业始终追求的目标。中化集团作为中央直管的大型国有企业，经过60多年的发展，在能源、农业、化工、金融、地产五大主营业务形成了一定的竞争力，但距离"强、优、大"还有一定差距。通过深入学习习近平总书记对国企改革发展重要指示，我们认为中化集团必须立足自身优势、明确发展方向，才能不断做强做优做大，实现国有资产保值增值。

必须把握改革方向。习近平总书记对如何推进国有企业改革提出了"三个有利于"的要求：要有利于国有资本保值增值，有利于提高国有经济竞争力，有利于放大国有资本功能。中化集团按照这一要求，积极适应市场需求变化，以提高国有资本效率、增强国有企业活力为中心，探索国有外贸企业转型模式，不断完善产权清晰、权责明确、政企分开、管理科学的现代企业制度；坚决化解过剩产能，全力培育五大主营业务，积极调整组织结构、强化内部管理，实现了企业由粗放式管理向精细化管理的转变。

必须认清自身优势。中央企业要做强做优做大，必须立足自身优势。作为新中国第一批专门从事对外贸易的国有企业，中化集团的优势主要表现在有较高的国际竞争力上。首先，中化在业界有较强影响力，尤其是在海外，公司知名度很高；其次，长期的进出口贸易，积累了丰富的国内外客户资源，为公司的未来发展奠定了良好的客户基础；最后，公司拥有大量精通国际贸易规则的优秀外贸人才，这构成了中化集团的独特优势。依托自身优势，中化已发展成为中国四大国家石油公司之一、最大的农产品一体化经营企业和领先的化工产品综合服务商，这些为中化集团做强做优做大奠定了坚实的基础。

必须调整战略定位。习近平总书记指出，要按照新发展理念的要求，推进结构调整、创新发展、布局优化，使国有企业在供给侧结构性改革中发挥带动作用。中化集团选择了“创新型的石油化工、精细化工企业和涵盖农业、地产、金融的多元化投资控股公司”发展之路，以创新为先导，持续加大技术研发，全力打造国内领先、世界一流的石油化工和精细化工企业，逐步实现从外贸型企业向创新型企业的战略转型。

做强做优做大国有企业必须推进改革创新

做强做优做大国有企业离不开改革创新。中化集团根据党中央、国务院和国资委有关国企改革的决策部署，对照供给侧结构性改革要求，践行新发展理念，不断加大改革创新力度，使集团朝着“强、优、大”的方向奋力迈进。

勇于自我改革。在推进改革过程中，中化集团自我改革。一是实施混合所有制改革。在集团层面以增资扩股的方式引入与公司主营业务具有协同性、互补性的战略投资者，放大国有资本功能，增强企业活力，破解国有大企业集团混合所有制改革难题。二是重塑业务架构。采用“总部→战略业务单元→一级利润中心”三级组织架构，集团对战略业务单元实行战略管控，总部职能部门推行大部制。三是创新体制机制，实施薪酬机制改革，完善以超额利润分享机制为基础的市场化激励制度，实行员工持股，建立以股权和期权为基础的中长期激励机制；改革选人用人机制，市场化选聘经营管理者，推行职业经理人制度。

精于做强做优。中化集团将重点围绕“三去一降一补”，做强做优主营业务，力争在较短的时间内取得行业领先地位。石油化工板块围绕去产能，以炼油化工业务为战略支点，根据市场需求灵活调节供给。精细化工板块围绕降成本，重点发展新材料及特种化学品。农业板块围绕补短板，大力推进现代农业科技的创新和应用，提升化肥、农药、种子专业化竞争力。金融板块围绕去杠杆，打造核心能力突出的金融资本控股平台，做大做强。地产板块围绕去库存，盘活存量资产，坚持高端定位和精品路线，打造城市综合开发商与运营商。

善于落实新理念。对中化集团而言，创新就是把创新思维注入产业链各个环节和经营管理的方方面面，打造富有中化特色的差异化产品、商业模式和体制机制，提升企业的核心竞争力。协调就是坚持统筹谋划、整体布局，实现传统主业与新兴产业的协调发展、规模速度与质量效益的协调兼顾、扩张步伐与管理能力的协调并进。绿色就是提供更加清洁高效的能源、无害的化肥和农药以及其他绿色、环保的产品。开放就是要保持开放心态、具备开放视野、形成开放作风、培育开放团队，营造一种阳光、直接、坦率、友善的开放氛围，为公司发展聚五湖四海之士、集四面八方之力。共享就是坚持与客户分享经营成果、与员工分享改革红利，并积极参与社会活动和公益事业，让全社会共享中化事业发展带来的进步。

（2016 年 9 月）

只有创新才能有新的价值创造，才会有新的资源配置，才会有新的、可持续的投资。

企业需要前瞻性、创新性的转型升级

企业转型的三种形态

企业转型可以分为几类。第一类是传统企业的转型。从最初踏上转型之路的中国企业看，无论是国有企业还是私营企业都具备几个特点。首先是行业选择的随意性比较强，其次是每个企业基本都在做多元化，最后是转型的创新性和技术性很少，每走一步都要转型，永远没完没了。华润作为当年唯一一家在香港注册和运营的国有企业，几乎对接外经贸部的所有业务部门，业务范围包罗万象，是一种非常极端的多元化。20 世纪 90 年代初期，外贸企业改革给华润带来了巨大冲击，极大地影响了华润的贸易业务，营业额从 180 亿美元降到了不到 20 亿美元。在此背景下，华润集团通过转型重新建立了自己的业务体系，形成了电力、啤酒、地产、零售、医药等几个主业板块。直到今天，华润的转型一直在延续，在每一个行业中重新塑造新的商业模式。

第二类是科技型企业的转型。比如过去的爱立信、诺基亚、索尼、东芝，这些大家公认的好企业也在突然之间转型了。这种转型主要是因为商业模式转变了。因为科技变了、经营环境变了，使得企业几乎每天都在转型的压力中。我前几天去了华为的研发基地，发现华为的生产也放在研发基地。我后来在中化内部讲，过去我们把研发与生产分开来的做法是不对的，因为研发完全是生产的一部分，并不是先研发后生产。目前几乎所有与研发相关的新思路都来自一线市场，包括传统工艺的创新和研发人员自己的创新。因此，公司的管理模式就应该积极适应这种转变。

最后一类转型是由互联网经济带来的转型。互联网的发展给各行各业都带来了剧烈的冲击，也催生了一系列的转型。其实在互联网企业内部的新陈代谢也非常迅速，雅虎等门户网站曾经独领风骚，但是现在已经远远落后于移动互联网时代的步伐。

企业转型的加速实际上是源于整个世界经济的快速转变。受全球一体化、互联网发展等因素影响，全球消费需求的升级速度在不断加快。现在我们所讲的“新常态”，就是因为之前“排浪式”的基本需求已经被满足了，大家不会再一拥而上地攒钱买电视机、装空调，会滋生更多新的、个性化的、不断升级的消费需求。因此，转型升级已经成为当今企业一种基本的生存方式、经营方式，而不再单纯是一种战略。

创新到底要到什么程度

我一直在传统行业中，但一直在接触新的尝试。完全专业化的只做老本行的路径在今天基本是不可行的，而且老本行也需要升级和进步。企业要变成一个跨界的创新平台，这需要对多元化有完全不同于以往的理解。我们过去谈到企业管理一定会讲战略，战略里会讲区域布局、产业布局，还会讲成本领先战略、差异化战略等。今天几乎要推翻过去所有的理论。如果任何人用过去的企业管理理论来看今天的业务，我不能说百分之百有问题，但至少百分之七十是有问题的，因为世界变化太快了。

我们一直在讲创新理论，过去创新只是企业经营发展的一个要素，因为我们还有战略、财务、团队、品牌等。但是今天如果没有创新，其他要素都无从谈起，企业也没有持续生存的可能性。以中化为例，作为一家化工企业，如果不去探索精细化工或新材料行业，还是一味地做基础性的大宗商品贸易，那么公司肯定不会有长远的发展。要真正把企业做成一个创新的平台，如果没有创新，一味地重复投资和生产，那么企业的生存将难以维系。只有创新才能有新的价值创造，才会有新的资源配置，才会有新的、可持续的投资。在这个基础之上才能谈并购，并购先不要看标的企业的资产和市盈率，首先要看标的企业有没有新技术和创新平台，没有创新元素肯定是不行的。

回归企业的本质，企业的本质是探索人和自然的一种关系，通过企业这个组织探索人类有价值、低成本、高效益的生产与生活方式。企业的生产和经营要对人类有正外部性，哪怕是细微的创新也是一种进步。

近年来，许多中国企业在全球范围内积极并购、获取战略资源，现在却出现了大幅贬值。到底什么时候中国企业才算成功“走出去”？或许等中国企业在全球范围内做出一家顶级咨询公司的时候，就算真正成功“走出去”了。提升中国企业的地位必须加强“软实力”建设，突破软性的话语权约束。研发亦是如此，在先进技术、关键设备及零部件等方面，中国企业对进口的依赖程度依然很高，自主研发能力亟待加强。先进技术带来的统治力是可以持续很长时间的，简单的规模扩张永远无法取代技术进步带来的竞争优势。

最近，国际上几家大型化工企业都在纷纷进行合并，规模变大只是表象，关键要产生协同效应特别是技术协同，只有这样才能实现真正的转变，否则简单的并购、机械的协同只能带来更多的困难。如果行业内几家企业通过合并实现了技术协同，你却没有，那就很容易被拉开差距。我在中化一直讲企业要做正确的事情、不要做不正确的事情，否则浪费时间且起不到长远的实质作用。企业之间、区域之间、行业之间、国家之间都在不断产生分化，落后的一方基本上都缺乏真正的创新。

创新是一个循环的体系

创新和研发的重要性人人皆知、毋庸置疑，但是为什么很少有人能够在自己的工作中实现创新呢？如何开展创新工作呢？研发是一个系统，并不仅仅是一个环节，仅靠研发部门去开发技术是不可行的。任何企业的研发都不是一蹴而就的，不可能一两个月就研发出成果并且盈利。许多企业的系统管理能力和协同能力存在不足，与创新和研发相关的各部门往往都各自为战。只有改变这种现象，使各部门、各环节协同工作，才能形成一个积极创新的系统。在这个系统里，所有的传统观念包括投入产出观念都要适度改变。

我们经常讲容错机制，但在实际中很难实行。有一些容易引起争论的问题，例如，根据研发需求确定研发投入，但如果研发投入没能产生研发结果怎么办？如果研发结果没能满足研发需求怎么办？如果研发出结果后却发现已经在市场上落后了怎么办？企业的首要任务是创新，必须让研发人员参与研发成果的收益分配，让他们富起来，激励他们持之以恒、无后顾之忧地做研发，这是一个循环过程。同时，也要让销售人员富起来，如果面向销售人员的激励没有相应的提升，势必会影响销售人员的工作热情，进而影响新产品的销路，这也是一个循环过程。此外，研发成果的商业化过程也是一个创新的过程，是商业模式的创新，这同样是一个循环。中国企业只有真正把这些“循环”建立完善了，才能实现真正的产业创新，供给侧结构性改革的任务才能真正完成。

转型成什么样的企业

中化的愿景是成为一家受人尊敬的企业，那么如何成为受人尊敬的企业？这里面包括企业战略性和使命性的定位。中化现在有五大板块，包括石油、化工、农业、地产、金融。如果中化变成一个地产企业，会成为受人尊敬的企业吗？如果中化变成一个金融企业，会成为受人尊敬的企业吗？如果中化变成一个主业不突出的“大杂烩”式企业，会成为受人尊敬的企业吗？

一个真正能够比较长远地改变人类生活的创新型企业才是有价值的企业，才能真正地受人尊敬，无论大小。从企业定位来说，中粮做粮食和食品的全产业链，成了一家全球性的粮油和食品企业，那么中粮很容易在创新、定位、研发等方面与全球一流粮油和食品公司进行对标，而且中粮一些业务起步的时间较晚、有后发优势，可以逐步去追赶。中化也是一样，不管转型到什么行业，一定要做一个有创新、有研发、有持续改变的企业，要对探索自然、探索技术充满好奇。企业不仅是学习型组织，更是创新型组织，要始终相信世界上存在一种比我们现在做事情的方式更好的方式，始终怀着这样的信念来开展工作。

我们日常使用的手机、电视机、汽车可以说是日新月异，生产、生活资料都在不断变化。在这种情况下，国内外不同行业的企业转型过程千差万别，有成功也有失败。比如说大家非常崇拜的通用电气，我现在很关注这个企业，因为这个企业是多元化企业的典范，如果通用电气不存在了，那么多元化企业也几乎没有存在的理由。事实证明通用电气做得很好，它的多元化是靠不断地创新和转型来驱动的。通用电气在继续坚守老本行，高质量生产飞机发动机、医疗仪器等传统产品的同时，也有选择地涉足新兴的互联网行业、新材料和电子行业。企业仅靠内生性的转型肯定是不够的，必须积极地适应外部条件变化，这个过程必须要有前瞻性和创造性。通用电气正是做到了这一点，才成为唯一一家从道琼斯指数设立至今一直稳居其中的企业，才能培养出很多全球知名的CEO。因此，前瞻性、创新性的转型升级对企业来说是一个永恒的课题，企业必须时刻保持清醒。

（2016年9月）

我们要干好，就必须研究战略怎么制定，同时要看新的团队和战略的吻合程度。

新团队、新起点、新征程

有了队伍，沙漠里也能创造出东西来

对于中化农业板块而言，今天是一个全新的开始，有了新的团队，从新的起点踏上新的征程。覃衡德同志临危受命、勇挑重担，抱着对公司忠诚、对中化事业负责的态度接受挑战；农业事业部班子的其他几位同志也都体现出了这种值得称赞的创业精神。大企业里面很难有创业氛围，一般都冲着资产大、业务稳定、比较风光、容易干的职务去，很难有人愿意去啃硬骨头。今天农业事业部组建了新的团队，有了队伍，沙漠里也能创造出东西来；而没有队伍，在高楼大厦里也折腾不出动静。从集团层面讲，我们对农业事业部的未来抱有极大的期望，希望大家不辱使命。

农业不是干不干的问题，而是必须要干好的问题

中化农业不是干不干的问题，而是必须要干好的问题。我们要干好，就必须研究战略怎么制定，同时要看新的团队和战略的吻合程度。农业事业部和新的团队建立起来后，要尽快制定真正的战略，明确“进攻”的方向。经营管理必须要有战略保障，不要等集团告诉你

们怎么做。你们制定出方案后，集团可以根据相关情况做适当调整，但是由于你们更熟悉和了解一线，最终还是由你们确定。眼前的亏损并不是问题，重要的是要能看到公司的未来，要避免亏损逐年增大。

探索全新的现代农业商业模式

重塑农业事业部的任务艰巨并且光荣。要尽快将事业部打造成一个高科技农业公司，在农业和高科技这两个方面探索体制机制改革。最好三五年后等这个科技型企业经营有起色的时候，每个人的专业能力、工作水平和职业前景都能得到提升，同时每个人也都能获取相应的经济回报，这是今后一个基本的公式。集团公司将给农业事业部提供在全集团范围内最优惠的政策支持。

如果重塑事业部的过程中需要并购来推动转型，那么不管是化肥、种子还是现代农业，集团都可以提供必要的资金支持。但是不能盲目并购，必须要和公司的战略大方向一致。例如种子，我们现在继续做研发，要解决与外企合作中出现的问题，让成本降下来。再如化肥，要减掉不好的资产，减轻发展的负担。但是更重要的是有没有真正创新的模式。我们要力争摸索出一种服务型、综合性的全新商业模式，以科技为基础，不是单纯的商品买卖，从农业服务的角度提供支持，指导农民种地。除此之外，我们也得继续搞农业投入品，包括化肥、种子、农药等。

开创中化农业的新天地

祝福这个团队，这是一个创新型团队，你们不用为过去的亏损背任何包袱，亏损是历史上形成的。中化好几代人这么走过来，有成功的、有失败的，其中有短期的因素，也可能有结构性的因素。只要我们调整好思路，一步步取得进步，未来就一定会有前景。集团公司高度理解你们的工作，并给予最高的支持。希望在你们手中能提升、重塑、发展好中化农业，创造出一片全新的天地。

（2016 年 12 月）

战略没有对错，战略和执行是相互影响的关系。

坚定创新之路

我们今天做出的决定，将影响十年后的中化

2016年，从当期盈利来讲，集团的地产业务无疑最多，但我们是否满足于未来的中化成为一家地产公司？我们今天做出的任何决定，都将影响十年后的中化，特别是战略性决定。谁也不能保证我们选择的业务方向一定盈利，但最起码战略方向要正确。当然，方向错了也可能会碰巧盈利，但这不是我们的理想。战略没有对错，战略和执行是相互影响的关系。战略选择好了，也执行好了，就是对的。反之，战略选择再好，如果执行不好也不行。在能源行业，放眼全球有独立油公司、石油贸易公司、石油化工公司等，这些商业模式的形成有其历史原因和内在规律。中化必须从中选择一条适宜于自身的发展道路。

根据中化集团的历史和现状，我们提出要把中化打造成一家创新型的石油化工企业，着重于炼制、销售和服务，长远来说是一条正确的道路。做好化工肯定很难，化工的技术、研发等都很难，可能我们未来不一定能成功。但是，中国有化工市场，中化有化工基础。中化会变成中国一家非常有特色的企业。央企中目前尚没有这种特点的化工企业，这是我们的发展机遇，也填补了国家的行业空白。所谓创新型企业，就是要用新的理念、新的技术、新的商业模

式、新的管理机制，让每一项细分业务都在战略的指引下实现最好的价值。

战略是取舍，没有对错

如果我们确定了要继续沿着创新、技术的方向大力发展石油化工中下游业务，那么就要坚决去做，宁可亏损也要坚持。中化必须成为一家有技术、有创新、有探索精神的企业。

今天我们制定这样的战略，绝不是因为去年炼油盈利了、上游亏损了。也许我们不干上游之后，可能很快上游又盈利了；可能乙烯项目建完之后，很快又会遇到亏损。但这些可能的变化都不会影响我们发展中下游业务的决心。团队、执行和战略是一体的，如果乙烯项目建成时整个行业形势都不好，而我们在同行里面能做到最好，那也是一种成功。战略是一种取舍，并没有对错之分，但我们不能因为短期油价的波动而动摇。实际上中化集团要想快速盈利，转变成投资公司做地产就行了。地产的盈利能力非常重要，必须保持，但中化并不能仅仅满足于成为一家地产公司，地产不是我们的最终战略方向。

要改变对利润的认识

关于利润，我们在乎的是真正有现金流的、税后的、归母的净利润。如果只强调利润总额的概念，往往容易变成让各单位竞相争抢集团公司的资源，盲目扩张。中化集团未来真正变成一家投资控股型的企业以后，集团公司最关注的两点就是下属企业的股价和分红。

能源业务对中化的重要性不言而喻。能源事业部的未来目标，是要逐步成为一家有规模的、业务组合富于竞争力的能源企业。企业的发展目标和激励方向都必须明确。企业三年以后是什么样？五年以后是什么样？员工收入会怎么样？从企业发展角度来说，团队、业务和企业的发展是同步的。能源事业部一定要创新激励机制，跟上市场节奏，这是国有企业在深化改革中应有的责任担当。

（2016 年 12 月）

如果不能在战略执行过程中不断优化调整、推动落实并进行监督评价，战略将很难取得实效。

战略与执行必须有机结合

国家统计局刚刚公布，2016 年中国 GDP 同比增长 6.7%，达到 744127 亿元人民币，约合 11 万亿美元。记得 1983 年我刚去美国留学时，美国 GDP 大约 8 万亿美元，而中国的 GDP 只有约 1 万亿元人民币，当时难以想象未来中国的 GDP 能达到 10 万亿美元以上。30 多年过去，整个世界发生了巨大的变化，虽然中国的人均 GDP 还是比美国少了很多，但是历史进程给我们启示，中国经济增长的潜力不容低估。有留美华人学者对中美两国进行比较后发现，在这两个不同政治体制、不同社会制度的国家，其领导人的讲话却有着相似之处，无论何种体制最终目标都是要发展经济、促进就业、改善民生。特别是在消除贫困这个问题上，中国取得的成就是全世界公认的。中国经济的快速增长有效减少了国内贫困人口，为全球消除贫困事业做出了突出贡献。中化的发展与中国经济的发展息息相关，我们正是在改革开放后，中国经济快速崛起的过程中实现了企业的成长与进步。我们讨论中化的发展，要把企业放在整个国民经济与社会发展的大环境中进行思考。

战略与执行二者必须有机结合、缺一不可

一直以来，战略与执行二者的关系在管理理论和实践中都没有

得到很好的解决。管战略的人，往往认为战略都是正确的，问题肯定出在执行上。多年前流行一本书《把信送给加西亚》，书中故事就是讲长官让一名士兵把信送给加西亚，至于加西亚是谁、在哪儿、怎么送等一概需要自己解决。现在看来，还是有些片面性的。负责执行的下属必须非常清楚地知道领导的意图是什么，要掌握足够的信息，甚至也要有战略能力，而不是简单的“上面管战略、下面管执行”。在企业管理中，如果只是简单地提出目标，没有更加具体的战略举措，那不叫有战略，执行起来也会事倍功半。战略与执行二者必须有机结合、缺一不可。我们既要具备战略眼光也要有强大的执行力，既要高瞻远瞩也要脚踏实地，既要追求速度也要确保稳健，既要有准确的业务发展方向又要保持业务组合的有限多元化。把握好这些平衡、处理好这些关系，是管理者肩负的责任。

一家企业的业绩起伏有其自身的规律，现阶段业绩好的企业未来可能遭遇挑战，现阶段业绩差的企业未来也可能走出低谷。因此，我们应当理性地评价业绩，不能只看当期业绩的好与坏。对于一些业绩暂时不理想的企业，要弄清问题究竟出在战略上还是执行上。其实没有哪个公司的问题百分之百出在战略或者执行层面，往往两者兼而有之。一些执行力强的团队即便遇到错误的战略也能在执行中加以完善，把错误的战略修正过来、取得较好效果；但也有一些企业战略长期出现问题，令团队逐渐失去信心。

化肥与中种两家企业2016年业绩完成很不理想，甚至出现亏损，并且其困难局面已持续了较长时间。这两家企业的战略存在一定问题，没有根据市场变化及时做出调整。但是我们也不能因为它们去年、今年没做好就武断地下结论，认为其未来没有希望。如果我们能够以一种全新的思维来谋划战略，妥善处理好战略与执行的关系，那么未来完全有可能重焕活力。

中国金茂2016年取得了良好的经营业绩，为集团整体业绩做出突出贡献。希望中国金茂继续保持这种良好势头，力争每年利润能占到集团整体盈利一半以上。中国金茂要高度关注国内房地产行业的未来走势，特别是国家在市场调控、土地供应方面会有哪些新政策。我们无法准确预知未来，但必须有未雨绸缪的前瞻性意识，提前做好战略布局。

一方面，作为一家有限多元化的投资控股企业，集团层面的重点是制定好业务组合和投资控股战略，各个事业部则需要制定好自己的竞争战略、产品战略、成本战略，只有这样合理组合企业才能健康发展。不能把战略制定的功能都集中在集团总部。投资控股型企业总部的战略部门往往只能对下属企业战略进行简单汇总，因为总部很难替代经营单位为其做战略。久而久之，会让战略变得模糊并且难以执行，因为不知道究竟是谁来负责制定战略、谁来负责执行战略。

另一方面，光有好的战略，没有好的执行也不行。如果不能在战略执行过程中不断优化调整、推动落实并进行监督评价，战略将很难取得实效。一把手的好坏固然是决定企业发展成败的关键因素，但任何一把手的工作开展都需要一个系统来支持。集团公司新成立了战略执行部，该部门要很好地发挥自身作用，探索建立一整套完善的战略执行系统，为总裁开展工作提供有力支撑，扎扎实实地推进战略落地。

优秀的团队是中化核心竞争力的最重要来源

作为投资控股型企业，未来团队建设的重心，特别是一线经营管理团队建设的重心更多应该在事业部层面。人才是企业发展最宝贵的资源，优秀的团队正是中化核心竞争力的最重要来源。当前公司的团队建设面临一定挑战，骨干人才流失现象较为明显。这其中既有企业文化建设、价值观引导的问题，也有管理体制机制的问题。未来抓好团队建设将是从集团党组到各事业部非常重要的一项任务。只有具备一流的团队，企业战略才能有效落地执行，并在执行中不断优化调整。

没有成长性就没有行业地位

目前，中化仍然是有限多元化投资控股型企业的架构，从短期来看这是有利于企业稳定和可持续发展的最优选择。每一个事业部都是公司不可或缺的重要业务单元，都对企业发展有着重要影响。但从长远来看，中化集团要真正变成受人尊敬的企业，需要积极运用五大发展理念，着力打造成一家创新型的石油化工和精细化工企业，以及涵盖农业、地产、金融的有限多元化投资控股公司。石油化工、精细化工是未来中化最重要的核心主业，地产、金融等其他板块同样重要，因为培育核心主业的过程中需要其他业务提供资金支持。

就集团整体而言，目前要特别强调的是成长性问题。在央企行列中，没有成长性就没有行业地位。现阶段中化盈利规模在央企中的排名已经相对落后，不过我们有着良好的基础，并且在一条正确的轨道上前进，只要通过自身努力，未来完全可以迎头赶上。同时，中化不仅要成为一家盈利能力强的企业，还要成为一家具有创新性、引领性的企业，拥有一批成长潜力大的业务，能通过创新引领产业发展，最终成为对社会有贡献、受人尊敬的企业。

企业文化建设是一个团队建设与团队融合的过程

中化的团队非常优秀，能够在各种挑战下奋力拼搏、勇创佳绩，公司拥有健康的企业文化。什么是企业文化？有一种形象的说法，企业文化就是散会以后大家在走廊里说的话。只有当大家在会场内外发出同一种声音、真正做到上下同欲的时候，企业文化才能说是真正深入人心。通过一年来的观察，我感觉中化这支团队整体上是对公司事业抱有热情与激情的，希望企业越来越好、个人与企业共同进步，这是一种自然流露的真实情感。企业文化不是凭空创造出来的，而是在大家的理想信念、思维理念、行为准则、自我约束等一点一滴中慢慢积累形成的。从这个意义上讲，企业文化是国有企业非常核心的一个元素，渗透到企业的上上下下、影响到工作的方方面面。集团未来将继续加强企业文化的塑造，为业务发展和员工成长创造良好的内部环境，这对公司未来发展非常重要。总之，希望中化能形成一种友善阳光、公开透明、公平公正的企业文化氛围，过去我们做得不错，未来还应继续发扬。

把创新主线贯穿于企业战略制定及实施的全过程中

2017年公司要全面加大产品创新、技术创新力度，出台对创新活动的评价奖励机制，推动创新活动切实开展。从地产板块的绿色住宅到化工板块的橡胶防老剂、制冷剂，公司各项业务都蕴含着很高的科技含量，也有很大的创新空间。特别是在泉州石化二期百万吨乙烯项目建设过程中，必须坚定不移地走差异化、创新型发展路线，而不是去生产低技术含量的重复性、一般性产品。放眼当今世界，消费升级、产业升级的步伐日趋加快，科技创新已经不仅仅是企业扩大销售、提升盈利的一种辅助性手段，而是排在第一位的战略起点。集团公司在本次机构调整中专门组建创新与战略部，就是要把创新这条主线贯穿于企业战略制定及实施的全过程中，没有创新就没有战略。2017年，公司要下大力气建立系统的科技创新体系，真正让科技投入转化为实实在在的生产力，做到对科技创新的“真学、真懂、真信、真用”。

体制机制创新的重要性丝毫不亚于技术创新。必须承认，当前中化的管理体制、管理机制还存在一些违背市场规律之处，其中既包括激励机制，又包括决策、评价、考核等机制，同时也包括管理理念等。混合所有制改革是国企改革的重要突破口，要积极探索在中央企业集团层面实行股权多元化。股权多元化改革是一种真正意义上的改革，而不仅仅是改善、改良。股权结构的多元化，将有利于在公司治理、评价激励、人力资源管理等方面建立市场化的体制机制，有利于推动企业战略执行，也有利于国资监管从以管企业为主向管资本为主的转变。我们要推进各个层面的改革，特别是激励机制的创新。要探索建立符合企业特点和行业规律的多元化激励机制，例如利润分享机制、特别奖励机制及股权激励机制等。

有研究历史的学者认为，倘若没有英国工业革命，人类的历史就不值得研究，为什么？因为在英国工业革命出现之前，人类社会长期处于一个低层次的发展阶段，生产力、生活水平等在几个世纪里都没有得到大的改善。而工业革命的出现极大提高了生产效率、解放了生产力，提升了人们的生活水平，并推动了医疗、教育、艺术等事业进步，让人类社会发展有了一个重大飞跃。为什么会在英国产生工业革命？一个重要的原因是出现了建立在信托义务基础上的有限责任公司。有限责任公司有两个特点：首先，股东只根据出资金额承担有限责任、有限风险，这有效保护了投资者的利益，大大激发了投资积极性；其次，引入信托制，财产所有人将钱财交给专业的受托人（职业经理人）代为管理。这两项制度设计带来了企业组织形态和生产关系的变革，推动了工业革命的产生。之所以举这个例子，是因为当前我们的企业面临相似的问题，迫切需要建立职业经理人制度。这绝不仅仅是为了改善经理人的薪酬待遇，而是企业永葆活力、实现长远健康发展的重要制度保证。

2016 年，在内外部环境发生了较大变化的情况下，我们靠着一种热情、一份坚韧，通过顽强拼搏、不懈努力最终创造了良好经营业绩，也为员工收入增长奠定了基础。这充分说明，中化这支团队是一支有韧性、有战斗力并且有很强自我驱动力的优秀团队，我们应当对中化的未来抱有巨大的信心。2017 年，让我们一起努力、做得更好！

（2017 年 1 月）

如果我们只有一个目标，一定是企业的经营和发展，总部所有部门最终的合力是要支撑业务单元的业务发展。

同一个团队、同一个目标

处理好总部与业务单元的矛盾

“一个团队一个目标（One Team One Goal）”，这是在企业管理里很难的题目，因为企业管理的核心理论就是要通过科学的方法，有效地组织大家充满热情地工作，共同达到一个目标。而事实上，每个人都想自由，每个人都想独立，企业里没有明确的专业分工就没有专业的管理，而越分工越难形成一个团队，企业越大就越要分工，也越难形成一个团队。

我来中化第一次开会时，问大家对什么部门意见最大，有的人说对集团意见最大，效率低，阻碍他们发展。我曾在中粮开过类似的会，题目是“假如中粮的集团一夜消失会变成什么样？”，各个业务部门都说那太好了，他们独立了，可以干好多事。但是集团的辩解是，如果没有我们，业务哪有规模、哪有品牌、哪有财务支持？所以，集团和业务部门间既是一体的，也有天然的矛盾，在中化这种矛盾也存在。特别是职能部门变革、功能设置调整以后，事业部也会进行相应调整和重新定位，中化集团和每个业务部门是什么样的工作关系、协作关系、文化关系？集团总部能不能变成一个整体性很强、市场化程度很高、对客户很敏感、对业务第一线有很强支持力度的组织?

小舢板组合起来的集团不叫集团，因为它是很散的组织，不是有机增长、靠并购出来的集团，组合起来就更难，外表看着挺大，却是一群猫，永远打不过一只老虎，所以大企业病非常普遍。One Team 并不容易，特别在一个并购型企业的发展过程中，这就是我们今天面对的问题。集团总部和每个事业部之间，各个业务单元之间，都存在天然的矛盾。如果我们能把这个矛盾解决，我们能成为一个高效率的企业、有创新性的企业。

集团总部定位

对集团总部职能部门来说，因为没有特别明确的指标性考核和市场竞争样板，很容易变成官僚式、审批式、监管式、被动的、不接地气的、给别人制造麻烦的、与客户和市场形成竞争关系的工作状况。假设五个事业部在没有集团的情况下，有可能自己过得更好，那么总部部门就是在浪费时间，既消耗了精力，又消耗了效益，集团就成为负面的存在，我们就成了阻碍企业进步的一群人。业务部门的离心力也一定很强。

企业总部到底该做什么，不应该做什么?集团总部要学会经营集团，不是看着一个摊，收集几个数据，传达几条信息，提出几个改进意见。中化能源事业部要不要改成可再生能源公司?如何把它放在成长的轨道上?化工事业部能不能改成新材料部?农业事业部能不能做成现代农业平台?金融事业部能不能做网上金融、大众金融?地产可不可以做城市运营和规划?这些工作谁来思考，谁来提出建议?事业部自己当然可以，但是他们专注于卖产品、做业务，战略调整的角度不一定宏观，拥有的资源不一定很广。如果集团能够不断地思考和提出这类建议，那集团的能力就在不断地增强。

集团总部要有基本的管理模式，但这个模式要变得更加有活力。比如纪检部门、巡视办、审计部门，其责任就不只是挑毛病、找错事，而是采用更主动、更有建设性的管理方法，可以更多地服务客户，更有创造力地面对市场，带领大家朝向“One Team One Goal”的目标，促进组织健康平稳发展和业务成长。在这个过程中，集团用总部的角度、资源划分的角度、专业性的角度、协调发展的角度来支持业务的发展，发挥规模性作用、品牌性作用，进行政策性支持、管理性支持、理念性支持。集团如果把这些整合到一起，有总部就比没有总部好，业务和集团一起就比单一发展好。

关于 6S 管理体系

关于 6S 管理体系，它和前面谈到的集团定位、职责是联系在一起的。6S 管理体系比较符合多元化企业、总部战略管控型企业的需求。我们需要找到 6 个系统间的关联性，并让它们成为一个整体。

首先是战略规划系统。我们曾经把 116 个华润业务单元编成号码、实时跟踪，后来编码变成了战略单元。我们每年不断回顾这些战略单元哪些该留，哪些该卖掉，还是该整合别人，这代表了我们的战略取向。

其次是全面预算系统。如果总部的战略创新部、战略执行部能够看到预算本身的准确度如何，如果人力资源部能够看到经理人的执行能力怎么样，如果党建、纪检部门能够看到项目能不能保证执行，如果所有总部部门都知道预算能不能完成，那就是真正理解了全面预算。预算的过程不仅是对商业计划的分析，也是对行业认识程度的表现，预算的水平可以代表团队的管理水平。而对事业部的预算，总部不能认为和自己没关系，不能用一种评论式、观察员式的方式来看。

对业务的考核和预算标杆每年都在进行，考核方法有没有矛盾，过程对不对，标准定的如何，这些需要不断优化。对团队考核来说，团队领导力潜力、团队本身的创造性、团队承担业务的艰难程度以及团队的能力都要有考核。

关于审计系统，它不是为了交税做的审计，它的好处是能把组织内的所有事情系统地放在一起考量，互相之间有所关联、不断优化，这也是在一个多元化的、以战略管控型为主的企业里所适用的管理方法。会计政策、用人标准、用人流程、人才盘点、人才发展、对业绩对团队的评价都可以放在这里，这个系统能够全面、及时地反映出很多财务报表中所不能体现出来的内容。

最后谈谈集团总部人员应该如何评价。企业的本质就是经营活动。从企业内部来讲也是这样，所有的业务最终必须支持销售，所有品牌、营销、渠道、生产、成本的管理最后必须支持把产品卖出去，说起来简单，其实很复杂。销售实践就是社会的认可，对公司的认可，对价值创造的认可，对所有的生产、研发等活动的认可。不管是做财务还是人事，做党建还是纪检，做战略执行还是战略规划，如果企业组织最终完不成市场化的、健康的销售任务，企业也就不存在了。

马克思两百年前就讲过，销售就是价值实现的最终过程。如果我们只有一个目标，一定是企业的经营和发展，总部所有部门最终的合力是要支撑业务单元的业务发展。除此之外，总部的职能部门没有别的目标。

对总部人员应该怎么评价？第一，鼓励总部人员和业务单元不断交流沟通，在交流中评价，在评价中交流。第二，总部人员应该在更多的层面和更高的程度上与集团业绩挂钩。比如人力资源部提出体制性、改革性的方案措施，创新战略部对业务资源的布局和支持，战略执行过程中的问题改善，等等，都可以给其与业务部门一样的奖励，因为这些都会直接影响公司的盈利。这个方法涵盖了每一个总部部门，包括审计、纪检、党建等，最终组织形成了一个整体，这个整体有一个较长远的、理念性的、使命性的、价值观性的统一目标，促使我们更多更好地与每个事业部沟通。所以，One Team One Goal，大家最终要变成一个高效率的、支持业务的总部，这样才能达到整体的发展目标。

（2017 年 4 月）

一个好企业，一开始就得有一个宏大的、虽然比较粗糙但能让人充满信心的目标。脚踏实地的同时也要仰望星空，关键得有目标。

脚踏实地的同时也要仰望星空

我从党组的角度谈谈能源事业部、泉州石化应该有一个什么样的未来、有什么样的发展，以及应该如何来做。

业务战略要由能源事业部自己决定

中化集团未来如何发展？到目前为止，在战略上 90% 的可能性，中化集团会变成一个多元化控股企业。中化集团本身不是一个运营性的企业，不是一个运营性的主体，我们在不同的行业和领域里，通过不同的事业部、业务单元或者上市公司去经营这家公司。这就带来几个特点。第一个是多元化的特点，我们不是过度的多元化，而是有关联的多元化。第二个是管理关系的转变，真正做经营性决策的应该是事业部，而不是中化集团。因为中化集团只做相对的、战略性的、行业布局性的调整。例如对于能源事业部，业务战略怎么做是能源事业部自己的规划。集团只表明我做不做能源，或者要转型做航天飞机。这个问题由中化集团来把握。所以，这样就带来了多元化和管理的重心下移，业务战略、体制改革、上市和行业发展这些事情，要由能源事业部自己来做。

作为一个独立的市场主体，能源事业部本身在行业中也应该成为有竞争力的公司，不必依赖中化集团。不用管中化集团多大多小，因为今天的竞争不是集团式的竞争，而是品类和产品的直接竞争，客户不会接受你卖的油是中化集团炼的就可以贵点。作为大宗商品，你卖的油什么成本、什么质量，完全是一个成本竞争的问题。那么泉州石化的竞争力在哪里？从这个角度来讲，大家必须知道对集团公司是依靠不上的。但是集团公司可以在资源配置、前期投资、政府关系、体制改革上提供一些帮助。我在集团会议上讲了很多次，能源事业部包括其他事业部都要这样，这符合国企改革的大方向。

中化能源最近开会讨论了战略定位的问题。我认为，在中国经济依然大幅增长的时候、这个行业还在发展的时候，我们的战略应该是发展的战略。能源事业部经过很多讨论，最后认为应该把中化能源作为一个互联网化、数字化的公司，把经营模式转变过来。这就需要以信息技术、互联网技术整合从上游贸易到下游销售所有的业务信息和数据，改变目前的交易模式。此外，我们还得有硬件的提升，包括炼化装置、物流设施等，来支持整个企业的发展。只有全面做到这些，我们才能变成一个以大数据和信息为支撑的公司。

泉州石化未来要以赶超镇海为目标

我们必须把镇海当作标杆来比，泉州石化的一期、二期完成后，应该基本达到镇海的规模和水平才行。这样泉州石化作为单体就具备一定竞争力了，就能够支撑中化能源大部分盈利了。中化能源本身也有这个潜力继续发展。对我们来说，第一、二步走完，再往下应该是技术含量更高、更加细分的精细化工。这样一步一步往下走，就真的变成技术驱动、研发驱动的公司了，可以填补国内一些新材料的空白，达到相对领先的水平。走完这第三步，我们就要力争赶超镇海。

将来我们改制了，在所有评价考核机制、员工参与度、利润分享上，要让员工觉得这个公司是自己的，我们做好了，每个人都有份。一、二、三步这么走下来，变成中国最好的、领先的石油化工企业，不仅有规模，而且有下游的技术，产品的附加值水平和研发水平都较高。在这个基础之上，我们再大力支持、大力投入，这是基本的规划。一个好企业，一开始就得有一个宏大的、虽然比较粗糙但能让人充满信心的目标。脚踏实地的同时也要仰望星空，关键得有目标。

泉州石化作为一个新的炼化企业，应该有后发优势。未来在技术工艺上，不管是通过消化吸收还是自主研发，都应该在国际国内同行业中拥有一定地位，不能单纯依赖引进，始终跟在别人后面。

泉州石化要继续做好精益成本管理

今天所有人都已经意识到，短则两三年、最长不超过四五年以后，整个中国石油炼化行业将迎来新一轮的产能过剩和大变革、大洗牌。有位民企老板跟我开玩笑说，首先把日本、韩国高成本进口的洗掉；其次把国企洗掉；最后是民企间自己的洗牌。我说为什么民企能把国企洗掉？他说国企肯定是成本高的。确实，今天的投资，就是明天的折旧、明天的利息、明天的运营成本。真到打价格战的时候，一吨差 20 元也能打起来。人家系统性的成本，从土地到折旧再到员工效率甚至到运输等，都比我们低，低 100 元就赚 100 元，而我们却赚不了钱，运营两年就受不了了，而且建设时间越长利息越高、成本越高。我们中化没有同行老大哥那么大的家当，没有那么多的回旋余地，必须要真正将事情抓到底、抓到实，要有必胜的决心才行，必须要把总体方案做细了，不能仅凭拍脑袋决策。

泉州石化一期目前在运营期，生产负荷等经济指标在提升、成本在下降、结构在调整。为什么效益能继续体现？这些都是很关键的因素。原油采购方面有些困难，去年买的油容易涨、今年买的油容易跌，现在成品、半成品加原料等库存，基本都和油价一起波动，但好在今年没有大起大落。当然，泉州石化在控制住基本库存的情况下，应该把对油价的判断和操作交由贸易团队负责。你们不应该花很大精力在判断油价的走势上，应该重点在控制好运营成本上。

上游贸易觉得油价要升了，会给你们增加库存，反之则会降低库存。

建成一个围绕中化的专属石化园区

关于石化园区的发展，第一应该把中化整个的布局、规划、梦想实现在园区里，第二中化要起到带动作用，把园区建成一个泉州市招商发展很活跃的区域。中化要积极去推动，不能好几年没动作，因为地也不可能一直给留着。关键是园区引进的项目要能和中化在园区的产业连接起来，能和泉州石化形成上下游的关系，真正建成一个围绕中化的专属石化园区。大致原则是这样，但实际中也不一定百分之百如此。

整体来讲泉州石化目前的工作开展得是不错的，这对整个中化是很大的鼓舞，增强了下一步我们继续发展的决心。能源事业部、泉州石化是中化经营的亮点，支撑了中化集团整体的经营业绩，未来也会成为中化最重要的一个业务单元，是中化的看家本领。转型不仅是贸易板块的事，也是实业的、炼油的任务，这是一个很大的转变。不管中化集团未来如何调整，我们一定支持大家做好这个最重要、最核心的主业。同时我们要改革体制，用多种形式尽快把它变成有竞争力的、市场化的、有发展前景的企业。

（2017 年 9 月）

金砖国家之间有很大的投资潜力，尤其在能源化工领域有必要加强合作，增加政策透明度，提高行政审批效率，扩大能源化工领域相互之间的投资。

强能源，广合作

加强海上油气勘探开发合作

金砖国家海上油气资源丰富，并且在海上油田勘探开发方面积累了一定的经验，海洋油气开发潜力大，金砖国家加强在能源勘探开发方面的技术、信息和资金合作，实现风险共担、收益共享。

加快推广和应用清洁能源

金砖国家在石油开采效率、节约高性能使用方面还有较大距离，有很多合作空间，比如巴西生物能源比较发达，南非清洁煤比较发达，有技术和市场资源。金砖国家可以强化合作，推进天然气等清洁能源使用，在光伏、风能、生物质和水电等领域共同推动能源转型；同时可以在信息共享、技术研发、金融支持和试点项目等领域深化合作，继续降低清洁能源的开发成本，加快清洁能源推广和应用。

推动能源和化工品贸易发展

金砖国家在能源领域具有很强的互补性，俄罗斯和巴西是能源出口大国，而中国、印度能源需求旺盛，需要大量进口。目前，俄罗斯是中国进口原油第一大来源国，巴西也已成为中国十大原油供应国之一。在能源贸易方面，金砖国家之间加强沟通协调和基础设施建设，不断推进贸易便利化，实现能源出口国和进口国的双赢。

化工品方面，金砖国家之间也有广泛的经贸联系，以中国对印度出口为例，2015 年印度自中国进口 611.4 亿美元，其中化工产品 121.0 亿美元，占 19.8%，仅次于机电类产品，排名第二。而近年来，印度频频采取反倾销等贸易保护手段对中国产品进行限制，2016 年，印度对华反倾销调查高达 19 起，创历年之最，2017 年上半年，印度对华启动反倾销调查达 12 起。金砖国家在贸易方面应该创造更加开放、公平的环境，促进化工品贸易的进一步发展。

推动能源化工领域的相互投资

2016 年，金砖国家对外投资将近 2000 亿美元，占到全球投资总量的 12%；而金砖国家成员之间投资只占到五国对外投资的 6%。金砖国家之间投资有很大的潜力，尤其在能源化工领域有必要加强合作，增加政策透明度，提高行政审批效率，扩大能源化工领域相互之间的投资。

中国经济在这几十年发展很快，尤其是石油化工行业，但精细化工品还比较落后，自给率很低，油气需要进口，化工品超过一半也需要进口。在精细化工品材料方面，巴西和俄罗斯自然资源比较丰富，中国和印度市场比较大，金砖国家各有特点，在精细化工品特别石油精细化工品领域，一年有 1000 亿美元的精细化工品贸易额。

综合来看，金砖国家在资源、技术、市场和贸易方面各有优势，可以互补，在蓝色经济方面有很大的合作和发展潜力。从企业来讲，需要我们真正去探索可行的合作方案，切实推动合作。

（2017 年 9 月）

对中化农业来说，要做好“两个平衡”：一是国家社会责任和商业模式的平衡；二是短期盈利和长期发展潜力的平衡。

MAP 战略

我们真正的技术在哪儿？这是最核心的东西。

在业务定位上，中化农业最终要定义为一家业务内涵更丰富的农业公司，既包括农业投入品分销，也能为农业种植者带来技术，并提供农业金融、信息等服务，还包括物流和农产品销售。

我们花了两年得出加阳模式中国化这个结论。认清模式后，就按这个方向往前走，搞清楚需要什么资源、人才、体制、核心能力。国企研发投入最大的难度是不知道往哪里投，很难下手。我们真正的技术在哪儿？这是最核心的东西。

中化农业应该更脚踏实地。为什么我们比农民种地种得好，必须把这个说得非常清楚才行。可能以后 MAP（Modern Agricultural Platform，现代农业平台）不是一个泛泛的模式，要总结出针对不同作物、不同品种、南方北方的差异化模式。MAP 要是什么都有但什么都一般，就容易被人取代。

中化农业还是要卖产品。MAP 战略通过 MAP 技术服务中心实现，技术服务中心是种植者能接触的产品。这个产品有什么功能，什么组合最好，什么效率最好，目前还没有很好的回答。创业可以先摸着往前走，但 2018 年要把它弄清楚。

商业模式还要进一步优化。如果最终做成一两百家技术服务中心、形成商业模式和盈利模式的话，这个公司将从根本上改变中国农业服务方式。但现在还在验证期，第一年不盈利没关系，后面要像开加油站、开超市一样扩展。

MAP模式肯定有地域差异，但核心模块是一样的，要形成标准化核心模块，最终的竞争是标准化核心模块的竞争。2018年争取开几十家技术服务中心，要真正扎扎实实地把模式提炼出来，包括商业、技术和财务的模式，不同区域的模式。

要用新的方式重塑供应链。种子、农药、化肥、柴油等各种产品，有采购的供应链，有生产的供应链。现在要在MAP这个点上，整合供应链，让产品更强。供应链应该倒推到中化的所有产品，根据客户反馈不断优化，供应链会越来越强。

农产品方面同样要有我们主导的供应链，能保证品质、符合要求，再卖给中粮、五粮液等下游加工企业。中国现在没有什么农民协会，如果通过中化农业形成一个代表种植群体的协会，加上中化背书，加工企业和消费者对农产品质量的放心程度会提高，这个对农民也很重要。

MAP战略完全符合国家战略，同乡村振兴战略、供给侧结构性改革的很多内容是高度契合的。对中化农业来说，要做好“两个平衡”。一是国家社会责任和商业模式的平衡。作为央企肯定要有社会责任，但从内部而言，必须知道商业模式是我们真正追求的，没有盈利是一场空谈。二是短期盈利和长期发展潜力的平衡。过去的业务肯定要保持盈利，还要更多的盈利，MAP战略应该更多去发展，但应该是在商业模式比较有把握的情况下。

中化农业现在的业务是人的业务、团队的业务、软件的业务、技术性的业务，最终会造就一个团队，有农技知识而且分布在全国各地。我们要的是创新型商业模式、创业型企业和创制型产品。未来随着模式推进，种子、化肥和农药等产品肯定是整合在一起，通过供应链整合在一起。未来前端有几千个站点，后端有创制型产品，这个商业模式就不得了。作为科技型企业，中化农业就是一个创业团队。每一个参与的人要享受成长性，最初的风险由公司承担。

2018年提炼、摸索、扎实地再做一年，2019年争取有更大更快的发展，彻底扭转农业业务的局面。大家经历这一年不容易，有激情、很认真，该到出成效的时候了。

（2017年12月）

互联网公司体制要放开，开展多种形式融资，建设成为健康的、可持续发展的企业。

坚定创新型石油化工企业的发展道路

2017年能源业务经营良好

2017年，能源事业部整体表现不错，业务经营良好，管理更加严格，取得很大进步，和其他事业部共同推动集团公司2017年盈利，营业额创历史最好成绩。勘探开发业务实现大幅减亏，资产重组有利于资产质量提升，但融资负债增加，这是一把双刃剑，希望以后能逐步恢复。石油贸易业务抓住市场机会努力推进山东战略取得很好的成效，经营规模大大增加。这是很了不起的成绩，进一步巩固了贸易业务的市场地位，体现了一种“死磕”的精神。未来山东地炼及其他大型民营炼厂的发展也将给我们带来更多机会。泉州石化继续保持了集团公司经营和盈利的主干地位，有力支撑了石油贸易、下游销售、化工品及互联网业务，除市场环境较好外，自身工作也做得非常出色。仓储业务经营较为稳定，未来发展重点要紧密配合贸易业务，加强对码头、管线、储罐、炼厂等资源的获取。油品零售业务方面，虽然竞争环境激烈，但实现了有效增长，盈利和营业额都有进步、超出预算。

认清现实，寻求更适合自身的发展之路

今天继续讨论能源事业部发展中的根本性问题是很有意义的。中化能源目前定位基本不可能成为纯能源公司，原因有三点：一是中石化、中石油和中海油在历史上的地位、规模和定位已经形成，很难打破；二是从国家角度看，没有把中化放到上游能源板块中；三是中化在勘探开发领域缺乏专业技术。

中化的规模、国家定位、专业水平及资金情况决定自身不适合大规模发展上游。这并不是我们的弱点，而是我们看到的现实。上游业务逐步调整后成为投资型企业，以非作业者形式参与勘探开发，同时考虑上游的贸易机会。中化能源应该是贸易、销售能力很强的石油化工企业，上游贸易和下游销售能力强于炼油化工能力，这符合中化的特点。下游销售的加油站仍是短板，但橡胶和化工品销售有一定基础。

中化能源和维多（维多集团，一家能源和大宗商品贸易公司）、托克（托克集团，全球领先的独立大宗商品贸易和物流公司之一）、嘉能可（嘉能可斯特拉股份有限公司，全球大宗商品交易巨头）有一定相似，但还不太一样，它们有炼油业务但基本都不大。我们要选择更好的发展模式，确定未来的发展路径。要根据市场环境、国内需求、团队的特点和能力、周边竞争者的策略和水平确定公司的定位，未来所有投资都应沿着这个定位推进，才能落实好既定的发展模式。

目前，中国的市场特点决定了贸易业务有一定的发展和盈利空间，但是有多大空间还是存在疑问的。必须预见到民营炼厂未来将独立进口，只赚差价的贸易业务很难持续，需要带有一定投资性质的实业的支撑。因此，中化能源的最终定位应该是一家贸易能力很强的石油化工企业，依靠创新往下游延伸，发展新材料、投资新能源，最终确立“石油偏化工”的发展方向。

目前，民营石化企业发展很有特色和竞争力，对能源事业部是

一种挑战。按照当前发展模式，中化未来很难确保自身的行业地位。因此，能源事业部要在炼油业务基础上，加大下游高附加值产品开发，成为“石油偏化工”的企业。加油站业务也要继续发展，不能与其他石化企业相差太远。能源事业部最终要实现中游有竞争力较强的炼厂、上游有较强的贸易业务、下游有规模性的油品和化工品销售能力的战略目标。

以创新为动力加速推进重点项目及重点业务

泉州石化二期比较重要，一定要全力推进建设工作。乙烯项目投产时，民营企业项目也将集中投产。根据公司的战略方向，乙烯项目还是要建设，但能否在市场上有竞争力，关键看项目优化问题。长远来看，物流成本、加工成本一定要有优势，至少不能低于行业平均水平，才能确保项目建成后具备竞争力。同时还要平衡好项目建设速度和效益。PX 项目建成时，对市场整体需求要有判断，国内产能增加以后，未来日本、韩国的 PX 项目会不会难以生存？项目投产最好能赶上行业周期比较好的时期。

泉惠园区作为中化集团能源化工业务发展的重要支点，是未来公司的坚强堡垒。园区的发展将支撑中化的石油贸易、油站零售等业务，其投资、管理都是能源事业部重中之重的任务。园区的定位一定要清晰，并加快推进园区建设。

山东战略要充分利用贸易、物流、资金优势。可以考虑参股独立炼厂部分股权，参股相关贸易公司部分股权，以获得原油供应权。目前，山东战略得到了一定推进，但还没有创造出双赢的商业模式。下一步必须下大力气创新商业模式，在做好风险管控的基础上，适当放宽资金、授信等方面的限制。

创新主要指新技术、新材料、新能源，笼统地讲，我们的创新包括了创新三角（创新主体、创新方式、创新文化）。对能源事业部来说，不要急于求成，可以通过下面几种方式逐步创新：一是持续改进现有技术和工艺；二是购买高端技术自建项目；三是投资并购企业引进新技术，通过战略投资和转型实现技术提升。

以开放心态全力支持互联网转型

现阶段还无法清楚定义互联网转型的商业模式，但集团和事业部要抱有开放的心态，在风险可控、可承担的基础上，大力支持互联网转型工作，为互联网转型创造良好的发展环境。互联网公司体制要放开，开展多种形式融资，建设成为健康的、可持续发展的企业。

目前，互联网转型工作刚刚起步，具有很大的挑战，距离建立理想的、可持续发展的商业模式还有很大差距，集团和能源事业部要给予互联网团队足够的信任和支持，同时要进行及时跟踪、评价。能源事业部互联网转型的成功将对中化所有的业务带来借鉴。

互联网业务与能源事业部现有业务可以分开评价，但分开评价可能带来集团和事业部在责任与管理方面不清晰的问题。从责任、管理角度来看，应将互联网业务纳入能源事业部统一评价，但可以独立核算。集团公司不会因为对新业务的评价而影响原有业务。无论是否分开评价，集团都会对互联网转型给予支持。中化的互联网转型已在中央电视台《新闻联播》播出，说明中央支持我们的转型思路。

重视战略执行中的细节管理

集团对不同事业部和业务单元的分析、排名、评价和数字掌握，需要一个相对准确和完整的做法。战略执行部要对 ROE（净资产收益率）、经营规模、毛利率、市场份额、利润总额、净利率、回报率、分红、现金流、市值等指标进行规范，根据管理需要进行静态和动态分析。整个集团指标汇总在一两页表上，如营业额，今年100 亿元、明年 200 亿元，占多少市场份额，增长率、毛利率最好也能体现，表现形式更加丰富。

目前，集团公司负债率较高，主要由于地产和贸易业务占用资金较多，但两项业务资金流动性较强，从这个角度看，负债率控制可适当宽松一些。石油业务的风险较低，负债率也可以适当提高。集团公司应该在资金上保证能源事业部以战略驱动的、能带来新增长点的投资，比如泉州石化二期、园区建设、加油站开发、互联网转型等。如果出现能够带来增长的新能源或新材料业务机会，也应予以支持。

（2017 年 12 月）

一个企业真正的国际化是随着民族的国际化往前走的。

国际化之路怎么走

今天，国际化的问题已经远远超出了海外并购和“走出去”的范畴。国际化不是我们的选择，我们即使不选择国际化，国际化也已到来。举个例子，我们听起来最“土气”的业务——农业业务，也已经是参与国际竞争的行业了。

几年前，国务院国资委提出了“建设世界一流企业”的号召。当然，世界一流企业是有标准的，不是我们关起门来说自己是一流企业就行了。那么，我们该如何看待国际化？企业又该如何走上国际化之路？

国际化必须是思维方式的国际化

我们首先应该摆脱一个思维惯式，那就是认为到了国外才是国际化。实际上，国际化在当今已经不是地域的概念了。过去，企业将国际化作为一个战略来看待：认为自己原本是国内的企业，现在要去国外经营了，就说是制定了一个新的战略。而如今，国际化思维已经无处不在、无时不有，而且躲也躲不开。我们可以把所有的业务看一遍，今天我们的业务只要在国际上没有地位的，在国内一定没有地位；在国内有地位的，在国际上也一定有地位。

中国现在所谓的国际化，最多的是去买资源、买铁矿、买油田等。中国人“走出去”经营的很少，大量的企业只是“走出去”做投资。那我所说的经营是什么？比如，到国外买一片加油站，在那里有雇员、有运营、有销售、有品牌、有完整的业务。这样的海外经营，中国人做得不太多。

反过来讲，现在中国国内的咨询业务、证券业务、评级业务，却都是美国人来做。什么时候中国人能够到纽约去开一个咨询公司、证券公司、律师事务所，又或者是会计师事务所？没有做到这一步，我们就没有真正的国际化。

一个企业真正的国际化是随着民族的国际化往前走的。全中国人民都在看美国的篮球比赛、大片，而让中国某个企业在美国变成影响力很大的品牌就不太可能。为什么？因为美国在文化上不接受我们。所以，如果我们的民族不强盛，文化不强势，那么企业的国际化就是无源之水、无本之木，不能长远。

我记得，联想刚买了 IBM 电脑业务的时候，杨元庆说他们把业务搬到美国北卡了。我问他为什么不搬到甘肃这样的地方，便于降低成本。他说，他们所面临的真正难处是中国人的国际化程度不高，中国文化的影响力不够，因此 IBM 品牌变成了 Lenovo 以后，就会面临来自世界的质疑和压力。

因此，企业的国际化，第一步就是要把公司变成一个具有国际化思维的公司，有对国际化市场的认识、对国际化经营方式的认识。并不是某个人被派到美国工作，这就是国际化了。真正的国际化经营方式应该是整个团队被灌输过、培训过、熏陶过、洗礼过，首先要搞清楚国际化经营是什么样的模式、什么样的思路、什么样的理念。如果一个企业不是按照国际化标准来开展经营，那么一切都是空谈，哪怕我们到国外并购了资产回来，没有这样的标准，也不能真正实现国际化，一定会失败。

要有国际化的战略，不能为国际化而国际化

宝洁的国际化对我很有启发，其理念是不断地向老市场推出新产品，不断地向新市场推出现有的老产品。比如，在美国不断推出

新的洗发水品牌，待到品牌被验证了，产品被使用了，再卖到新兴市场，这是完全契合市场的，完全以消费者为导向的过程，在哪里生产不重要，而是要有步骤和规划。以品牌创新、技术驱动来实现国际化，这就是国际化的战略。尽管这几年，宝洁的创新在互联网企业的冲击下已大大减弱，但是其国际化经营依然非常强势。

企业不能为了国际化而国际化。我们必须清楚是什么战略促使我们走向国际化。所谓战略，也就是我们有什么能力、什么核心竞争力、什么市场优势，使得我们能够在一个新市场做得比别人更好，最起码有所不同。

中化的核心竞争力在哪儿？是技术，是品牌，是成本，还是渠道？团队热情很高不算核心能力，因为核心能力是在假设团队已经建设好了的基础上打造出来的能力。我认为华为就是一个已经进入了良性循环的公司。它的国际化怎么来的？是研发带来的。任正非对我说，华为全球的研发人员目前已有两三万人了，在美国分布较少，因为美国有诸多限制；在欧洲、日本分布很多，而且实力都很强。研发，就是华为国际化的驱动力。而我们现在一想到国际化都想到挣钱，那是一个结果，不是渠道，也不是路径。

在国际化问题上，一个公司的战略必须和国家的战略达成统一。今年的经济工作会议上讲到，过去国家进行大面积的粮食补贴，国内粮食产量大幅提高，但是也有很多质量不高的粮食，以后不再做这样的大规模补贴。那么这样一来，国内的粮食价格会越来越接近国际价格，国际贸易会越来越多，国际贸易公司也就跟着来了，国际贸易的供应链也会跟着来了。如果是做粮食贸易的企业，它们的战略就必须跟上国家的步伐。

西方人并不比我们强，他们的战略性和忠诚性比我们差得很远，只不过是交易性、技能性上的能力现在比我们好而已。所以如果我们的交易是在国际化市场中进行，那么，对市场的熟悉程度，包括对交易风险的控制程度就会变成最大的问题。每天都有几十、上百亿元的货在市场上浮动，一有交易波动就可能出现大问题，因此我们必须要派出自己的人去管理业务。

人必须要国际化，然后从业务、战略模式上实现前方后方、上游下游的有机协同。现在，企业经常在做完海外投资以后，一年就去两次开个董事会，其他时间都是由外国人管理。实际上，如果一个中国企业作为大股东，要真正把握企业的核心理念、经营、战略、管理，就必须有中国人在里面，人的问题很关键。

此外，我们要知道国际化对企业的战略核心产生了什么影响。一个海外并购使我们的企业整体变强了吗？还是仅仅让被并购公司换了一个股东而已？反过来讲，我们能不能通过并购一个公司，使其从管理、文化，到业务本身实现内部协同、有机发展？如果我们不能给被并购企业带来新的、进步性的东西，而纯粹出于崇拜之心买了这个企业，那么买回来以后也不会成功；而如果我们看到了一个企业的问题，但买回来之后却能在我们手中将其潜力充分发掘出来，使其实现发展，那么并购才是值得的。

企业的国际化不能是为了要“走出去”而“走出去”，一个国家是不会希望把自己的投资赶出国门的，那么为什么还会鼓励企业“走出去”？是为了求取我们自身业务的发展、市场的发展、技术的发展。因此在“走出去”的过程中，战略匹配性很重要。比如我们对石油上游的投资，目前是资源投资型的模式，我们有股权、不控股，用的是别人的团队、别人的管理、别人的技术、别人的品牌，这是在赌市场，如果市场升了就挣钱，但是这个模式一定不是我们真正走向国际化的模式。

什么是真正的国际化战略？刚才讲到宝洁，美国人在中国开展了业务，深入中国人的生活里，想把它赶走都很难。宝洁有品牌、有人、有组织、有网络，深入中国的经济基因里，和中国一起成长。中国经济只要向好，它就一定会向好。宝洁有大市场的思维，进入中国以后发现短期不赚钱也没有关系，它会逐步建立一个很强的业务，而不是做完短线就跑了。

中化第一轮的国际化很早就已经“走出去”了，那时候是作为贸易公司的国际化。中化是“走出去”最早的企业，在美国买过炼油厂、化肥厂，虽然当时并不算成功，但都是非常好的探索。但关键问题是我们不能白交学费，一定要逐步地把团队培养起来，把公司内部文化培养起来，战略的正确性和业务的协同性接下来将是中化国际化的基础。

国际化人才是成功的基础

我不是贬低外语的重要性，但是不能把外语当成国际化的一个很重要的标准。

一个人是否适合国际化，我们必须要全面、综合地选拔人才，同时要培养他、给他机会。对我们来讲最重要的，这个人需要真正懂业务、懂语言、懂战略，有较高的思想觉悟和对国家大战略的理解。他的政治素质、忠诚、廉洁、敬业，以及热情、干劲、创造性，这些都需要综合考量。

比如并购，中化也不断有些并购的机会。在往前走的过程当中，没有准备、没有人才，就不可能有成功并购的实践。不管英国人还是美国人，他们市场化的经验比我们早，他们对市场、对企业经营的了解比我们深入，如果我们并购了他们的企业，如何去管理是真正需要考虑的。现在很多并购出现的问题并不是简单的判断性问题，而是我们对整体不了解，对系统不了解，这其实也是人才的问题。

国际化人才要有大量的商业经验和对资本的判断。未来，中化能不能作为一个国际化企业来经营，能不能有国际化企业的经营水平，最核心就是看人才、看组织。我们总说企业里最主要的是管好成本、管好财务、管好战略，但最终人才是企业管理的基础。我们的经验积累、人才积累还不够，国际化思维、战略、人才要一步一步扎实往前走，中化才能真正变成一个国际化公司。

国际化公司的标准是以全球市场为目标

什么是国际化公司的标准？中化如果走国际化道路应该怎么

走？苹果公司、谷歌公司并没有满世界设办公室，如果今天我们还是用去国外买砖头、买土地，以这种思维来看国际化一定是不行的。也许我们买的资源涨了，但这是不是和我们的理想、目标相符呢？今天，国际化企业所表现出来的形式一定和我们传统的想象不一样。

以全球市场为目标的企业就是国际化的企业，而并非必须在全球各地都有资产。全球化、国际化应该是市场的概念，不应该是事务性、资产性的概念。过去，很多人认为必须通过资产性的概念才能达到市场的概念，比如有人说，我在国外没有油田怎么搞国际化？我不反对有油田，但反过来讲，假设你到了巴西仅仅把巴西的东西运回中国来，你是国际化企业吗？你可以写报告、拍照片、做宣传，但你没有真正把全球市场当成你经营的平台，你只是把那个资源拿回来了。

我们必须要知道这个市场是怎么回事，也要知道这个市场到底怎么来做，这才是国际化的意义。什么叫国际化企业？只有把产品卖到全球才叫国际化。我们需要用这个标准来衡量今天的中化。当然，我们石油转口贸易做了很多，成品油也卖到世界很多地区，从这个角度来讲，我们也算是一个国际化经营的企业了。但如果按照刚才讲到的标准，从市场份额、竞争力、品牌、覆盖比例上看，我们还需要继续努力。在这个市场基础之上，国际化的企业去做投资或者去做业务贸易的话，它应该是一个大股东地位。

我们的国际化是应该有运营的，是我们来控制的，是得益于我们的控制而增加了价值的，这个要求就比较高了。而不是简单地投一个资，有 10% 的股权，这种情况下就会比较被动。如果公司股权占比并不大，不能控制战略，不能控制人才，不能控制现金流，也不能控制整个公司发展的速度，这就不是你的公司。这是一个标准问题。有中国企业说它控制了 10 个上市公司，但这种战略很难通过管理、自身的优势和能力给公司升值，那它就变成了一个投资比较分散的企业，这个企业就不是一个真正国际化的企业。

从中化的发展战略来说，如果我们在石油化工领域里真正去做并购的话，我们必须得有一个能够控制管理、控制现金流、实施战略的目标。当然，这样做很有可能在初期不如入小股好，因为入小股本来就是经营挺正常的企业，我们不用管，也挺省事。但是按我们这样做，五年以后就不同了，五年以后还不能真正进入这个行业。哪怕当下亏钱也没关系，我们有团队，我们放眼未来。

国际化必须要有规划，要有战略，还要有真正的管理，然后是价值的创造，最终使中化集团成为不一样的企业，这是我们的目标，而不是仅仅作为一个投资驱动的企业去做国际化。往细处说，我们所有的管理能力，从思维到战略，再到管理流程、系统、效率、信息、风险的控制都要全面提升起来，今天在国内我们也是这样做的，而这才是我们真正往前走的基础，最终才能实现中化的国际化。

中化集团也将以国际化思维为基础，以国际化产业战略为基本原则，做好人才准备，最终达到我们心目中的国际化标准。中化往前走的这一步，可以叫作国际化的一步，也可以叫作全面提升中化管理的一步，也可以理解为党的十九大所讲的战略升级、产业升级，从追求量到追求质的提升。

这将是 2018 年中化非常重要的一步，我们希望能够有比较大的突破，也会用各种可能的方式去突破。希望国际化这条路，我们大家一起走下去，越走越好。

（2017 年 12 月）

所谓百年老店，不是百年不变，而是在不断创新升级中保持了旺盛的生命力，活到超过一百年的店。

科学至上

企业的创新升级是大势所趋

改革开放四十年来，中国企业特别是国有企业在党中央的正确领导下经历了跌宕起伏、波澜壮阔的发展，今天仍然是中国经济的骨干产业群体，国有经济的地位和健康发展也成为中国特色社会主义道路的重要特征。回头看，国有企业的发展经历了放权授权、激励约束、公司治理、战略定位、上市集资、股权多元等不同阶段的改革，这些变革和进步对国有企业健康发展直到今天都起到了重大作用。可企业经营如雾中行车，未知因素很多，即便同样的环境下，企业经营仍然有成功者也有失败者。今日煮酒论英雄，历数成功者，究其原因有一个共性特点，就是企业管理者在外部环境发生重大变化的时候，有足够的敏锐和勇气，在适当的时候，带领企业在战略上做出重大调整转变，从旧有的发展模式中挣脱出来，走上新的发展路径。如果把视线扩大，看到世界上各类巨型企业王国的兴衰，宛如历史朝代的兴亡一样，更是让人觉得荡气回肠、不胜唏嘘！

公司的战略转变是复杂和风险很高的过程，后人今天作为饭后谈资甚至作为商业案例来研究犹如雾里看花，不会体验到身处其中的艰辛。但企业发展近二十年来残酷的事实则是，不断加速变化的外部环境要求企业即使身处传统产业少则五年、多则十年，都要主动地做出战略转变或提升，否则企业会被竞争对手和市场抛离，战略的反思和转型升级创新发展成了公司高层管理者不能逃避的责任。我们都想要创建百年老店，现在看来，所谓百年老店，不是百年不变，而是在不断创新升级中保持了旺盛的生命力，活到超过一百年的店。如果细看成功百年老店的历史，它们大都经历过多次的战略转型和创新发展。

中化集团有令我们骄傲的历史，这些历史本身就是一部丰富的教科书。我们不能想象如果中化当时没有由贸易转向实业今天会是什么样，我们也不能想象如果中化当时没有做出现在已成为我们核心资产的多项多元化投资今天会是什么样？但有一点是清楚的，当时的前辈在做这些关系到公司未来的战略性决定的时候是冒了风险的，如果他们当时回避了这些战略决策，我们今天就危险了。中化的事业走到今天，我们周围的世界已变得面目全非，我认为中化又到了一个真正的深刻反思战略和发展理念的时候了。这个反思会对中化未来产生深远影响。

这一段时间我脑海中不断浮现一些事情，随着它们的不断重复和印象加深，我从杂乱无章中理出一点头绪，从混沌中看见一丝光明。

我还不断想起我们在2016年5月开的三天三夜的战略研讨会，当时我们决定把中化建设成创新型石油化工企业，涵盖农业、地产、金融的投资控股公司。当时这段对中化战略定位的描述我们感觉很好，现在回头来看，它最有价值的两个字是创新，其他的不过就是把已有的业务加在一起重复描述了一遍。虽然这个创新我们也没有很好地去解释它、定义它，更没有具体的计划去落实它，但当时我们隐隐约约地感觉应该做一些不一样的事情，我们认识到了创新的重要性、必要性。虽然那个战略研讨会直接造成了中化后来的业务板块和集团职能部门的重组，但真正的产品和技术的创新并没有在我们业务中引起更多实际的行动。这就像企业中其他事情一样，从提出朦胧的口号到对口号有一定理解再到成为团队的可度量的行动，这有一段很长的距离。除了创新，现在许多企业都在讲研发、品牌、团队、文化等，可真正能做到的并不多。其中原因，一是没有真正理解，二是没有真做，三是没有方法去做。

创新这个概念并没有轻易地在我们脑子里消失，几个月后我们在集团职能部门重组时，在战略部前面加了两个字：创新。我也说过，没有创新就没有战略。我不知道有多少企业的战略部叫创新战略部，相信不多，在战略部前面加上创新两个字并没有真正改变什么，但这又一次显示了我们的愿望和决心。

后来，在集团的创新大会上大家又针对把中化建成创新型企业提出了“创新三角”，把创新的主体、方法、文化定义为搞好企业创新的三大互相支撑的要素。同时，根据团队热烈的渴望创新发展的要求，我提出让创新成为中化人的思维方式、工作方法和生存方式。在讨论集团2018年预算时，集团党组成员普遍认为预算中的研发费用计划得太少了，因为大家普遍认识到面对社会的发展和市场的竞争，中化集团未来的发展必须靠创新、创造、研发、科学、技术、新产品来驱动。

世界经济目前的显著特点是，美国金融创新过度引发的债务危机逐步复苏后，又一次以新技术推动强劲成长，欧洲也在社会福利过度带来的政府支付信用危机基本渡过后，因为产业升级转型带来经济成长。世界经济过去十年最显著的增长动力来自新兴市场国家，当然最耀眼的是中国，也包括印度甚至非洲国家。这些发展的成绩，使得世界经济走出了短缺，也逐渐走出了资源主导及低成本大规模生产的发展模式。过去我们都认为最宝贵也最紧缺的战略资源如石油和粮食，过去几年不仅没有发生短缺危机，反而是供应量越来越大，价格处于长期低迷水平。可以说众多第三世界国家消费品从短缺期跳跃式增长到相对丰富，基础设施和工业能力快速建立，从根本上改变了世界经济的成长模式。相对技术含量低的大工业生产型企业产能过剩、风险大、利润低已是世界经济新的拖累。这个转变可以说是历史性的，未来的世界经济发展，国与国、企业与企业之间的竞争，创造性、差异化、新的科学技术的发明和使用将扮演最重要的角色。改革开放造就了中国过去四十年的繁荣发展，未来的几十年，建成社会主义现代化强国，经济的主要驱动方式将是产业的转型升级和创新发展。

近年来，除去典型的美国创新型企业如苹果、谷歌、亚马逊外，中国企业在创新上也有令人耳目一新的感觉。中国企业如 BAT（百度、阿里巴巴、腾讯）为代表的一大批创业者，创造了巨大财富。曾几何时，中国创新的产业和企业悄悄崛起，产业的发展振兴重新定义了城市。深圳这几年的地位和对中国经济的引领已不再是仅仅的特区开放和低税率，而是经济向着创新高科技转型，深圳出现了像华为、腾讯、比亚迪、华大基因、大疆无人机，以及像平安保险、招商银行、万科地产等在国际上也领先的企业，今天的深圳已经成为领先的中国科技创新城市。

城市是企业的城市，国家是企业的国家。记得 20 世纪 80 年代日本首相访问美国时受到极大尊重，这位首相说："我之所以受到尊重，是因为左脸上贴着丰田、右脸上贴着索尼。"美国西北部的城市西雅图，其地位在美国不断升级，因为它有像微软、亚马逊、波音等企业的发展。企业是经济活动的主体，所谓创新型的国度也是由创新型的企业群体所形成的国家，以色列因此而得其创新国度之名。作为企业人，我们应该有很强的职业责任感和自豪感。有荣耀也就有责任，一个国家发展到某个阶段，经济的转型升级除了政府的引导作用通常更多是由市场驱动、企业实施，自然而然地进行的，这时一个国家的发展就是其企业的发展，所以企业的责任很大。企业这种盈利驱动的组织形式，对社会进步的贡献可以是多方面的，表面上看可以是就业的、税收的、进出口的，也可以是投资的、规模的，但其根本则是生产率的，其核心是科学技术的。从市场竞争及企业生存发展的过去看，企业在战略思考和行动上对科学技术的前瞻和创造性至关重要，它几乎决定了企业的生命轨迹。从长远看，对科学技术和创新的不同态度造就了不同的企业。

中化集团经历了从中国进出口公司到今天的中国中化集团有限公司的发展，过程中有成功也有曲折艰辛，它是新中国经济史的见证者，也是积极的参与者。公司在2017年取得了历史上最好的盈利业绩，这让我们充满热情和斗志的团队感到骄傲鼓舞，更对未来充满了信心。我们的五年规划是个令人兴奋的规划，但在我们憧憬着五年的成功之时，也必须清醒地认识到，我们在发展的可持续性上有疑问，我们假设的市场环境，无论是炼化产品，还是地产、金融都可能会有较大逆转。所以即使我们按规划完成了发展目标，中化集团作为一个整体是一家健康殷实的公司，但它也不是一家创新强、可持续发展能力强的公司，也达不到真正受人尊敬的目标。

创新发展，把中化建设成有独特的核心竞争力、有科学技术创新能力的企业的愿望在中化管理团队中已形成较强烈的共识，但仅仅是愿望不够，仅仅是决心也不够，甚至仅仅是战略也不够，只是愿意投入些金钱更不够。过去的实践证明，把金钱转换为科学是很难的一件事。其实，要想创新，就是想从根本上改变这家企业，因为一个以创新驱动的企业与一个以产能规模驱动的企业内脏是不一样的。创新企业中，它的理想信念、团队目标、决策取向、组织结构、战略定位、团队组成、评价方式、市场前瞻等这些因素都有其独特性。这个企业是推崇膜拜科学技术的，是科学至上的，不是“In God We Trust”，是“In Science We Trust”。今天的中化要转型升级创新发展，把它变成一家科学技术驱动、科学技术为核心竞争力和灵魂的企业是充满挑战但也是最令人憧憬和兴奋的，我想大家都知道它的难度和艰辛，如果它是我们的向往，也是我们生存发展之路，我们今天就应该开始，因为目前是最好的天时。今天的中化，我们这些人能看多远，中化就能走多远。

中化集团转型为科学技术企业的基础

许多企业都想把自己转型为有科技、有研发、有新产品的企业，因为科技创新型的企业产品毛利率高、股东资金回报率高、股票市盈率高，但其中难度考验也很大。我曾与一个大宗商品贸易公司的CEO谈过此问题。我问他是否想把他的公司转型为科学技术公司，他说宁可停留在大宗商品贸易公司，因为科技企业变化快、风险高，一个技术进步预见不到，公司就可能出现问题。通用电气基本的工业如发动机、医疗仪器、能源设备都很好，但是没有跟上数字经济互联网的大潮。虽然结果如此，但通用电气是一家极具创意和技术能力的公司，爱迪生的多项发明都发生于此。相比来讲中化是贸易企业基础，往实业转型已经很难了，往科技企业转是一厢情愿吧？有这个能力吗？所以我们不能仅凭好高骛远、一腔热血，中化转型发展一定有它自己的道路。

从一家公司的战略管理来说，至少应每年问自己一次所处的行业可以继续发展吗？有成长性吗？还是已经有过剩饱和或者被替代的风险了？如果有这些风险了，那就要考虑战略上的转型。企业历史上主动转型的有预见性的不多，但被动的转型较多。主动转型有风险，但被动转型风险更大。转型到一个新的行业也会面临巨大的决策和执行的挑战。华润集团由贸易转向实业，由香港投资内地，借助香港资本市场整合发展了多个产业转型结果是成功的，除了团队努力外，天时也是非常重要的。我们今天来思考中化的转型升级创新发展，不能说是先行者，但在传统行业的企业中如果我们行动快，就不会是落后者。

任何企业战略都以自身基础和外部环境为依据。如果战略反思认为现在所经营的行业有广阔发展空间，那就应该集中力量做好，在行业战略确定后，在竞争战略上就要细分这个行业的产品、技术、竞争特点及在这个行业里的创新发展方式。如果自身在这个行业中发展很好，那么就应该问有无上下游整合发展的机会和必要。如果自身企业在正常发展中，那么就应该问它的可持续性、产品结构合理性、创新能力、竞争力、定价能力、毛利率等指标，使企业运营更有效率。不断质疑，把质疑和反思嵌入战略管理的必经程序中，每年都问，这样战略的自觉性会提高。现在中化到了问这些问题的时候，我们的质疑是主动的。

中化在长远发展战略上可以有多种选择。中化可以按照现在的战略布局走下去，五大事业部按现在的规划发展，只要精心管理，中化会是一家健康发展的公司。虽然来自行业波动的挑战会继续，虽然它在所处行业中领导地位和影响力不明显，它仍会继续是一家很好的企业。这样做下去，中化集团的稳定性较强，突破性、创造性、创业性、创新性不太强。如果中化要走向一条受人尊敬的公司之路，它必须是创新的、创造的、创业的，最终是引领行业的。

前几天乔布斯 65 岁生日，Tim Cook 发推特纪念他，说把我们紧紧连在一起的就是我们不断改变世界的事业。何等深情也何等豪气！改变世界我们不敢提，但如果我们想把中化在未来五到十年带向一个闪亮的有光彩、有独特性的公司，如果我们的理想和标准是世界一流的企业，那么我们必须改变惯性的思维。

习近平新时代中国特色社会主义思想和党的十九大精神，给我们提出了要求也提供了机会。中化一要更深入地改革体制，更市场化，更有利于创新创业。二要更科学地梳理、创造性地建立战略定位，并开创性地处理多元化、专业化的关系，以及集团架构的管理模式（专业化企业，如航空公司；相关多元化企业，如神华；有限多元化企业，如国投；创新平台式企业，如 BAT、亚马逊等）。三要以科学研究和创新的标准和思维来发展、管理、评价、取舍所有的业务。对资产、对团队都以科学创新与否作为核心的评价原则。

创新发展应该几乎是公司经营的全部，普通工业生产不再是我们的主要任务，中化应该逐步发展成为一个研究性的组织，不是生产性的组织，我们下游有许多跟随我们的工厂。在战略定位上我们可能是一个平台，一个只容纳创新领先有技术门槛和难度的平台。如果某项资产是创新的、领先的、有竞争力和发展前景的，我们就培育投入发展，否则就出售。如果地产业务不能达成真正的智慧住宅领先，虽然它盈利好，我们也会在权衡利弊后减持到卖掉；金融业务如果不能取得真正的 Fintech（金融科技）领先，仅是一般的投资组合，我们也应该把它卖掉。有人会说，什么时候卖？什么价钱卖？如果把这些盈利的业务都卖了，其他所谓高技术业务没有发展起来怎么办？这个担心绝对是必要的，怎么管理好这个过程是关键。

我们要齐心协力统一思想找到一条最适当的路径。第一步，现有业务向科技创新导入，每个事业部都以技术创新为改善促进经营的方式和理念（其实我们已开始这样做了），同时，成立新的投资部门，专门从事科学创新业务，高起点。第二步，在发展中赛跑，用三年左右的时间，看看哪些业务真的有潜力，团队有创新的能力，逐渐向几个业务集中，在这些方面加大投资力度。这个过程中，投资的标准、获得新技术的方法、评价体系、团队培养都有了一些积累。第三步，形成技术创新能力决定的核心主业，以及核心预见及投资选择能力决定的跨界多元化投资平台公司。

这是一条蜕变、革新、重塑之路。我之所以敢这样提出是因为我看到了中化有这个基础、有这个条件。

第一，我们有很好的业务基础，现有的资产质量好，盈利和现金流较强且稳定，能够对新发展的业务给予支持。

第二，我们有一支心态开放、追求进步并有很强执行力的团队，虽然团队技术背景不强，但组织资源包容吸收执行的能力和文化很强。

第三，中化虽然过去没有把自身定位为技术驱动的公司，但中化一直认识到科学技术创新在企业中的重要性并从技术创新中获益，也有多次成功的经验。如投资西安制冷剂公司后在这个产品上领先多年，一直在行业中处于领导地位的橡胶防老剂也是因为有技术上的突破，沈阳化工研究院（简称沈阳院）、浙江省化工研究院（简称浙化院）都在中化的发展中起到了积极作用。沈阳院的新型农药杀螨剂，经过多年的研发投入市场后取得了很大成功，中化蓝天的五元环含氟材料合成技术获得“国家科技创新二等奖”。氟化工技术、芳纶技术也在中化蓝天、扬农的努力研发推动下不断进步。从2017年以来，能源事业部启动的能源互联网创业团队，在巨大的创新热情感召驱动下，倾情投入在短时间内取得了良好进展，虽然创业仍在进行中，但巨大的创新创造力和不计较短期得失、不怕困难的精神充分体现。中化集团应做综合的独立专业的技术规划方案，并将此作为发展和预算的基础，每年回顾，跟上及引领行业及跨行业的技术发展。

第四，沈阳院和浙化院的地位和能力使我们处在行业的前沿并有接受发展新技术的力量，要专门有方案去充分发挥其能力。

第五，与公司业务的战略调整相一致的国家对经济新动力的要求及国有企业改革，将对中化向科技创新的公司转型提供有力的政策支持保障。

向科学技术创新平台公司转型的路径和方法

任何公司的转型都从理念转变开始，从战略布局调整入手，以管理架构调整为条件，形成新的商业模式和重要战略性资产，最终形成新的团队经营能力和企业文化。我们可以用创新三角的逻辑来分析这个问题。

创新的主体。虽然说创新和转型是全公司整体的宏大任务，我以前也说过，要想创新其实就是想改变整个公司。但它必须落实到具体的执行主体并形成创新流程。从中化集团看，想要让创新成为我们的思维方式、工作方法甚至是生存方式，人是第一位、最关键的挑战，人不仅要有理念，还要有能力。集团的管理团队首先应该对本行业及其相近相关行业的新技术新产品有深刻理解，并积极主动开放地建立一流水准的专业技术团队；同时形成紧跟市场的有技术创新的前瞻性的年度及中长期规划，应该有我们所关注的行业的动态的战略定位图。在对现有技术水平评估和审计的基础上提出优化升级计划。技术创新特别是转型发展式的公司，必须把创新的思维方式和工作方法转换为可遵循、可评估的业务流程，这个规划是技术创新流程的起点之一。

在这个规划原则的指导下，集团的创新规划可以由现在的事业部来分头执行，集团也可以通过设立或并购新的公司来设立新的业务。在全集团层面上，有多少业务是有高毛利的、高技术的，有战略意义的新技术创新增长率是多少，转型的速度有多快，这应该是可以度量的。中化集团总部并不实际地直接执行运营业务，所以，真正要落实科学技术创新的点应该是在事业部层面，要依靠事业部的总经理和团队。集团要设立首席科学家，各事业部下一步都要设立专职的首席技术官（CTO）。事业部应该是主要的创新主体，动力应该在这里形成，动力转换也应该在这里形成。集团应该发挥规划、建议、促进、激励的作用，并在政策上、资金上给予大力支持，要扩大事业部的经营权特别是技术投资决策权。集团是否要建立统一的大的研发机构？研发的流程该怎么做？这个研发该怎么管理？要不要搞基础性学术研究？集团统一研发因为离市场远不能商业化怎么办？投入与回报怎么评价？自己研发与其他获得技术的路径如何平衡？这些问题都要在过程中回答。现在看来，立即集中统一地搞一个大的研究院可能不是最有效率的方法，全面提升，充实团体的能力是前提条件。

如果把事业部定义为主要创新主体，那么创新的领域范围也应该定义明确。我们目前受到从集团到事业部的专业化经营的理念限制，考虑及研究的行业受限。这样对所处行业的突破性不够，对新兴行业的关注及投资不够。事业部可考虑转型为集团式公司，也可突破较窄的专业化限制，在新技术、产品创新的原则下投入可能是全新的也可能是相关的新业务之中。中化集团目前经营五大事业部，已是多元化的投资控股企业，集团如果看到有新的创新发展的领域如环境保护，它可以成为我们的战略单元吗？如果可以，标准是什么？真正能够成为战略单元的科技标准、创新标准是什么？如果用此原则应用到五大事业部，那么中化集团会成为一个百花齐放、充满创新活力的企业集团，还是会变成一个没有战略、没有主业、一盘散沙、没有持续发展能力的过度多元的公司？今天看来，这主要决定于我们的管理能力。今天在互联网信息技术的使用下，管理的方式水平有了很大变化，管理能力提高了业务组合复杂化的条件。同时员工持股、项目跟投、严格标准等能帮助解决这些问题吗？

这里引出一个公司应该专业化还是多元化发展的问题。50多年前西方发达国家的企业多元化较多，理论是不要把鸡蛋放在一个篮子里。20多年前企业战略选择的通行理论是专业化，理论是把鸡蛋都放在一个篮子里才能看好。这些理论和实践的变化当然都由当时的市场发展、产业技术水平、投资者的价值追求等不同条件而形成。最近十年来，因为互联网经济的发展，无论是从搜索平台、社交平台，还是电商平台发展起来的新型数码时代的公司，几乎无一例外地变成多元化投资和运营的公司。利用互联网的信息技术可以管好这些企业吗？近几年的亚马逊、谷歌、脸书都成了几乎无处不在、无所不能的多元创新平台企业。这些企业在过去就应该叫过度多元化的企业，但今天叫科技创新平台企业。今天世界上市值前十的企业据说有七家是科技创新平台企业。过去的专业化企业如果没有创新发展，今天也一定遇到了困难。一家创新的高成长的专业化或者业务单一的企业，其名字叫独角兽。今天企业的选择好像只有两个：创新平台企业或独角兽。现在最前沿的股权组织架构，创造价值最高的企业形态是多元创新平台支持下的多个独角兽。这是目前社会创新的主体。

每家企业的创新成功与失败一定都有不同的故事。但根据自身技术、团队基础和产品实际及优势选择方向，根据战略需求和财务基础选择步伐，这两点应是基本原则。对中化来说，创新的路径可以有很多种。

一是现有生产企业中的根据自身经营要求和技术积累的创新。

二是研究院的研发投入及商业化。

三是与人合作及购买技术，如与科学院合作。

四是通过并购来买技术、买市场、买技术团队和能力。

当然，还有很多我们能创造出来的方法。

集团自上而下、自下而上都要有如其他职能部门（如人力资源、财务）一样的负责创新技术转型的有水平的专业人员。各层级的总经理应该是直接的负责人。集团要有首席科学家，也应该有高端顾问组成的技术委员会，还要真正运营起来 Stage Gate（阶段门）。要在规划后有执行和流程的方案，要由战略执行部像追踪管理业绩和进度一样管理评价每一个事业部的科技创新转型进度和深度、水平。在评价系统上，也要把每一家企业在创新上的进步看成高于短期业绩的成绩。

企业的文化就是大家不需要要求、不需要提醒，自觉地、主动地、自然地接受的思维和行为规范。对于转型升级和创新发展的态度更是这样。建立起对创新支持、追求、崇拜并包容失误的企业文化首先来自企业高管团队对企业的本质和战略定位的深刻理解。这也不是一天能建立起来的。创新过程的科学管理，创新成功的经验和激励，遇见挫折时的坚持、支持、鼓励都是形成创新文化的重要条件。有人说企业的文化就是领导者的文化，也有人说企业的文化就是看企业的制度推崇什么样的人，其实在所有理念性的、无形的文化成形之前，公司怎么评价考核人的成绩形成了无形的行为准则，也就是文化的基础。

创新型的公司与稳定守业型的公司在企业文化上必然是不同的，一个公司中哪些业务是稳定提供现金盈利但成长性较差的，哪些是有很大的成长空间但需要培养的，可以通过波士顿矩阵来做个分析，虽然这个分析在公司管理上有利有弊，也不一定能达成一致意见，但是公司对业务的评价特别是对中短盈利的评价则必须是战略目的、战略指标与经营效率和竞争能力指标兼备，这是所谓创新文化包容文化的基础。我以前说过有坏盈利有好亏损，但真正做到科学的判断，站在高处、看到远处，心怀巨大目标并充满情怀地去实现它，很不容易，因为这有些违背目前社会思潮的一般要求，甚至有违一般人性的要求。但我们知道人进步的过程就是抑制自己弱点的过程。上帝造人，人有缺陷，比如把人的脑子造得太小了，人的思想总是不够用。又比如把人的胃造大了，人一有机会就想多吃。但当我们很清醒的时候，我们应该可以定下一些规矩来约束、导向我们自己，使得我们可以很聪明地平衡今天和明天、战略和经营、即期的盈利和长远的投入。我前几天看到一本书叫《灵魂经营》，是写富士胶片的，柯达破产了，富士转型了，因为觉悟得早、行动得早。我们今天当然没有到如此危急的地步，但转型创新的道理是一样的。

像我们这样一家多元控股的公司，在创新发展过程中一定要个性化地准确地评价每一个事业部，而这个评价几乎是控股公司最要紧的工作，因为它要求的绝不仅仅是结果性数字，它要求的是一个判断，专业地判断这项业务综合的全面的价值。为什么有的业务没有盈利但市值很高，有的业务盈利不小可市值很低。当然也有业务没有盈利也没有市值要破产了，更有业务又有盈利又有市值又有成长性，这是理想状态。我们今天说的要有一个对业务的科学综合判断，其难处在于需要判断时都是发展的相对初期，这时候这个业务是树苗还是草苗看不清楚。

除去波士顿矩阵式的分析资产组合以外，对一个寻求成长、寻求转型并创新发展的公司来说，它现有的业务及新发展的业务也一定要清晰界定，个性化逐一按行业规律分别评价并做出其发展程度和战略趋势的判断。

一是现有的已进入成熟期的业务。

二是在现有业务基础上的产业链上下游发展的业务。

三是同行业中或相近行业中有相关性可以协同的业务。

四是与现有业务完全无关的新的投资。

这四项应该分开来评价，关注不同角度，从而激发不同业务团队的积极性。评价从定性来看是其创新性特别是技术的创新性，从定量来说是看其业务的成长性。所以这些分类和评价的定义一定要科学，与总体的战略目标一致。转型升级创新发展的一个重要形式就是新的战略投资，没有具有一定规模的投资带动，转型升级创新发展不可能完成，新的投资形成的一定是战略引领的资产。

转型升级创新发展对所有老的业务不仅不是抑制，而且提出了更高的发展要求，只是发展方式不一样了。

在激励创新发展的政策上，特别是在有技术创新的业务发展上，我们可以使用的激励方法也应该有创新性，与市场的做法可比并相对领先。在遵守现有规则的条件下，根据不同的行业、员工性质，可以创造性地使用除了一般工资奖金之外的价值创造性的激励政策，如技术股份、跟投入股、利润分享、Pre-IPO、期权激励等方式，让创新者从开始就对项目有拥有感，对项目的每一阶段成功有分享感。

专业领域，战略行业定位

行业选择在战略决策中所占权重超过 50%，几乎可以决定成败。这对中化来讲更是转型中最大的挑战。如果我们去追求今天的 AI、大数据、区块链、基因改造、电动车能源等，可以说我们已经不是领先者，除非我们用更高的成本并购较领先的中型企业以买回失去的时间。我们要在新技术中取胜发展，我们就不能成为新技术投资中的落后者。在对新的大发展趋势把握的同时，要把如何进入这些领域的方式研究清楚。在不同的发展阶段进入一项业务，其成本、风险、竞争的环境可能都不同了。我们说科学至上，首先是说科学是一种精神，其实科学的东西也就是要好一些的东西，并不是更玄乎、更复杂的东西。把简单的事情做好做精也是科学。所以科学的精神和方法可以适用于任何的产品和服务。但在这个基础上我们还是要创新升级。汽车做得再好也是汽车，过去一百年我们看到了汽车几乎是脱胎换骨的进化，但直到我们看到了电动汽车，看到了无人驾驶汽车，我们才看到了这个产业的革命性升级。所以我们在战略的选择上一定是分几类，有个过程，改良、进化、革命式创新相结合，共同进步。这样做的好处是稳健平衡，不利是顾忌太多、没有背水一战的专注（比如说卖掉所有业务去全身心拥抱人工智能），但从中化的基础和体制来说我们应该选择渐进式。我们的战略选择可能应该有以下几种。

第一，现有业务的持续的质量升级，效率升级的“互联网 +”的数字化改造。我们应该以过程的行业技术标准（不是财务结果标准）为原则，对现有业务在科学技术水平上做审计及总体判断。如果要继续发展经营的业务应通过技术改造提升其技术水平，使其在工艺技术和产品质量上达到一流或领先的水平。中化未来以产品质量取胜，不以拼成本为竞争方式，这应成为我们的指导思想。由此建立中化集团的品牌定位（这些业务包括什么及具体实施方法还要有专门的人和方案）。旧的业务中不能取得技术进步的，股权逐步减持到出售。最近能源互联网的业务取得一些进展，使我们增强了信心，如果真能实现预想，我们将有不同的地位。

第二，在现在业务基础的相关领域扩展投资。其主要标准也是技术创新，没有领先的技术创新就不再投资，如石油炼化的下游、氟化工的下游、农药、化肥的延伸下游新技术等。在这些领域我们有一定的基础和团队积累，对市场了解多，对趋势有把握，也较易形成上下游的协同合力。这样发展下来产业链会更完整，整体技术含量更高，从而使产业链整体毛利、市场竞争力强。

第三，在中化集团现在的业务组合中，特别是能源化工的业务，如果多头发展也难以形成真正的独角兽。还是要有分类的业务群，如石油化工深加工产业链、汽车新材料产业组合、生物医药及农业投入品产业链、高性能材料，同时地产及与之相关的材料、智能家居，金融的科技和服务的扁平化、小微信贷等，都应该在各自的领域有核心技术和专有能力。农业事业部的MAP战略虽然尚在初始阶段，其商业模式特别是核心技术尚需验证，但它定位的创新性和可复制的规模性仍然很让我们期待。

第四，在各事业部的发展思路打开之后，事业部可以在做好专业准备以后通过研发或并购进入新的行业。新的行业可以是相关的、相近的，也可以是与老业务没有关系的。这要看商业敏感度和专业能力。从研发进入新的产业来说，如沈阳院的污水处理技术可以有突破式的进步和商业化，如研发的无毒染发剂、扬农的芳纶等其实都已进入了相对独立的行业。大部分的科技企业发展中并购中小企业的初期技术是重要途径之一，但这也要有触角、有判断、有整合发展的能力。如果我们并购的标准是技术能力、发展潜力、团体能力而且不再受产业专业化的局限，那么天地就广阔多了。关键不能别人卖什么，投行来找我们说有什么东西要卖，我们就研究买什么，而是要有我们自身的规划和标准，否则我们就是别人战略实现的工具。

第五，如果思路再开放一步，通过PE式非控股的投资进入新的行业，如AI、基因工程、生物医药等发展快速的前沿科学，以及由这些技术带来的产业进步。这种投资形式在过去十年及可看见的未来，因为技术进步带来的投资机会和巨大的价值创造过程，被证明是很成功的。

所有这些都是中化全面走向创新型科技化企业平台的努力方式，相信在发展过程中团队还会创造出更多更好的方式。

以上所有的领域、投资的形式，都要经过详细的设计和论证过程。它对我们的团队提出了全新的要求和挑战。

三年发展规划及达成目标

观察大势，提出思路，统一思想，发展团队，形成战略，调整组织，激励士气，组织资源，艰苦奋斗，达成目标。

以上是我们提出并执行一项任务的基本逻辑，那么如果中化想去迎接这个挑战，想把中化建成技术领先的创新型企业，我们还要有一个规划的框架和目标远景。除去以上分析提出的，我们还应该做什么？

（1）把公司的最经常被提及的品牌形象式口号改为“科学至上(In Science We Trust)”，其他的文化理念的提法都可以保留。这样改了，“科学至上”是我们的宣言，即由追求规模转向追求质量升级。

（2）成立以总裁为首的科学技术委员会，聘请有真知的可以是跨学科的科学家加入。

（3）聘请首席科学家、首席技术官。

（4）形成创新平台式集团管理架构，改革投资决策机制，更多授权业务集团。新投资首先经过技术创新评价。业务集团内的创新发展模式要自己研究形成。

（5）评价方式分开原有业务和新创建的业务，新业务在评价中所占权重逐步增加。

（6）转型升级创新发展规划报国资委及中组部，取得体制评价政策支持。目前中央对企业的监管要求，包括监事、审计、巡视、纪检等都对企业经营决策提出了很高的要求，我们在转型升级创新发展的过程中一定要严格遵守这些要求，既要敢担当、敢决策，又要守规矩，经得住历史检验。

（7）成立新中化创新集团，专责集团层面的创新业务。

（8）成立中化集团创新基金，以合作形式低成本资金支持业务集团开创新业务。

（9）在科学规划的基础上，未来三年，投资1000亿元到新技术、新产品的战略性创新行业，包括研发、改造、建设、并购等。

（10）加强科学技术人员队伍建设，未来三年增加各层级专业科学技术人员1000名，形成爱科学、懂科学、应用科学的文化氛围。

（11）三年后，形成1000亿元规模的新技术产品销售。

（12）制定创新失败业务的评价标准、处理方法和包容的人员安排政策。

（13）战略上应退出及减持的业务处理方法。

（14）风险管理上，因为每年现有业务的盈利积累和其他业务股份上市减持等，应基本保证集团整体负债比例稳定，利润总额稳定。发展速度因应发展过程中的质量而调整，但在有重大业务发展机会时可以突破。

（15）设立集团重大科技创新奖。

（16）调整所有妨碍创新发展的规定、机构。

以上是我目前能想到的基本做法，我提不出一个很专业的产业定位，更没敢提出一个盈利目标，这些要靠团队的智慧。

结语

这个建议可能一下把中化作为一家相对成熟的企业又放到了创业公司的位置上。其实我已意识到中化团队的创业热情一直很高。今天我把这个想法提出来供大家讨论，最终这是团队的选择。从高标准的创新型、科技型企业来看，我知道我们开始得很晚，差得也很远，我们前面的路很难，但如果我们今天不开始，我们永远没有追上的那一天。人活着就要有点梦想，中国有中华民族伟大复兴的中国梦，中化也要有中化自身的梦。希望这个梦的实现和它实现的过程，对大家好、对公司好、对国家好。

（2018年3月）

中化今天在我们这些人手中，我们能看多远，中化就能走多远。

科学至上，全面转型

情怀：理想型的公司

我首先想从境界、格局、情怀与理想说起，因为整个想法来自于此。你理想中的公司是什么样子？今天中化有5000亿元的营业收入，如果我们是一张白纸，5000亿元现金放在这里，我们要做什么呢？我们的理想是什么？这个理想不仅是公司理想，也是个人理想。对个人来讲，你这一生想做什么样的人？你想在什么样的公司工作？我们的公司应该在国家、社会上起什么作用？

说到理想型公司，就要谈公司的性质。我们讲要受人尊重，怎么受人尊重？凭什么受人尊重？如果企业没有通过创造改变社会、改变一个发展趋势、改变一个行业，这种企业是不会真正受人尊重的。

什么样的公司是好公司、理想的公司？中化应该怎么做？我觉得中化应该变成一个真正意义上的企业。企业这种组织形式赋予它一种创造、创新的使命，去改变某一样事情，甚至创立一个新的产品、新的体系。当时我脑子突然蹦出来一句话：In Science We Trust，即科学至上。为什么这么说呢？我们将会不断探索新的东西，我们不再重复这个世界上已有的、大量的、和别人一样的东西。

我们做研发，做新的产品。但是最重要的第一步，是先改变我们的思想。整个组织不改变的话，单凭科学家是没法大改变的，我们只有变成一个科技的组织，整个公司才会变成一个科技驱动型的企业。

两三年以前，华为25000人在全球做研发，已经过了模仿和赶超阶段，进入无人区，开始研究数学、基础物理、算法、逻辑。我去过诺基亚、爱立信，它们从100多年前就开始做交换机，后来做可视电话。它们是那个年代的探索型公司，改变了行业，也因此受到尊敬。

我曾经在机场看到苹果公司的广告语：又一次改变世界。我当时觉得这个公司不得了，改变世界不是一次两次了。当时在我心里激发了一个想法：一个公司不去追求科学、技术、创造性的东西，可能这个公司未来不会受人尊重，甚至会有问题。回顾过去20年各类公司价值创造的形式和规模，从商业角度来看，创新和技术几乎是唯一创造价值的力量。

通用电气的伊梅尔特拥抱新产业、新技术。他曾提出通用电气需要更多的科学家，不需要更多的会计师；他做了水产业，着眼点是全球将来会缺水，一定要提供一个水的解决方案，从海水到污水怎么来处理，设备、机械、工程全部都做，后来虽然不成功，但不能不说这是理想企业的探索。

中化今天想做什么样的企业？我们有没有这样的情怀、境界、格局和长远眼光？我们有没有这个勇气？我们有没有这个智慧和能力来控制风险？我们有没有学习能力来不断提升组织？我们是不是要变成一个更有活力、创造力、令人激动、对社会贡献影响很大、走在前沿的公司？中化应该往这个方向走，我们应该做这样的公司。

最近有一篇小文章我认为写得挺好，核心观点是：当管理大过经营，企业就濒临破产了。我看到一本书叫《灵魂经营》，书中提到富士自认为不如柯达，但当数码技术出来以后，柯达作为老大希望通过努力去改变这个趋势。富士是行业第二，对地位没那么在意，就赶快调整，然后变成了新的公司，比以前还大，柯达却破产了。

回到中化我们需要做什么？对企业来说，当今最强的信号就是中国经济要转型升级，要把过去追求数量转变为追求质量，把科技创新摆在国家发展全局的核心位置。一个时代做一个时代的事，对任何一个企业特别是中化，应当顺应时代潮流，这是我们最好的天时。

不要以为今天中化提出来这个，好像要创造一个新东西出来。今天在中国企业包括在国企里面，中化实际上算比较晚，崇尚技术、崇尚创新的中国企业大有人在，而且如火如荼。在任何行业都是如此，化工行业如此，电子、通信、互联网、数字经济更是如此，都有一个很强的创新过程和实践。

《大国重器》说的是央企，我看后不禁想，我们是大国重器吗？里面有我们的位置吗？我们这代人不做出决定，五年、十年以后可能中化会变成一个被整合的对象。当然我们现在也很好，但是创造性、引领性的东西不太够。

选择：不做守摊人

我们这一代人不能做守摊的人。我们的经理人和公司业务有很多层次，我们可以把这个摊管理得很好，生存是可以的，但是创造力、影响力不够。如果按照理想，我们就可能去做一个战略引领、可持续发展、使命驱动的公司。我们不是要维持，我们是要建立。我知道这里会带来很多疑问：老业务怎么办？老做法怎么办？我们应该采取什么步骤来做？这个过程是全员的思维方式和经营方式的改变。

我们业务基础很好，有转型的条件。但是在这个过程中，仅仅有钱、有某种机会是很危险的，因为团队可能生产不了、管理不了，最主要的是可能无法持续推动。真正能够管理好这个过程是依靠我们的水平。中化以后不再去做一些没有技术含量、仅有点规模和市场的事情。

比如泉州炼厂，再往下游走，这个行业有没有更新的技术？买也好、研发也好、改造也好，我们必须保证炼厂未来在技术、附加值上一定是最好的。中化未来就是要技术领先，领先不了就不干。这个原则可以适用到地产，适用到金融。未来中化是不断用新技术创造新产品的公司，未来中化被人认识就是因为这个公司是不断创造的企业。

未来谁是中化的英雄？中化的英雄要能够研发新技术、创造新产品、创新商业模式、提升公司成长性。我们这代人不能变成守成者。

基础：我们有能力

之前到上海几个公司考察，给我一个更强的印证，我们是可以做技术的，中化并不是没有技术创造。防老剂就是一个技术进步，制冷剂也是，沈阳院也有技术。中化团队本身追求新东西的创造欲望很强。凡是团队的东西，必须是全系统的。以后从全局看，没有技术、没有创新、重复性的就不投资了。新资源的配置从现在开始。我们拥有这个基础，中化本身有接受新技术的能力，当然，我们这个团队还需要再加强、充实。为什么说“In Science We Trust”？我当时想“科学至上”是不是单薄了一点，后面是不是加一个“知行合一”，既包含信仰，也包含行为。我们拥有团队的基础、产业的基础和环境的基础，条件是具备的。

有人说金茂房子现在做得不错，空气都是过滤过的，可见智慧住宅给人的印象很深。如果彻底把这个做好，里面有很多的机会。我们是相对高端的，但还要加快。崇尚科学精神是我们“科学至上”的基本应用和态度。

风险：勇敢去面对

前面说了，不转型是有风险的，转型会带来新风险，当然也会有收益，我们怎么平衡？我觉得我们的风险是可控的，所谓可控的风险就在于今天所谓的转型相对比较早、比较主动。

我们有品牌、有技术、有往前走的驱动力，但也会受到相当强的外界因素影响。我们今天去看业务和风险，不变的风险更大，因为当危险真正来时就来不及了。真正的可持续发展的公司业务都是因为在不停创造和突破。我们一定要做科学性的东西，这是投资标准、并购标准、评价标准。

如果机会来了，需要投资，必须有勇气去做。最关键的问题，中化会不会转型成真正技术性、创新性的公司？风险本身来讲有几类，团队的、技术的、财务的、市场的各类风险，我觉得是可控的，但是我们想做什么、未来是什么，不可能计划得很具体，大方向是对的。我们逐步去做，遇到挫折也不要太气馁。什么时候中化的技术含量变得比较高、新创东西占了销售额一大半、后面不断有新东西出来，我们就变成了一个新的创造型公司。

一旦我们想这么去做，我们这个讨论就可以稍微具体一些。真正往哪转？具体到什么项目、什么产业？首先要有真正大的技术产业规划和真正对这个产业前瞻性的判断。如果我们把这个搞清楚了，中化能不能跨行业，什么时候可以跨行业，什么时候可以投资人工智能、生命科学，等等。这些问题可能就会有一个比较清晰的答案。

未来，中化会变成一个创新投资平台型的公司，产业范围更广，将是一个创新平台加独角兽的结构。过去讲集团公司有限多元化，事业部叫专业化，现在换了新说法，含义很不一样了。

未来，中化变成一个科学技术、创新驱动的公司，我们将不断探索自然，探索未知的世界，不断创造新的东西作为企业的使命、个人的使命。我们以这个思路重新审视资产、审视标准、审视投资、审视业务表现，突破性地调整资产，加大对科技含量高的产业或项目的投资。最终，公司研发能力、原创能力会持续增强，我们的品牌也会变成一个创新性的品牌。

体制：改革与创新

我讲到天时是目前大的环境，对我们很有利，给了我们这么一个机会，又鼓励我们这么去做。但是反过来讲，大家也必须清楚地知道，创新性、创造性的动力必须来自坚定的信仰和发自内心的驱动力，而不是一个简单的要求，要靠大量的主动性和创造力，所以我们的体制必须要改革，且必须要按照规矩来。创新的机制，同时也是符合央企管理要求的机制，同时还要求改革要适应创新的环境要求。我去了中科院以后，发现研究机构的体制是非常灵活的。

前面讲了大量的价值观、使命、愿景和情怀，现在说说体制性的东西，大家应该多提意见。怎么把它变成一个真正科技型的、激励大家的体制？在这里我提一个建议，不要搞得太短线了，不是上来就发多少钱，必须要有长远的创造性的情怀、眼界和境界，要服务公司发展。

未来中化集团总部也好，事业部也好，都可以变成业务集团，去做投资。要做到这一点，首先需要我们进行体制改革，以科技创新型的企业为目标进行改革。这种企业怎么做激励？体制改革的方式多种多样，奖金、跟投、股票、分红，但要实事求是，要讲科学。我们设计出一个真正科学的方案来，最终驱动改革，每个人都参与其中，调动所有的人。假设我们研发出一个新产品，有了一个科技性新发明，怎么投入？怎么产出？怎么市场化？这个线路走通几次以后，我们的企业就通了。未来我们整个体制上必须要形成这样一个组织。这个组织与前面的理想和中间的道路是融合在一起的。

最后我说几点：第一，这个方案大家讨论；第二，这个方案我们在过程中可以把握它的风险；第三，这个方案的道理一定是对的。它之所以有一些不确定性，是因为和我们这个团队还存在磨合的问题，所以它是一个理想性的东西。团队需要修正它、把握它，最终促使中化变成一个真正创新、科技的公司。这确实是革命性、根本性的转变。这个任务需要很大的担当，要靠我们的团队来持续推进。

我相信，再过十年，技术创新、产业升级一定是未来中国企业的主题，谁抓住了这个趋势，快速又准确地开展行动，谁就能够成功。我希望中化能够抓住未来。中化今天在我们这些人手中，我们能看多远，中化就能走多远。

（2018 年 4 月）

战略思维就是整体思维、大局思维。

打造国际化的大型化工企业集团

我担任中国化工董事长、党委书记已经一个多月时间了，下面主要谈谈个人对公司的一些看法和体会。

中国化工的现状与反思

上半年我们的经营工作取得了历史最好水平，这得益于过去长期的资产战略布局的积累和市场能力的积累，是我们团队努力的结果，同时也有经济增长、市场需求等因素。在中国化工目前这个阶段，能够取得这样的成绩，非常关键，也非常及时。

中国化工发展到今天这个局面，基本模式是通过并购推动的外延式发展。我非常理解这种模式，如果没有这个历史和过程，一定没有中国化工今天的地位和市场占有率，也没有中国化工今天的规模和技术水平，这是大家这么多年创造出来的。

我们有很多好的资产和业务，比如有机硅、工程塑料、研究所等。我们也做了很多可圈可点的海外并购，比如收购先正达、安迪苏、安稻麦、倍耐力、埃肯、克劳斯玛菲、凯诺斯等。海外并购彻底推动了中国化工的转型，使之成为化工行业控股的、并购型的、资产组合的公司，这在中国化工史和企业发展史上都是少见的。对于这个勇气、胆魄，取得的成绩，我们必须给予非常尊重和承认。先正达并购完成以后，中国化工大概有九千多亿元的资产，其中百分之七八十在国外。

中国化工现在是一个规模很大，有广泛的产业布局和区域布局的国际化公司，有很多国际化的品牌，以及市场竞争力、国际排名位居前列的企业。很少有一个公司能够拥有先正达、倍耐力、安稻麦、克劳斯玛菲这么多世界知名品牌，这是我们多年努力获得的成果，更是今天所有工作的基础和平台。

我们既充分认可过去的发展，也要反思外延式发展模式带来的相关问题。一是我们国内的资产都是过去通过比较低的成本收购和划拨来的，但是也带来了负债和大量员工，“处僵治困”任务繁重。二是带来了提升业务、管理的要求。三是产业布局的战略性、成长性、协同性不是很强。虽然广义上都可以称作化工行业，但是有些业务上下游的有机联系不紧密，并购完成后，像安迪苏那样有机增长不够。四是我们始终存在一个历史性问题，就是公司自成立以来几乎没有真正意义上的资本金，银行融资成本比较高，因为负债率比较高，银行对我们的信任度不够。这些问题我们必须加以解决。

破解当前问题的主要办法

第一，把现有业务和资产做好是我们最主要、最根本的方法。我们应该从吉利收购沃尔沃后在中国落地的成功经验中寻找模式，实事求是，面对问题。比如在中国再造一个同等规模的先正达，让其与有关农化资产业务实施整合，最终创造出价值，提升中国农业种植的科技水平。收购先正达虽然造成企业的短期负债大，但对国家是好事，关键是如何用好。先正达上半年恢复了增长，业绩比较好，超出预期，这是非常重要的基础，下一步要继续把研发、品牌、销售、成本管好。

蓝星公司是中国中化最核心、最骨干的公司之一，上半年业绩有较大提升，经营水平也有极大提高。蓝星公司应该在做好现有业务的同时，尽早谋划上市，力争给集团创造几百亿元的价值。

昊华公司规模虽然比较小，但是比较健康。科研院所都找到了自己的经营路径，但是生存、发展比较慢。昊华未来应该借助它的技术背景，转型为有机成长的平台。有条件的研究所争取将其主业发展成为独角兽。

油气公司做了并购，投资了、提升了，今年能赚20多亿元不简单。总的来看，油气公司的炼厂比山东地炼水平高，不能仅仅体现在资产、技术、装备上，更应体现在管理水平和战略定位上。油气公司必须找可持续发展的路径，业务必须具有前瞻性，不能停留在炼油上，要往下游、深加工和化工品方向走，这是未来唯一的生存路径。

倍耐力上半年的股价、市场表现和盈利都不错，特别是高端轮胎的技术含量和品牌价值都在不断地体现出来。现在关键是工业胎如何整合？在中国怎么发展？与乘用胎业务如何平衡？

中国化工总部不能变成一个投资的、控股型的公司，而应是运营性的，配合、引领、辅助、支持海外企业在中国落地，帮助每一个海外企业在中国复制出同样的规模。一方面，海外企业在中国市场的份额不能低于它在全球市场的份额；另一方面，海外企业必须在中国创造出一个规模相等的公司。我们要发挥国有企业背景和对中国市场比较熟悉的主场优势，从战略规划、运营管理、评价考核、团队配合上帮助海外企业的中国业务落地。我们应该借鉴安迪苏、吉利沃尔沃的经验，在组织架构、资源配置、人员组织上探索中国本土的发展模式，解决负债较高的问题。另外，中国化工总部制定了行业战略、投资战略、布局战略，未来应该加强竞争战略的研究。

第二，可以逐步处置一些非主业的、低效的、不良的资产，缩小负债规模，改善现金流。我们要用最低成本处理好，做好职工安置、资产处置，解决好债务和税收问题。

第三，引进战略投资者，筹划上市。上市可以疏解一个公司的负债，能够积累、筹集一些发展资金。化工行业上下游的协同、产业链各个环节的衔接是非常重要的竞争优势。就目前情况来看，化工产业的发展基本上走的是“大园区型＋上下游协同”的模式，有利于提高效率、降低成本。

作为国有企业，我们必须从国家战略、国家要求、民族竞争力的高度考虑问题，特别是在国际竞争愈发激烈的今天，需要中国化工成为规范化、国际化、现代化、由科学力量驱动的世界一流企业。中国所有行业都是从管理水平、标准规范程度、产业技术能力等方面逐步升级的，我们正面临一个真正革命性的千载难逢的历史性转变，可以调动的国内外资源前所未有，要倍加珍惜这个平台，倍加努力地进一步提升。

团队建设与工作态度

党的十九大报告特别强调“全要素劳动生产率”这个概念，它的提高是由科技和转型推动的。我们要把思想统一到习近平新时代中国特色社会主义思想和党的十九大报告上来，用以指导我们的生产经营工作。

第一，我们要充分承认、理解、推崇前辈在企业发展过程中创造的历史业绩。我们要弘扬前辈勇于开拓、敢于担当的精神，同时也要牢记一代人干一代人的事、每一个行业做每一个行业的事，继承、发展前人留下的事业。如果没有创造、没有革新、吃老本，是绝对不行的。我们要真正面对问题、面对现实，要求真务实。

第二，逐步地把信息做准确、透明、共享。健康的组织一定是公平、公正、透明的，每个员工都知道企业和领导在做什么，这样才会有热情、激励、斗志、目标、创造力。

第三，提高战略思维能力。战略思维就是整体思维、大局思维。今天中国化工面对的问题和挑战，不是某一个人或者某一个局部造成的，而是企业历史发展进程的产物。要运用战略思维，从大局出发，谋划如何提高竞争力，谋划在新材料、新能源、农业等领域占有多大份额。即使我们剥离了某项业务，也是为了保障核心资产、提升核心能力。为此，我们要做好标杆管理。不对标，就容易盲目乐观，缺乏对市场和客户的切身了解。要挑选几个不同行业里面的标杆企业，与之比较预算、市场份额、生产过程、团队、体制、管理方式、经营理念、公司文化等，逐步拉近距离。总之，我们要有大目标、创造大产业、生产大产品，不辜负国家对我们的期望，对得起“中国化工”这个国字头名称。

第四，加强内部协同。多元化企业存在的唯一理由就是协同，有协同的多元化企业才有竞争力，才有存在的价值。

第五，加大技术研发。公司对研发和技术比较重视，这是非常好的一点。我认为技术已经变成商业模式的核心要素，没有技术就没有商业模式。过去企业发展是技术和资源并行，今天技术已经远远领先资源。尤其在互联网行业，技术就等于产品，技术就带动了进步。过去公司之间毛利率相差不大，今天完全不同了，即使是在市场最不好的时候，技术型的公司也可能股票一天升好几倍。有的公司盈利很好，但是没有核心技术，不具有成长性，公众预期不太好，在股市就没有价值。中国化工的科研院所众多，技术底蕴深，这是极大的优势，我们必须鼓励支持创新和研发，作为长期、核心的、信奉的哲学建立起来，尽全力保证技术研发的投资，让技术不断驱动企业发展。

第六，公司要成为正能量的、有广阔前景的、大家群策群力共同参与的公司。大家心情舒畅，才能得到更好发挥，拥有更好的生活。同时，在改革体制机制方面，我们必须走在央企前列，改革要彻底，每个人都要积极参与，把个人利益和成长与公司连在一起，打造国际化的大型化工企业集团。

（2018 年 7 月）

我们不仅要比别人看得早一点，还要走得快一点。

科学至上，知行合一

我们每年开这样一次经理人大会，是对企业文化的强调、提炼和固化，这里有回顾、有反思、有前瞻，这种形式使得我们也许十年以后还会印象深刻。这种信仰性、布道式、统一思想、不断强化目标的形式非常重要。虽然每年会议议程不同，但主题都是一致的，就是加强、提升我们的组织，实现组织的目标性，提升每个人的参与度及组织整体的活力。这对我们来说是最重要的事情。

企业真正的资产、真正让人抱有较高期望值的地方，不是来自现有业务的布局或盈利，而是组织会做什么事、能做什么事，这是最重要的。

组织的进步、成员的进步和业务的进步是联系在一起的，从这一点来讲年会是个窗口，是我们每年思想深化、凝聚思考、促进交流的机会。今天我们再次聚在一起，用两天多时间对过去一年进行回顾、反思、总结、展望，这对下一步工作会起到很好的作用。

今年 4 月我们提出“科学至上”理念。但仅仅过了三四个月，现在再来说科学至上、重视研发、科技进步等，已经完全没有新意了。所以，在今天的环境下，等到你发觉别人比你早睁开眼的时候，别人已经比你快了一大步。所以，我们不仅要比别人看得早一点，还要走得快一点。多年前，就有内地民营企业到香港找到我，说想要做手机，我当时觉得不可能做成。但现在我们看到，8 年前开始做手机的小米已经在行业里有了牢固的地位。在前瞻性、勇气、执行等方面，我们还要不断加强。所以，今天我想在科学至上后面再加一句话：知行合一。科学至上，知行合一！

知行合一是认识和实践、理论和行动之间的统一。历史上的大哲学家康德、黑格尔等都谈到认识和行动的差别。明代思想家王阳明早在五百年前就提出了“知行合一”理论。毛泽东写了《实践论》，邓小平也提出了“摸着石头过河”。认识、实践、反思，主要是要靠实践，不能只反思不动弹，不动就永远没有知行合一。

今天我们也面临同样的问题，我们要往前走，经过认识阶段，要真正系统地去落实、执行、实践，哪怕会冒险也要推动，这对我们现在来说是最重要的。我们不能还停留在动员式、理念式、向往式的阶段，要有行动。

在过去几个月里，我们看到了一些很好的落实方法，看到大家的热情，看到很多组织行动都开始了。但我们也不能过于乐观，比如今天我们出了一个研发成果、科技应用，不可以说因为 4 月提出科学至上，6 月就成功了，这是不可能的。我们不能拿这个东西往上套。

一项研发成功了，不代表整个组织系统就完全进入了持续创新的模式和状态。所以，我们这个组织能不能变成一个创造性、创新性、用科学技术来驱动发展的组织？我们的团队、战略、评价、每一个项目是不是都这么做了？公司的商业模式是不是转变了……下一步还有很多工作要做。

我一直在想，最终我们要成为一家什么样的公司？

比如我们的能源业务，我们能不能在这么多的能源公司里、这么多炼油厂里、这么多贸易公司里，具有创造性、带来新的模式、成为一个改变游戏规则的主体？我认为我们是有机会的，因为在石油贸易和分销领域，目前对互联网技术的利用还是不多的，但最终能不能做到还要看我们的勇气、资源、能力、韧性，要不断实践探索。我们的眼界要高一点，看得大一点。我们必须要走出来，变成行业领先、改变游戏规则的人。

农业也是一样，不管叫生命科学还是生物科学，都是为了帮助农民生产出更多、更好、更优良的产品，今天我们的MAP战略已经在做了。农业部现在提出，中国农业不再追求每亩产量，而是追求质量和经济价值，这是一个很大的转变。那么未来，我们能否把资源扩大成为全球性的资源，包括全球性的种子研发、全球性的植物保护、全球性的种植方式等。这些资源包括今天中化的种子、化肥、农药，也包括未来可以加入的资源。又比如，能否打开销售渠道，彻底把数字化的、网上的销售方式变成农民销售的主渠道？我们能不能改变中国农业的模式？我们能不能通过努力将中国的农业水平提升到不亚于欧洲、美国的水平？化工、地产、金融也是一样。

中化能不能成为真正执行的主体、能不能成为主动的力量来推动行业变革？今天我们必须得脚踏实地，从科学至上到知行合一，再到战略落实、资源整合。未来我们不能只看公司多大、世界第几，一细说却没什么创新创造、对行业没什么贡献，这是不行的。我们要真正引领科技进步、为行业带来改变，真正创造价值，做改变游戏规则的人。这确实不容易，企业管理需要全方位的能力，有勇气、有胆量、有前瞻、敢冒险，还要会算账，在各种限制条件下做到成功。

中化集团未来发展的最大驱动力一定来自两个地方：一是来自整个大形势、大趋势的驱动，包括世界、国家和行业的驱动；二是来自团队的前瞻性、愿景、战略思维、心胸。未来五到十年，我们这些人能不能创造出一个真正激动人心、填补国家空白、国际领先的综合型化工企业？

瑞士巴塞尔这个小城市，出了三家世界著名的化工企业——先正达、罗氏、诺华。我听说，这个地方本来是搞纺织品、搞印染的，后来转型成今天这样。这真的不简单，国内有多少纺织企业、印染企业，在环境变化之下没有主动转型慢慢做死了。我们每一个企业都应该是创新的主体，而不仅仅是生产型企业。中化集团要做真正创新、不断进步的企业，我们的创新性、战略性，以及效率、成本要结合到一起，这才是一个价值创造的过程。

今天，我们要对“科学至上，知行合一”形成认识，落实到每一个商业模式中。在中化集团进入的行业，在中化集团涉猎的所有领域，用所有的力量去努力，用胸怀、眼界、能力，做出一个真正世界级的综合型化工企业，最起码在中国做到引领行业的水平，改变这个行业的游戏规则，创造出企业新的价值。这对国家、行业发展，对企业进步都非常重要。

今天，我们就从这里，改革转型再出发！

（2018 年 7 月）

产业技术的先进性应该是我们追求的一个方向。

成为世界领先的化工企业

我以前写过一篇小文章叫《四循环》，我当时感觉，经济大环境是由四种循环交织在一起的，如果我们只知道其中一种循环，就不是一个全面的认识。

从四个循环认识大环境

四个循环分别是世界经济的循环、国家经济的循环、产业经济的循环和企业自身产品的循环。这四个循环交织在一起，每个人都在这个循环过程中。

第一个循环，世界经济。到今天为止，很多事情是我们用过去的思维和价值观不会预计到的，黑天鹅事件频发。当前世界形势正处在一个大变化之中，贸易方式、产业投资方式等都发生了改变。从全球经济来看，经济增长正处在一个逐步放缓的过程。在此背景下，技术将在未来的进步和创新中起到更大的作用。过去讲一句话：经济好，公司好；经济不好，公司不好。现在不一样了，经济差的时候，有的公司股票也能翻好几倍。公司本身的个性化、创新性脱离了经济的循环，有很多这样的例子。现在创新型的公司在新经济价值创造中的比重越来越大、越来越多，进入了一个新的财富分配阶段。

第二个循环，国家经济。过去三四十年，中国的财富差距主要来自资产行为的区别，比如买不买房子、买不买地。但未来，资产行为的作用不能说没有，但是一定会慢慢降低，产业行为、创新行为、价值创造行为的作用会越来越高，这种现象在美国、日本已经发生好多年，现在中国也开始了，这是因为世界经济已经走到这个阶段。未来企业自身真正的创造力会变成一个更重要的竞争因素，而且很快会有区别。

在中国，真正用研发引领持续发展的企业家，可能就任正非一人，30 多年未有间断。我 20 年前去过华为公司，当时的情况很困难。但是今天我们再看华为，完全是另一番景象。走到今天，可以说中国真正进入供给侧结构性改革转型期，真正在调控金融风险，真正进入了用环境因素来倒逼经济发展的时期。今天的 GDP 速度也好、经济环境也好，都让我们感受到了这种变化。

第三个和第四个循环是产业经济和企业自身产品。具体到产业来说，化工产业本身发生了巨大变化，比如在炼油行业里，沿海四五个大型炼厂都在建，不光对我们，对其他能源巨头的影响也很大；巴斯夫最近在广东投资 100 亿美元搞产业园区，在中国进行升级版的大投资。可以看到，竞争环境开始变化。在这种变化中，我们能不能走出来？这个状况我们能不能应对？我们是变好了还是被别人超过去了？这对我们提出了很大的挑战。

对这种局面，我们还是有相当的能力可以去把握，我们拥有大量的固定资产资源、市场资源、政策资源和团队资源，这些都是可以整合的。比如市场资源的发展，从 60 年前到现在，农药的用量下降了 90%，这里最主要的因素就是技术进步，农药用量大大减少了，但是价格上升了，而且中国的农药市场价值还在不断增长。

任何公司的战略、预算，任何经济学家的预测，如果不能用这四个循环放在一起来指导，只是凭空说怎么定位、怎么做产业，都是在讲笑话罢了。

我过去为什么不提中化要成为游戏规则的改变者？因为时机和能力不够。但面对新的机遇，我们掌握的资源，从规模、覆盖的市场、技术可能性，到对市场发展趋势的理解，是可以做到的。我们要换一种做法，转变目前的经营方式。

能源方面，炼化一体化的、新材料的、互联网的、新型技术的进步，我们必须去探索。比如新材料，必须把产品定义得足够清楚，在什么地方我们是第一？中国企业不往下游延伸，因为可以守着加油站卖油，但现在国外的化工产品都卖进来了。农业方面，现在化肥、农药、种子包括 MAP 结合起来以后，全国除了中化没有具备这个资源的，我们做不好对不起国家。如果中国农业现在没有一个革命性的提升，拿出真正好的农产品给国人，那是不行的。

产业技术的先进性应该是我们追求的一个方向。当然，我们还有很大的差距，很多资源没有用好，很多问题没有解决。我们有很多竞争对手，我们还不是很强。但是，今天我希望我们每一个人都参与到这个伟大的、激动人心的产业创造过程，改变这个格局，在你的人生中实现新的、贡献性的、创造性的定位。我们完全有这个可能性。

关于企业文化

我们公布了中化企业文化系统，这个系统讨论了多次，应该说是很好的。但是 99% 企业的企业文化没用，别人记不住，更没有发挥作用去影响员工。企业文化像空气一样影响着每个人，但谁也改变不了它，改变必须是整体的；企业文化又是非常细腻的，它会形成行为准则、行为规范，而且是不需要要求、提醒，更不用纪律强迫的规范；企业文化基于公司本身的诉求，是公司长期以来各种行为、教育和价值观累积的结果，它对我们太重要了。

企业文化不是一个起点，而是一个结果。我们讲求真、求实、求变、求进，讲科学至上，还有很多很好的提法，其他企业也一样在墙上贴了类似的标语口号，但做到了多少？做的跟墙上挂的还差多少？有多少企业形成了文化？企业文化需要大家共同建造、共同守护。

有人讲，企业文化就是一把手文化。应该说，一把手或二把手或者其他负有领导责任的人，一定是有比较大的能量释放出来。但也不一定，如果释放得不对，就会走向负面。比如工卡文化，如果一个企业工作时间都要限制得很死，还想去创新创造，可能真的不行。文化需要内心认同，不是纪律服从。一个企业的文化建设，要看领导行为的公开公正透明、对同一目标的追求、执行的科学和效率等大家是否认同。反过来讲，员工对领导的要求和督促，也对领导带来一种反向的文化影响。

我更在意这个文化系统和我们是不是一致、公司会不会变成这样。每一个员工都应该豁达、乐观、正向，对自己和组织关系有比较恰当的认识，定位符合实际，同时这个定位是正能量的，这样就会形成比较优秀的企业文化。

我到瑞士出差，老外并没有来接我，送我也是为了和我交流工作。老外不像中国这么注重身份，直接沟通、效率很高。不迎送，并不代表没有感情，也不代表这个人不尊重你，这就是一种文化，这个文化最终是有目标的，目标是要把企业做好，直接、高效有利于把企业做好。

企业文化是我们每个人的态度，要看我们自身。中化企业文化的发布，对我们来说，是我们有意识地去提倡什么、去塑造什么，公司有意识地往哪儿去凝聚大家的力量。

很多年前我曾经和万科讨论过它们的企业文化。当时我举了一个例子：有客户到万科城市花园小区来看房，地上有一张废纸，有位员工经过时踢到边上，把客户带过去；另外一位员工带客户经过时捡起来放在兜里，第二位员工被提拔了。这就是形式带来的自然的东西。我还记得一个面试场景的故事：两个面试官面试，在面试者进来的路上放了一个小垃圾桶，好几位面试者进来，绕过垃圾桶坐下，不及格。最后一位面试者进来，把垃圾桶挪到旁边再坐下，被录取了。我们往往会通过面试来观察应聘者是否与公司企业文化匹配。这种观察有时候是看很小的细节，有时候甚至是靠直觉，很难描述，但是我们知道，我们的行为要顺着这个东西来塑造。把企业塑造得非常友善、向上、积极、乐观，能够去创造创新，对客户热情周到，改变企业的内部环境。

关于业绩

公司在最新的世界500强排名中进入前100，同时，上半年公司利润总额超过了100亿元，这对我们来讲都是好消息。公司经营运行情况很好，没有人在工作上讨价还价，大家非常投入和敬业，这是中化业绩的根本，也是文化优秀的表现。

业绩对我们很重要，如果业绩不好，一切都是零。企业亏损，就没有第二步了。我们面临这么一个被评价的环境，这个环境过去强有力地推动了我们业绩的改善和成长。我们所有的工作，包括服务性的、管理性的，不管是战略、财务还是党建、纪检的所有工作，都要最终服务于企业中心工作，服务于整体业绩提升。

为了业绩，要集聚所有的力量。大家都要知道目标是什么，有些不在业务一线冲锋的人，对业绩关注性不够，会自顾自地工作。如果没有公司的发展、没有业绩，你的工作不叫工作，叫捣乱。企业要创造价值，如果没有业绩，那就是社会资源的浪费。人类与社会活动最终是要讲效率、讲产出的，所谓效率和产出最终要用盈利来说话。业绩文化、业绩驱动在中化必须是非常坚固的文化。

我们的经理如果真正把坏企业做好了、把小企业做大了、把困难企业脱困了，创造性就出来了。当然，下一步我们的创造创新更难了，要平衡好业绩和投入、技术和产品、市场接受度和自身前瞻性。第一，不能没有业绩；第二，业绩要有科学评价。

华为公司一年赚400多亿元的利润，有过几个很困难的阶段，今天又走到一个新的阶段。我们也希望中化成为一个宏大的、创新的，既有盈利又有创造性的公司。

关于奖励

人有两类，有的人很看重物质，有的人很看重精神，但是大部分人是在中间，偏物质一点。对组织来说，要把组织的目标和个人的表现，把精神和物质联系起来。今天为什么说奖励？因为奖励非常必要，也非常重要，这是文化的一部分。我们就是要不断释放这样的信号：谁是公司推崇的？谁是公司的英雄？做到什么，公司给你什么。公司对所有的贡献，要更科学、更个性化地评价，更能适合公司的战略目标，不单单是损益表里数字的奖励，战略方向的奖励也要有。数字的奖励是一个基础，没有这个很难评价。但从公司评价方式来说，继续改革体制、改革奖励方法、改革评价方式，使之更适合公司的实际，也更能激励每一个员工潜力的发挥。

我相信公司的文化、公司的目标、公司给每个人公平公正地提供平台和机会，会逐步降低员工对具体金钱数字的关注度，因为他在组织里逐步被升华了。但是，我们必须把升华以后的精神因素、文化因素和物质因素综合在一起。

我喜欢给别人发奖，为什么？因为每个人得奖了、每个人成功了，公司就成功了。每年年会的奖励很重要，形式很重要，但说清楚原因更重要，为什么？因为这实际是再一次把公司的文化、公司的诉求清楚地表达。每个人的利益和公司的利益是连在一起的，长期的、短期的连在一起，创造性的、业绩性的、未来股权性的收益都连在一起。

下一步公司能不能成为一个世界领先的化工企业？哪有那么简单，巴斯夫已经有一百多年的历史。再看华为，短短三四十年，通过不断积累和发展，现在远远超过思科。在这个过程中，所有华为员工都得益了。对中化来讲，未来的评价、激励等系统改革，随着业务的整合和公司的发展，要沿着这个方向深入地继续加大力度。

关于改革转型和创新

真正做一个创新型的组织，真正去转型，真正再出发，不是那么简单。下一步对于科学至上的落实和推动，我们还得有一些突破性的进展。

以后我们不需要再谈创新的重要意义，而是应该说创新需要什么条件，有什么政策，怎么达到，需要什么投入，冒什么风险，问题在哪儿。同时，我们把评价分开、投入分开，重新创造，这是现在必须要做的事情，否则我们做不好一个创新型企业。

在这个基础之上，我们怎么能够变成一个真正创新型的组织，真正能跟上世界化工行业最领先公司的步伐，这个要靠大家。这需要眼界、气魄和担当。今天我们必须瞄着这个目标走，最起码在中国市场上要瞄着这个目标，必须在三五年出现苗头，十年之内真正变成一个全球领先的化工企业。

做任何事天时最重要，今天是我们最好的天时。一代人做一代人的事，一个阶段做一个阶段的事，一个行业做一个行业的事。今天国家发展的大势、行业发展的大势、企业发展的趋势，把这个责任放在我们肩上，我们要真正创造一个全球领先、综合型的、创新能力强的化工企业。这对我们每个人来讲，都是非常大的一个机会和荣耀，是人生的一个平台，可以说千载难逢。

希望大家能够丰富自己，树立目标，了解战略，瞄准方向。将来发展越大，对每个人能力的考验越大。我们要做好自己的工作，去迎接新的大发展机会，创造一个真正伟大的企业！

（2018 年 7 月）

企业家能给公司留下什么？我认为两点最重要：第一是留下文化；第二是战略、布局、团队、管理系统。

企业如何长期创造价值

我曾经写过一篇小文章，分析财富500强的排名，最早是地产、贸易行业的企业很多，之后修桥的企业很多，接下来搞化学的企业很多，再后来制造业的企业很多，现在变成银行、互联网企业很多，每一次变化都代表着行业的变迁。

我经历过不同的企业。什么样的企业能够可持续发展？什么样的企业能进500强？对此我有很深的体会。能进500强而且能够长期创造价值，做到这点的企业有很多原因，可以从经济环境、团队、战略、竞争等因素来评估，但今天我只讲一条，假设其他都很好的话，那就是战略因素。

战略因素是什么？我们以中化集团为例来分析。作为一家有68年历史的老化工企业，从卖汽煤柴油开始，到做一般的化工原料、橡胶、塑料等，今天面临激烈的竞争压力，如果不去做生命科学、材料科学、精细化工，不往前走、不往深走，就会面临新的问题。我们今年提出“科学至上”，中化要转型成为一家科技驱动的创新型企业，不搞规模，去做科技，以科技驱动生产力。比如在生命科技领域，研究农业种子、植物保护的科学；又比如我们的中化国际，在做材料科学，研究高性能、环保降解的材料。我们主动对业务进行更新换代，推动企业取得进步。

过去经济形势好，公司就好，现在科学技术打破了以前的经济循环；过去说要找商业模式，现在科学技术就是商业模式，没有技术支撑是做不来的，原创技术是最高级的核心竞争力，中化做得好的产业都是由技术突破带来的。行业升级分成几个层次：第一是原创技术升级；第二是应用升级；第三是技术一般但很有管理效率；第四是没有技术在红海中艰难竞争。

企业是一个长久的生命体。企业家能给公司留下什么？我认为两点最重要：第一是留下文化；第二是战略、布局、团队、管理系统。希望将来我能为中化留下的是：中化是一家 AAA 级企业，有核心技术、核心竞争力，是一家有创造性、创新性的企业，这是未来唯一可以竞争的要素。

（2018 年 9 月）

我们将建设一个专业化的、国际化的化工企业而不是石油企业，是一个技术型的企业而不是贸易企业，这是一个大的转型，这也是中央给我们的一个基本定位。

以世界一流标准建立新坐标

今天这个会很重要。

为什么召开此次高层战略研讨会

中化集团每年都会召开 1 ～ 2 次战略研讨和回顾的会议，但今年的会因为各种不同因素而变得很特别。未来，我们面临的任务已经远远超出了某一业务或者两家公司之间简单的合作，而是代表着一个行业的发展方向。

化工行业正处在转变和调整之中。前段时间，我和先正达 CEO 一起见了几乎所有全球化工行业巨头，在中国、欧洲和其他地区，化工行业整合带来巨大的格局变化，完全改变全球竞争和战略布局。今天，如果还是依靠单一产品，这样的化工公司、小工厂都比较困难了，它一定要依附于别人的产业链才能生存。而在大的化工产业链中，包括从石油化工到农业，大规模技术研发、全球布局、跨行业分类，大型园区、高标准的安全准则，已经成为行业发展的趋势。

尽管拜耳和孟山都、杜邦和陶氏的整合及巴斯夫的发展可能暂时面临一些困难，但它们依然拥有很强的实力和后劲。这些整合从根本上改变了行业格局。中国化工市场很大，马上就要占全球市场的 50% 了。但除了炼油行业之外，公司的规模都比较小、实力比较弱，没有像巴斯夫、拜耳、杜邦这样真正全球领先的化工企业。这就是今天我们面对的竞争格局，我们与心中的目标差距还很大。

我想起二十多年前我去华为参观的经历。那个时候华为很小，主要业务是卖路由器和交换机，技术员都是一群娃娃脸。当时我在香港投资过一个电话公司，买设备搞投标，来投标的都是爱立信、摩托罗拉这样的企业，尽管当时华为发展势头不错，但没有投标资格，大家觉得华为也就能生产一些简单的设备。二十年后，今天的华为怎么样大家已经看到了。那么，我们二十年后会怎么样？现在的我们，比华为二十年前好多了，但我们也有很多弱点，比如我们体量大，体量大可能会使我们缓慢、笨重。这就是我们目前面临的形势。

我们想要找到某种路径，让公司未来能够真正变成有技术、综合性的、世界一流的企业。当然，这其中有很多种路径和方法，比如最近，中国石油和化学工业联合会会长李寿生推荐学习巴斯夫 2018 年年底发布的新战略。这些世界上最好的化工企业，我们距离它们有多遥远？他们这一百多年来是怎么发展的？能够给我们什么启发？到底什么是国际水平和世界一流？今天，我们可不可以用十年的时间走过来，怎么走，核心在哪儿，尽管公司情况不同，但我们可以通过对标学习进行自我醒悟。

我们的站位要高一些，不能认为现在日子过得还不错，只要把目前的事做好，业绩过得去，大家发奖金、过日子，这样不行。如果让我们自己来写报告，公司都能写出很好的数据和表现。但是，如果去面对全球化工行业的竞争，包括技术竞争、公司内涵和质量竞争，今天在座的各位都是某行业领域内的专家，一定知道我们距离别人差多远。所以，今天这个会议，就是把我们放在全球统一的水平和角度来看待自身的问题，看待我们的未来。我在中粮集团开过一个类似的会，当时叫“战略引领、使命之旅”，后来中粮在这基础上慢慢发展起来，虽然不一定都做到了，但对公司未来的理念和定位起到了根本性的作用。

怎么开这个会

真正的企业管理是组织的发展，组织发展学在一个企业里面的胜利一定不是某个领导来定或者某个讲话来定，而是用一种组织发展的方法来激励、引导所有员工。今天开会的方法主要包括以下两种。

一是行动学习法，Action Learning。这种方法让团队群策群力、互相支持，每个人都被激发起来，都清晰地知道要做的事情和承担的角色。这个方法未来应该是我们整体学习、工作的方法，不是一个开会的方法。行动学习法的核心在于对人的尊重，每个人对事情的投入，以及发自内心的参与感、投入感和创造性。当一个人参与了公司的建立，就会变成领导者，就会知道怎么建立和带领团队，应该有什么样的标准、什么样的文化。他会有高昂的斗志，发自内心的参与感和贡献感。

团队学习中，解决问题的方法不是先入为主，更不是某个人写稿、某个人念一遍的方法。这个方法的基本特点是，所有智慧都在大家中间，对公司没有人比今天在座的人更了解，任何咨询公司和专家都不会比我们更清楚，我们内心其实知道该怎么做，但需要通过一定的方法，组织、激发和升华出来。通过会议上每个人的参与，最终团队会形成一个结果，并带来文化理念、经营理念、经营方法、经营标准的变化。企业管理和企业文化是有联系的，一个经营很好的企业说它的企业文化很差，不太可能；之前开党建会我也说过，很难想象一个企业党建工作做得很好，但企业管理得很差，或者说企业管理得很好，党建搞得很差。这两个目标是一致的，这个过程带来我们对整个系统的反思。

企业自身的问题并不是一个简单、片面的问题。如果想降低企业成本，过去的做法是找财务部，看成本是怎么算出来的；找采购部，看是不是买贵了；找生产部门，看生产效率是不是慢了。后来你可能会发现，成本高是因为结构性成本，不是节约得不够，而是战略定错了。再往下问，为什么战略会错，为什么制定者要那么想？才发现这个企业成本高，根上是这家企业没人负责。从成本这一点出发，经营上会有各种表面理由，但你一定会发现整个系统上的原因。

我希望团队学习法能够在会议中逐步应用，并成为我们未来工作和学习的思维方式、团队建立方式、文化建立方式。它特别适合我们这样的综合性企业，也特别适合国有企业。国有企业的领导是一个领导系统，要通过组织发展来激发大家一起工作，这是整个团队学习法的基础。

二是标杆管理法。管理的切入点很多，标杆管理、战略管理、成本管理、质量管理都可以，殊途同归。就拿安全管理来说，要保证企业不出事故这个目标，就要把企业系统整体分析一遍。我们今天讲的标杆管理，已经超越了找一个好企业向它学习的目的，我们也许会找一些并不完全能参照学习的公司，甚至在某个领域和阶段不如我们的公司。我们要真正理解这些公司，理解其核心要素是什么？是文化、机制、管理、市场还是其他？拥有一百多年历史的巴斯夫是怎么走过来的？通用电气在道琼斯指数中稳坐 110 年后为何被移除？通过对标来反思自己，而不是一说就说规模，就说世界 500 强。

所谓标杆管理，就是要在一个大的坐标系里看我们自己，这个坐标系必须要准确，我们必须了解自己在这个坐标系里的位置、趋势是什么，真正的核心指标是什么。我们现在用的很多指标，比如量的指标、销售额的指标、多元化和专业化企业比较的指标，特别是回报率的指标，都不太准。我们必须实事求是，化工这个行业讲不得半点虚假。化学这两个字怎么来的？最早化学叫格物学，也就是格物致知，它是物质世界和精神世界连接的核心，是唯一可以创造出新物质的，有极强的科学性，这也对我们下一步的标杆管理提出了要求。

我们说学习，一点不是谦虚，我们能不能去学、能不能理解、能不能靠近，这些都是问题。我们可能在某个行业做得不差，但我们整体的技术能力、市场能力、财务能力、发展趋势、可持续性还差得很远。而这些方面，国际领先的企业有很多经验可供我们借鉴。

我们面临什么问题

我们有规模优势，但创新能力不行。我们还有市场优势，今天像我们这样发展水平、技术水平、财务水平的企业，如果不是在中国这样的市场，而是在欧洲那样的成熟市场，是难以生存的。当然，我们是中央企业，我们的声誉、信誉、商誉也让我们得到了社会广泛的认可和支持。

我们也有很多不足。如果有人给了我们现在公司资产等值的几千亿元现金，让我们去建一个新公司，该怎么做？还会建得和现在的一样吗？

这时候，我们就会发现公司资产组合杂乱，往往是无意中、随机形成的资产，战略不是很连贯，没有标杆式的管理。而国有企业有一个特点是建资产、买东西、投资比较容易，关掉、卖掉比较难，有债务问题、人的问题，这样问题就慢慢积累起来了。下一步怎么做，希望大家讨论出一个大的方向来，化工行业种类太多，需要更合理的资产组合。

如果仔细看巴斯夫的历史就会发现，他们用理性管理这个企业已经有一百年的时间，包括商业理性、技术理性、团队理性，是符合市场规律的，是综合了所有市场要求的平衡决策，而我们在这个方面还没开始几年。当然，我们在特定的历史环境下，当时的决策者一定是用当时最好的思维做了最好的决策，但时代往前走，今天我们不能再去重复十年前做的事，而是要用可持续、长远发展的平衡理性角色来管理这个企业。

去年中化集团开会讨论“科学至上”，现在真正追逐所谓的格物致知，不格物不能致知，找到这个规律了才能修身、齐家，才能管理公司，未来真正可持续进步的方法是科学的方法，也就是不断探索物质奥妙和不断用科学方法来管企业、产生新产品和新技术的方法。人类社会走到今天，简单和基本的物质满足阶段已经实现了，特别是中国和印度这两个人口大国的基本需求得到满足以后，全球所有的商品不升级、不换代、不创新，就没有市场。

创新能力是无止境的，今天创新是不够的，我们很难用一个创新的方法去评价我们的企业，比如创新的投入、产出、销售、回报等。但我在先正达位于巴塞尔的研发中心，有关人员给我介绍了三个产品，分别进行到什么阶段，有的已经上市销售且销售收入规模高达10亿美元，有的新产品还在上市审批中，等等。但在中化集团，现在绝大多数项目几乎都源于某种特定需要而做，并不是大量的、不断的创新过程中所产生的必然结果，因此相对比较偶然，这样的创新难以支撑企业可持续发展。作为企业，我们需要一种方法，一种只要有投入、有研发团队，就必然会产生出越来越多的好技术、好产品的创新方法，也就是“高通量的创新”。

所以如果去对标，人力资源、财务、品牌、生产等各个方面都可以研究，研究为什么他们是这样，为什么我们不一样，为什么效率有高有低？以后每次做预算或分析，先把Benchmark（基准）拿出来，和同行、国际水准比一比，这就是我们目前面临的问题。通过对标，我们应该在很多层面，绝对不仅仅是盈利层面，而是在体制、改革、文化、技术、市场层面都会有变化，不是形式主义。

最终，我们要把自己放在世界一流企业的群体中来比较，在世界一流企业的坐标中看待自己，以世界一流企业的标准、要求、境界来看我们的发展。希望我们的员工和管理者，特别是年轻人，通过未来十几年到二十年，真正把这个企业变成一个世界一流的综合性化工企业。

下一步怎么做

一是做好目前所有资产的基础性运营，要避免经营的不稳定性。二是利用好当下相对比较宽松的宏观经济环境，希望2019年有比较大的费用降低。三是对非核心资产的减持，同时还要分析我们的发展，还要继续去做有可能的 IPO。

我们的目标是成为世界一流、具有全球竞争力的、国际化的、有核心主业的企业。今天我们没有定核心主业，比如中化集团的地产、金融，中国化工的轮胎等，所有这些目前都是我们重要的、有价值的资产。未来在财务可持续的情况下，通过逐步努力，我们将建设一个专业化的、国际化的化工企业而不是石油企业，是一个技术型的企业而不是贸易企业，这是一个大的转型，这也是中央给我们的一个基本定位。

（2019 年 4 月）

在推动两化合作协同的同时，公司将全面转型为科学技术驱动的创新型企业，打造成为以生命科学和材料科学为引领，以石油化工为支撑，以环境科学为保障，科技驱动的世界一流综合性化工企业。

高通量创新机器

作为我国深化改革、扩大开放的前沿和窗口，上海一直是中化集团和中国化工投资兴业的福地，也是两家公司探索创新发展最重要的战略布局地区之一。目前，两家公司在上海共有70家经营机构，产业涵盖化工、能源、地产、金融、农业（农化）、动物营养、机械、环境工程等领域。2018年营业收入合计658.3亿元，资产总计1358.7亿元，利税总额105亿元，在职职工8364人。

当前，中化集团和中国化工正在大力推进“两化”合作。“两化”合作将切实提高我国在全球能源、化工和农业领域的创新能力和产业地位。在推动“两化”合作协同的同时，公司将全面转型为科学技术驱动的创新型企业，打造成为以生命科学和材料科学为引领，以石油化工为支撑，以环境科学为保障，科技驱动的世界一流综合性化工企业。公司围绕创新三角（主体、方式、文化）来系统解决企业创新面临的突出问题，推动科技创新开放多元产业化体系（OMI体系）的建设。

公司着力打造“高通量创新机器”，聚焦重点发展的战略性产业，实施自主创新与开放式创新的融合发展战略，聚焦创新体系、科技平台、科技人才和创新激励四大维度，提升公司的创新水平和效率。依托上海在政策、人才、技术方面的优势，2015 年中化国际在张江设立上海科创中心，并获得院士专家工作站、高新技术企业等资质，具备了进一步发展的基础和条件。

公司将在上海进一步打造生命科学、先进材料、聚合物添加剂、新能源等研发平台，提升技术创新和产业化能力；强化科技人才队伍建设，实施“人才高地计划”，推进研发项目孵化，加速科研成果转化。承接上海研发平台的技术创新成果，公司将积极构建长三角高质量产业基地，向规范成熟的国家级、省级化工园区集中，实现集约化发展，参与长三角区域一体化发展战略。

中化集团、中国化工将持续深化与上海的合作，加快落户上海的重大项目推进，并在多个领域不断加大科研、创新和投资力度，为助力上海加快建设国际经济、金融、贸易、航运、科技创新中心贡献自己的力量。

（2019 年 9 月）

科创中心给我留下四个印象。第一个，（化工事业部科技创新）我们已经开始做了；第二个，规模还比较小；第三个，还在初级阶段；第四个，也是最重要的，大家很有决心和热情。

坚定不移推动公司向科技驱动转型

我对科技、化学不太专业，但是聚酰亚胺薄膜（Polyimide Film，简称 PI 膜）的重要性我非常清楚，对它的潜力和可能催生的物质世界变化，我抱着非常好奇的态度，也非常愿意去投入、去发展。我讲不了太多技术的事情，只能讲作为公司管理者怎么看这个问题、怎么坚定不移地推进这个事情。

未来公司会变成什么样？这方面大家已经有很强的共识，大家现在还经常说我写的文章《科学至上》。那是我在来中化两年多之后，想来想去，觉得中化没有别的出路，虽然可以做金融、做地产，但是中国经济的转型、行业的转变，使得公司只有一条路，就是去探索、去研发、去创造新物质、去对人类有贡献。

人类发展到今天，生活和自然的关系已经演变成通过聚合、反应、催化等过程创造出新物质的阶段。这对我们是最重要的，是理想性、理念性的，它反过来又作用于商业，任何研发的进步都为商业带来了极大驱动。

到现在为止，除去市场波动以外，真正的进步和商业的成功几乎 100% 来自技术，来自技术的突破和新技术的应用，而不是来自商品的缺乏和量的增长，过去那种钢铁、塑料不够用的情况已经没有了。自从中国、印度发展起来之后，全球基本处在这样的阶段，这个阶段今后将长期持续，它不同于以往的短缺阶段。

从中化集团、中国化工两家企业来说，我们在调研中看到了很多相似之处。中化集团和中国化工需要更多的协同合作。

我们这个公司未来必须做成，不是喜欢不喜欢，也不是要不要做的问题，而是只要生存，就必须做成一个有科学技术、研发创新和新产品的公司。这句话说起来很容易，做起来非常难。我们所谈论的那些国外同行，他们基本上都有百年以上的历史，而我们在现有基础之上，要变成创造型公司真的需要很多积累和长期投入，需要科学家的心血和一代代人的努力。最后，我们会看到我们的研发大楼变成著名实验室，这栋楼里不断产生新的物质，进而改变这个世界，哪怕一开始是在很小范围之内。

我们的科学家努力的最终成果会对商业模式、人类生活的环境产生什么样的影响呢？对公司而言，就需要保持对关于战略、行业、规划、制度安排的坚定。很多科学家经常问我，做这个行不行、有某项投入行不行，我觉得都是完全可行的。科学家和公司如果找到了真正的科学投入方向，是不应在乎成本的，在乎的是可不可行。然而，现在我们的问题是什么呢？我们是否知道自己在干什么？为什么干这个？和战略有什么关系？下一步要做什么？我之前提过一个：High-throughput Innovation Machine（高通量创新机器）的概念，我们什么时候能变成这样的一个无论在与市场联系时，还是研发过程中，或者最终产品回到市场后，都是高通量、高流量、工厂式的“创新机器”呢？我觉得在这方面，我们距离有点远了。

中化集团的转型是坚定不移的。无论是中化集团还是中国化工，未来在化学行业的不同门类里，都必须在技术上绝不落后，最起码是能与别人并行，甚至在某几项技术上超越别人。这是我们企业未来生存的一个基本条件。而实际上，我们核心主业里面有技术含量的、技术含量里还要继续去发展和研发的，其实并不很多。

我们目前许多业务单元、事业部在强调专业化的过程中过于拘泥于小产业，当别人进步、发展的时候，我们却没有。举个例子，我到山东济南调研中国化工下属的裕兴化工，这家公司主要是做染料涂料的，有近百年的历史，先正达过去也是做染料的，有进步和没进步、有竞争和无竞争是能达到不一样的高度的。其实不光先正达过去做染料，巴斯夫、罗氏等都是，那时候能够染布已经不错了，就是很好的化学。烟台万华过去是皮革厂，鲁西化工过去也是个小化工厂。人在进化，企业也要不断进化。

当然，技术取得的方式有很多，可以是买技术，也可以是买企业，但最核心的、最有建设力的就是我们的科学家，就是研发，就是创造技术，创造一个新的技术，改变一个新的行业，彻底打破了原来的格局，那就是非常有革命性的东西。我知道这并不简单，一年两年出不来，但要坚持，要特别支持、特别希望我们的科学家去创新，研究可以更加自由一些，不需要拘谨，可以凭兴趣去做一些事情。还要改革，创造性地工作，它的收入和贡献是有联系的。人的思想是活跃的，超出你现在的领域也是可以的，任何好的主意、任何好的建议在这个公司里都应该得到真诚的支持。不能说你干这行、你做这个事，不要超出这个范围，研发不是这样的。

中化集团的未来是科学至上，转型变成科技驱动的企业，除去我们的研发，除去我们的团队，目前来讲每个人都在做一些新产品的尝试，在战略上我们也逐步这样去做，要增加化工行业、新材料行业、精细化工包括农业化学行业的发展。未来，我们会有个清晰的大型综合性化工产业集团的雏形，多元化的部分比较少，真正可以和别人对标、向别人学习、和别人追赶，我们自身不断去努力，形成这样的格局。

（2019 年 11 月 5 日）

怎么能以不变应万变呢？没有可能！我们一定要变。

坚持科技创新，以不变应万变

我们常说目前处于百年未有之大变局，实际上单从我们自身这三四十年的观察和经验来讲，也确实有变化。这个变化是根本的，因为过去我们认可的很多事情都在发生根本变化。

第一个变化，是西方世界的变化

西方世界的价值观在变化。我们本来以为这些东西很牢固，是所谓文明的一部分，但事实上却在改变。包括西方社会所认可的自由、民主、博爱，包括宗教、种族、市场、规则，都有一些变化。

这个变化使得过去我们以为不变的东西也变了，包括过去西方认可的“华盛顿共识”，包括福山后来对《历史的终结》的改口。

认识淡化了，形式也变化了，这个变化对我们来说是非常大的。

第二个变化，是对中国看法的变化

中国没有像西方世界所期望的那样，随着经济发展、生活水平提高，而改变国家形态和治理方式。在庆祝中国共产党成立 95 周年大会上，习近平总书记提出“四个自信”，即道路自信、理论自信、制度自信和文化自信；党的十九届四中全会也指出，坚持和完善中国特色社会主义制度、推进国家治理体系和治理能力现代化，是全党的一项重大战略任务。国际上有不少人宣称或希望中国变得跟美国一样，当然，这只是他们的希望。从中国近现代的历史来看，中国能有今天的成就，是有着极强的道义支撑的。

西方民主政治则演变成政党政治。政党利益、党派之争远远超过民众利益，这是一个非常大的变化。过去的民主体制不断受到挑战，并且愈演愈烈。特朗普弹劾案、英国脱欧等事件起因都源于此。当然这期间还有一个更大的变化，就是全球化经济一体化、资本和商品跨境交易和流动变得越来越困难。英国工党领袖杰里米·科尔宾的选举纲领就是要把铁路、电力、水利国有化，因为这样能得到选民支持。美国的选举也是如此，每个人都在争抢医疗等公共资源。这是一个很大的理念变化。

第三个变化，是企业的变化

过去，我们认为处在企业利益第一位的是股东利益，应当使股东利益最大化、投资回报最大化，现在则不然。近来有西方企业家签署《公司的目的》宣言，这个趋势明显表示企业的目的不是股东，而是社会，是让大众过得更好，包括改善环境、提供福利、建设社区等，不再独尊股东利益。

另外，还有一个改变就是科学技术带来的发展和进步，科技之争变得常见。过去可以购买技术，现在则非常困难。我本人所处的行业就是这样，现在再想引进技术已是不可能，因为技术变成了斗争的工具。

所有这些矛盾积累起来，导致了目前表现比较突出的是中美贸易摩擦。中美贸易摩擦不断升级，从贸易到技术，再到产业和体制。国际上出现了许多批判的声音。总之，这些慢慢就变成了今天我们所面临的变局。

为什么会出现这个变局？其实它没有什么神秘，也没有什么了不起的，更没有高尚或复杂的价值观，这个变局的出现就是因为经济，因为西方中产阶级的稳定性在减弱。过去贫穷的底层的人多，富有的高层的人少，形成一个革命性三角形；后来变成了橄榄球型，处于中部的是稳定的中产阶级。然而，在过去的30年里，资本投资的收入增长比例超过了工资水平，资本收益超过了工资收益三倍多。这些变化的主要原因就是全球性资本流动，资本收益越来越高，使得有钱人越来越有钱、投资越来越增值、资产也不断升值。可是劳动力就没有那么幸运，劳动力间竞争越来越大。因此，这个变化以后，整个西方的选举变了，西方对世界的看法也变了，从而使得整个西方对中国的看法也变了。

怎么能以不变应万变呢？没有可能！我们一定要变。接下来房地产一定要进行产业升级。产业升级不仅仅是指建造不一样的房子，而且是指房子的建法不一样，例如，从建筑材料到建筑方法，再到人工智能管理、环境保护等，都可以应用大量科技。只有真正地去崇拜科技、崇拜技术，不断创新、提高效率、做好产品，才是以不变应万变的唯一方法。

（2019年12月2日）

打造中国的新农业，我们正在经历这个过程，而且才刚刚开始。

新农业

每一代农业都给人不同的感受。1975 年至 1977 年，我在农村插队。那时候，村里条件很艰苦，没有拖拉机，也没有通电，晚上就点煤油灯。有人问我，插队时印象最深刻的是什么？其实，我并不感觉艰苦或痛苦，但有些场景却终生难忘。

第一个是关于热的记忆。那是一个初春的夜晚，春寒料峭。正值灌溉农田的时节，各村轮流引水灌溉，每个村只有 24 小时的时间。这天轮到我插队所在的村，晚上正好是我值班。我的工作是切换水渠通路开口，然后灌溉到不同的田地里。可能是太过疲倦，夜里我竟躺在地里睡着了。后半夜，我被冻醒，发现自己泡在水里。原来，因为没有及时改换水渠通路，这块田被水淹了。我湿漉漉地站起来，望见一轮明月高挂天空，情景至今难忘。趁着月色，我跑到一座小房子里生了一堆火。天冷不敢脱下湿衣服，只能穿在身上烤干，篝火烤得我浑身冒热气。

第二个是关于凉的记忆。地里的高粱、玉米都长到一人多高了，这时候要锄草。不仅除掉杂草，同时也保持土地松软。庄稼地里不通风，非常闷热。从田地这头锄到那头，从庄稼包围中出来的那一刻，即便没有风，凉爽的感觉也会油然而生。

这些场景，发生在我 16 岁插队的时候。一晃 40 多年过去，饿肚子的时代已经远去，中国农业如今早已脱离落后的生产方式，有了不同以往的灌溉技术，可能也不再需要锄草。于是，我又想，时代飞速发展，引领中国未来的新农业将是怎样一番天地呢？我们又能做些什么？

今天，我们会用到最好的农业技术。这个技术超出一般的机械技术，它融合生物技术、人工智能等各领域综合科技。正是这些技术引导中国农业转型和农民种植方式改变，在“种出好品质、卖出好价钱”的同时，让农民增产增收，让农业公司持续发展。

MAP 这一创新的商业模式，它在中国刚刚萌芽。在全球范围内，有人试验过，也有人成功过，但外部没有跟中国完全一样的情况。对于我们来说，这是一个任务，也是机会，更是使命。如果中化农业 MAP 模式发展得好，它对社会的贡献要远远超出一个商业计划的范畴。当然，这需要经历艰辛的努力。

现今，我们还拥有具有巨大潜力的中国市场。最近，先正达的成立受到社会广泛关注和支持。先正达 85% 的资产在海外，但其未来 60% 的成长一定在中国。世界其他市场已经相对成熟，只有中国市场还蕴藏巨大的潜力，而且这个潜力远远没有被激发出来。

在这样的新形势下，我们正在创造一家历史性的公司。无论是中化农业，还是先正达，无论是植保、化肥、种子，还是新型种植技术，我们都在努力改变中国农业的种植方式。改变中国农业的种植方式，就是改变中国农业的组织方式；改变中国农业的组织方式，就是改变中国农民的生活方式，进而从真正意义上重建中国乡村。

习近平总书记强调，培养造就一支懂农业、爱农村、爱农民的“三农”工作队伍。我们的使命正在于此，要引领中国农业发展、助力中国农业转型。这个理想如此崇高，而且离我们如此之近。打造中国的新农业，我们正在经历这个过程，而且才刚刚开始。

（2020 年 1 月 19 日）

企业是现代社会最重要的一种组织形态，它建立在有限责任制和信托制基础之上，其本质是为人类探索一种有价值、低成本、高效益的生产方式。企业最根本的使命就是不断追求高效率的创新与创造，创造出一种更新、更好的与自然进行交换的方式，为人类谋取生存资料，使人类生活更加美好。如果只是重复性、规模性的生产，就不需要企业，完全可以用其他形态来替代。

国企改革必须回归企业的本质与使命

中国国有企业是民族历史进程的自然产物，几十年来在推动国民经济与社会发展方面发挥着重要作用，在近期的新冠疫情阻击战中也发挥了中流砥柱的作用。习近平总书记高度重视国有企业改革发展，指出国有企业是壮大国家综合实力、保障人民共同利益的重要力量，必须理直气壮做强做优做大。我们在新的时代背景下讲国企改革，必须要从企业这一组织形态的本质和使命出发，探寻如何建立中国特色的现代国有企业制度。

企业的根本使命是创新与创造

商业文明是人类社会发展的一个重要阶梯，它的兴起推动了科学、文化、艺术的蓬勃发展，较之于农业文明时代取得了大得多的成就。而企业正是商业文明发展到一定阶段的产物，它的出现反过来又催生了工业革命，引领了人类社会的重大飞跃。

企业是现代社会最重要的一种组织形态，它建立在有限责任制和信托制基础之上，其本质是为人类探索一种有价值、低成本、高效益的生产方式。企业最根本的使命就是不断追求高效率的创新与创造，创造出一种更新、更好的与自然进行交换的方式，为人类谋取生存资料，使人类生活更加美好。如果只是重复性、规模性的生产，就不需要企业，完全可以用其他形态来替代。

在过去相当长一段时间里，中国社会对于企业的地位、意义、作用认识不够。如今，我们终于意识到了企业对于中国经济的重要意义，意识到了企业的竞争力其实就是国家的竞争力。

国有企业要为社会、客户、员工、股东带来增量性的价值贡献

国有企业首先是企业。国企改革也必须遵从于企业的本质与使命，遵循于企业发展的内在规律。一家好的国有企业，应当在党的领导下，通过创新与创造为社会、客户、员工、股东带来增量性的价值贡献。我们将其概括为企业价值管理的四要素模型。

坚持党的领导、坚持初心使命和价值观，是我们搞好国有企业的基本出发点和根本原则。在此基础上，国有企业首先应当是一个承担社会责任的企业公民，把人民对美好生活的向往作为根本奋斗目标；其次要以客户为中心，一切的战略谋划、产品创新、模式再造、卓越管理都必须以客户与市场作为检验标准；再次要实现员工与企业的共同发展，通过文化引领和激励手段，激发员工潜力、提升员工福祉，打造公平、包容、阳光、透明的企业；最后要落脚到提升股东回报，作为国有企业来讲就是做好“放牛娃”，把国家的资产管理好、经营好，促进资产保值增值。

国有企业存在的意义和价值，就体现在这个四要素的循环过程

当中。它的每一个环节都离不开创新与创造，以最高的效率、最低的消耗，实现最大的创新、最好的创造。

国企改革的关键是要打造一种鼓励创新、激励创造的正向机制

近年来，我国国有企业改革发展取得了巨大成就，但依然存在许多问题，主要集中在两大方面：一是回报水平相对低下，资产收益率不仅低于世界一流企业，也低于国内优秀的民营企业；二是创新活力相对不足，研发投入强度不高、投入产出效率偏低，与建设创新型国家的要求还有很大距离。

上述两大问题有着内在的关联性。创新能力不强已经成为制约国有企业发展的关键因素，以规模扩张为导向的发展模式必然导致核心竞争力不强、回报水平低下。当前我们讲国企改革不能再泛泛地去讲提升效率、释放活力，关键是要打造一种鼓励创新、激励创造的正向机制。

建议主要从以下五个方面加以着力。

第一，从企业属性的角度看，国企改革的目标必须回归于企业的本质和根本使命，必须聚焦于提升企业的创新创造能力，目标不宜过于多重、复杂。

第二，从动力体系的角度看，企业战略必须清晰，与国家战略高度统一，并且要有很强的连贯性，不能因为干部任免导致战略反复变化，这样才能为企业发展带来一种长期的推动力。

第三，从评价系统的角度看，要坚定不移地与世界一流企业进行对标，从业绩指标、运营指标、创新能力等方面全方位地进行长期对标，以此做出更加客观的评价。

第四，从资源配置的角度看，要旗帜鲜明地引导各类资源向科技研发倾斜、向创新升级倾斜，不能再在一般性的领域搞大规模的重复建设，同时要充分利用混改手段放大国有资本的影响力。

第五，从人的选择的角度看，要重视经理人特别是一把手对企

业发展的关键影响，从企业特点、市场要求角度出发，更加合理地挑选国有企业领军人，并且通过体制机制的不断优化为其作用发挥创造良好环境。

上面所有这些环节，都必须把党的领导贯穿于其中，使其真正与企业经营管理、战略发展有机融合在一起，不搞“两张皮”，让党组、董事会、经理层及全体党员干部职工共同形成推动企业改革发展的巨大合力。

（2020年5月27日）

应该把团队的整体水平，提升到可以和国际上的竞争对手能够在领导力、专业性、创新性多个方面相比较、相竞争的程度，整体这样，企业界才有能力、有资格真正地推动中国式现代化的建设，同时提升中国高质量发展的水平，也才能解决我们今天不断在讲的产业链的优化问题、产业链稳固的问题。这个责任在中国企业，希望中国企业加油。

中国式现代化的执行主体一定是企业

在国际国内政治经济形势发生很大变化的时期，在刚刚结束的党的二十大上，中央又提出了建设中国式现代化的宏伟构思。在这么一个大的前提下，中国的企业界应该用什么样的认知、什么样的态度、什么样的理念、什么样的定位，来迎接拥抱、积极加入这场——未来会是一个新阶段的、新时代的、更加轰轰烈烈的建设中来，我觉得这是很值得交流和讨论的。

首先我想说一件最近对我来说，有点刺激的事情。我看到我国几家比较大的新经济公司，比如说腾讯、阿里巴巴，包括比亚迪，它们的海外股东在最近一年多时间内，都公开地、有计划地减持股份，使得这几家公司的股价不断地承压。而且正在减持的都是大股东，特别是像腾讯、阿里巴巴的大股东，它们都持有 30% 左右的股权，如南非的 Naspers、日本的软银。很有意思的一种现象是，这家公司的业务、盈利、客户、管理团队、创业者都是中国人，但它的大股东是外国人，它的上市地是在海外。你会发现海外投资者基本上是在这个公司发展到一定阶段——从投资角度来讲，达到了他们的预期之后——就开始减持，当然这里面也许还有其他的原因。

这种情况必然会给公司未来的发展造成一些掣肘，因为它们持股比例大、数量比较大。实际上腾讯的马化腾等人，他们持有的股权都不到 10%，在 7% ～ 8%，但海外投资者持有的股份大约在 30%。持有 7% ～ 8% 的股份就变成中国的首富了，海外投资者在这个过程中应该说分享了大量的财富。

说到这儿，我不是讲海外投资者不好、让人家占便宜了。我没有民族情绪，更没有说看到别的投资者赚钱了眼红。相反，我们应该感谢人家，感谢他们在这两家公司发展的非常关键阶段，通过投资支持了公司的发展，否则也没有这两家公司的今天。

今天我们想问的是：当时为什么中国的企业和中国的投资者没有能够像海外投资者一样来支持腾讯、阿里巴巴的发展？包括没有能够像巴菲特一样积极地在早期支持入股了比亚迪？

再问一个问题：如果今天在中国市场上还有这样的公司——当然今天我们不知道是哪家，一定会有的，中国投资者、中国的企业能不能在最关键时刻给他们足够的支持？今天提这个问题，就是我们前面讲的中国式现代化怎么来达成？中国企业的理念应该怎样来经营？

中国式现代化有五大特征：人口规模巨大的现代化，全体人民共同富裕的现代化，物质文明和精神文明相协调的现代化，人与自然和谐共生的现代化，走和平发展道路的现代化。这些都是从国家层面提出“现代化”的整体框架和环境。而在这个环境之下，用什么样的方式才能达成现代化呢？谁来达成现代化呢？执行主体是谁呢？一定是企业。这是没有疑问的，企业生来就是执行落实产业创新、经济发展任务的一种组织。

前面讲，在腾讯、阿里巴巴早期的发展过程中，为什么中国的企业没有去投资？当时中国有大量的人、大量的资金投资到房地产、金融上，还有很多投入一般的工业生产当中去了。中国有能力拿出这些资金的人非常多，也就需要 1 亿美元左右的投资，所以这不是钱的问题；也不是人的问题，因为当时国内的管理团队人才是有的；也不是对中国市场不了解的问题，因为他们都生活在中国。那为什么当时没有投资？应该说，是在认知理念、对企业发展规律的把握上存在缺陷。所以中国的企业下一步要做好下面几项工作。

第一，要用更长远的、更有信心的、更有前瞻性的眼光来看一个产业和行业，而不是做比较短期的、相对有些投机的交易性投资。中国现在也有这方面做得很好的公司，但是整体来讲，这个观念还要建立起来。一个企业的价值实现，不仅仅在于一个短期的交易，而在于整体的价值创造。建立公司、建立行业，最终被资本市场认可。这个长远的信心，不仅包括对企业的信心，也包括对中国整体发展的信心，特别对中国经济发展未来潜力的信心。中国已经是第二大经济体了，但从人均来讲，一下就降到 50 名以外了。中国发展潜力是巨大的，我们应该有这个信心。

第二，要正确地认识自己，正确地与国际企业对标比较，能够虚心地学习，同时能够积极地参与国际竞争。什么意思呢？不能说中国要脱钩了，不和国际上联系了。中国企业未来在国际上的地位，最终一定是与国际上的投资者、国际上的公司竞争的结果，所以我们必须虚心。我们在某些地方可能会领先，但在大部分地方，比如创新性、回报率、国际化的经营网络上，与国外的企业相差不少，这也是中国企业应该努力的方向。

第三，是关于新的技术应用。现在大家都比较注重研发，投多少钱、给研发人员发多少工资，我觉得这是初步的。真正的研发，它不是工具，不是一个手段，它就是经营本身，它就是战略，它就是你的主业。因为真正的企业存在的价值，就在于探索未知世界，包括未知的知识、未知的技术、未知的产品。中国企业应该在目前已经逐步重视研发的基础上，把研发融入血液中，把创新融入公司战略中，这是一个持续不断的主业发展的过程。

第四，就是管理团队。中国的企业经过了创业的第一代、第二代——国有企业也一样，目前进入了一个新的发展阶段，对管理团队也提出了更高的要求。比方说创业第一代的、老臣子性的、一般的资历性的团队，未来可能都要在一个新的标准下，用新的发展环境要求，用更专业、更国际化、更有创新性、更市场化、更有激情和冲劲的团队来逐步接管公司，驱动未来的发展，否则适应不了中国式现代化，也适应不了国际上的竞争。应该把团队的整体水平，提升到可以和国际上的竞争对手能够在领导力、专业性、创新性多个方面相比较、相竞争的程度，整体这样，企业界才有能力、有资格真正地推动中国式现代化的建设，同时提升中国高质量发展的水平，也才能解决我们今天不断在讲的产业链的优化问题、产业链稳固的问题。这个责任在中国企业，希望中国企业加油。

（2022 年 12 月）